住房和城乡建设部"十四五"规划教材

高等职业教育土建类"互联网+"活页式创新教材

# 建筑工程测量

刘胜男　袁建刚　主　编

中国建筑工业出版社

图书在版编目（CIP）数据

建筑工程测量 / 刘胜男，袁建刚主编. -- 北京：
中国建筑工业出版社，2025.9. --（住房和城乡建设部
"十四五"规划教材）（高等职业教育土建类"互联网+
"活页式创新教材）. -- ISBN 978-7-112-31263-4

Ⅰ. TU198

中国国家版本馆 CIP 数据核字第 2025VF3864 号

本教材按照"能力本位"课程改革思想组织编写。教材共分 5 个模块，11
个工作任务，包括基本技能模块的水准测量、角度测量、距离测量、坐标测
量，控制测量模块的高程控制测量、平面控制测量，地形测量模块的大比例尺
地形图测绘，施工放样模块的高程位置放样、平面点位放样，建筑物变形与立
面测绘模块的建筑物变形测量、建筑物立面测绘。

本教材可作为职业教育土木建筑大类专业测量类课程教学用书，也可作为
测绘地理信息类等专业的教材，亦可作为企业岗位技能培训或技术人员的参考
用书。

为了便于本课程教学，作者自制免费了课件资源，索取方式为：1. 邮箱
jckj@cabp.com.cn；2. QQ 服务群 472187676。

责任编辑：司 汉
文字编辑：刘世龙
责任校对：李美娜

住房和城乡建设部"十四五"规划教材
高等职业教育土建类"互联网+"活页式创新教材
**建筑工程测量**
刘胜男 袁建刚 主 编
\*
中国建筑工业出版社出版、发行（北京海淀三里河路 9 号）
各地新华书店、建筑书店经销
北京鸿文瀚海文化传媒有限公司制版
北京市密东印刷有限公司印刷
\*
开本：787 毫米×1092 毫米 1/16 印张：19 字数：474 千字
2025 年 8 月第一版 2025 年 8 月第一次印刷
定价：**58.00** 元（赠教师课件）
ISBN 978-7-112-31263-4
（45272）

# 出版说明

党和国家高度重视教材建设。2016 年，中办国办印发了《关于加强和改进新形势下大中小学教材建设的意见》，提出要健全国家教材制度。2019 年 12 月，教育部牵头制定了《普通高等学校教材管理办法》和《职业院校教材管理办法》，旨在全面加强党的领导，切实提高教材建设的科学化水平，打造精品教材。住房和城乡建设部历来重视土建类学科专业教材建设，从"九五"开始组织部级规划教材立项工作，经过近 30 年的不断建设，规划教材提升了住房和城乡建设行业教材质量和认可度，出版了一系列精品教材，有效促进了行业部门引导专业教育，推动了行业高质量发展。

为进一步加强高等教育、职业教育住房和城乡建设领域学科专业教材建设工作，提高住房和城乡建设行业人才培养质量，2020 年 12 月，住房和城乡建设部办公厅印发《关于申报高等教育职业教育住房和城乡建设领域学科专业"十四五"规划教材的通知》（建办人函〔2020〕656 号），开展了住房和城乡建设部"十四五"规划教材选题的申报工作。经过专家评审和部人事司审核，512 项选题列入住房和城乡建设领域学科专业"十四五"规划教材（简称规划教材）。2021 年 9 月，住房和城乡建设部印发了《高等教育职业教育住房和城乡建设领域学科专业"十四五"规划教材选题的通知》（建人函〔2021〕36 号）。为做好"十四五"规划教材的编写、审核、出版等工作，《通知》要求：（1）规划教材的编著者应依据《住房和城乡建设领域学科专业"十四五"规划教材申请书》（简称《申请书》）中的立项目标、申报依据、工作安排及进度，按时编写出高质量的教材；（2）规划教材编著者所在单位应履行《申请书》中的学校保证计划实施的主要条件，支持编著者按计划完成书稿编写工作；（3）高等学校土建类专业课程教材与教学资源专家委员会、全国住房和城乡建设职业教育教学指导委员会、住房和城乡建设部中等职业教育专业指导委员会应做好规划教材的指导、协调和审稿等工作，保证编写质量；（4）规划教材出版单位应积极配合，做好编辑、出版、发行等工作；（5）规划教材封面和书脊应标注"住房和城乡建设部'十四五'规划教材"字样和统一标识；（6）规划教材应在"十四五"期间完成出版，逾期不能完成的，不再作为《住房和城乡建设领域学科专业"十四五"规划教材》。

住房和城乡建设领域学科专业"十四五"规划教材的特点，一是重点以修订教育部、住房和城乡建设部"十二五""十三五"规划教材为主；二是严格按照专业标准规范要求编写，体现新发展理念；三是系列教材具有明显特点，满足不同层次和类型的学校专业教学要求；四是配备了数字资源，适应现代化教学的要求。规划教材的出版凝聚了作者、主审及编辑的心血，得到了有关院校、出版单位的大力支持，教材建设管理过程有严格保障。希望广大院校及各专业师生在选用、使用过程中，对规划教材的编写、出版质量进行反馈，以促进规划教材建设质量不断提高。

住房和城乡建设部"十四五"规划教材办公室

2021 年 11 月

# 前　言

　　本教材贯彻党的二十大精神、习近平总书记关于教育的重要论述和全国教育大会精神、全国职业教育大会精神，落实《国家职业教育改革实施方案》，充分考虑职业教育教材的职业、知识和学习三个维度，以"岗课赛证"综合育人为引领，以职业能力为本位，以工作任务为中心，让学生在具体工作任务的实践过程中训练职业能力，建构理论知识，提升核心素养。教材编写最大限度地体现测量员岗位工作的要求，注重关键工作能力的培养，优良品格和正确价值观的养成，现代信息技术应用能力的提升，劳模精神、劳动精神、工匠精神的弘扬。

　　本教材的最大特色是以职业能力培养为出发点，直接把岗位的工作任务与职业能力作为教材目录，并把一项职业能力作为一个独立单元来组织内容。这样，学生在学习完一个单元后，便获得了一项职业能力，所有职业能力叠加在一起，便是胜任岗位工作的整体能力。为了更好地体现教材"能力本位"的设计思路，本教材编写以工作任务为基本结构，用对话的方式系统表述任务完成所需要的实践知识及相关理论知识，用情境式的活动将抽象难记的知识内容，转化为分步实施、图文结合的工作手册。在活动训练的基础上，每项职业能力还同时列出了操作安全注意事项、操作标准、活动记录、活动评价和课后作业，并将教学目标达成度作为活动评价的指标，真正实现了"做中学、做中教"，有效解决了理论实践"两张皮"的问题，对课堂教学具有较强的可操作性和指导意义。

　　本教材由江苏城乡建设职业学院刘胜男、袁建刚担任主编，并负责全书的修改和统稿。江苏海事职业技术学院方露、新疆交通职业技术学院董莉担任副主编，江苏城乡建设职业学院梁玖、南京交通职业技术学院李金旺担任参编。其中，模块1由刘胜男、梁玖编写；模块2由董莉编写；模块3由袁建刚编写；模块4由方露、刘胜男编写；模块5由方露、李金旺编写。常州市武进规划勘测设计院陶钧担任主审。本教材在编写过程中得到了广州南方测绘科技股份有限公司、苏州一光仪器有限公司的大力支持，在此一并感谢。

　　本教材为建筑工程类专业的技能性基础课程配套教材，可供建筑类院校的本科、高职和中职学生学习参考，也可作为建筑企业及相关从业者进行工程测量培训学习的基础性教材。本书配套建有在线开放课程，并提供数字化教学资源，可直接扫描本书中相应章节的二维码进行在线自主学习。

　　由于编者水平有限，若有不当，恳请批评指正。

# 目　录

## 模块 1　基本技能

**工作任务 1-1**　水准测量 ································· 002

职业能力 1-1-1　能对水准仪及工具进行测前检视 ················· 004

职业能力 1-1-2　能用水准仪准确测量高差 ····················· 016

职业能力 1-1-3　能对水准仪进行 $i$ 角检验 ····················· 025

**工作任务 1-2**　角度测量 ································· 031

职业能力 1-2-1　能对全站仪主机及工具进行测前检视 ············· 033

职业能力 1-2-2　能用全站仪准确测量水平角 ··················· 046

职业能力 1-2-3　能用全站仪准确测量垂直角 ··················· 064

职业能力 1-2-4　能对全站仪补偿器进行检查和校正 ············· 072

**工作任务 1-3**　距离测量 ································· 081

职业能力 1-3-1　能用钢尺准确测量水平距离 ··················· 083

职业能力 1-3-2　能用视距法测量水平距离和高差 ··············· 091

职业能力 1-3-3　能用全站仪准确测量距离 ····················· 097

**工作任务 1-4**　坐标测量 ································· 104

职业能力 1-4-1　能用函数计算器进行坐标正反算 ··············· 106

职业能力 1-4-2　能用全站仪准确测量点的三维坐标 ············· 113

职业能力 1-4-3　能对 GNSS 接收机进行测前检视 ··············· 121

职业能力 1-4-4　能用 GNSS-RTK 测量点的三维坐标 ············· 131

## 模块 2　控制测量

**工作任务 2-1**　高程控制测量 ···························· 144

职业能力 2-1-1　能按标准用水准仪进行高程控制测量 ············· 146

职业能力 2-1-2　能按标准用全站仪进行三角高程测量 ············· 165

| 工作任务 2-2 | 平面控制测量 | 172 |
| 职业能力 2-2-1 | 能按标准用全站仪进行导线测量 | 174 |
| 职业能力 2-2-2 | 能按标准用全站仪进行自由设站测量 | 192 |

# 模块 3　地形测量

| 工作任务 3-1 | 大比例尺地形图测绘 | 200 |
| 职业能力 3-1-1 | 能用全站仪进行大比例尺地形图碎部测量 | 202 |
| 职业能力 3-1-2 | 能用几何作图方法测量碎部点的平面位置 | 215 |

# 模块 4　施工放样

| 工作任务 4-1 | 高程位置放样 | 230 |
| 职业能力 4-1-1 | 能用水准仪进行不同高程位置放样 | 232 |
| 职业能力 4-1-2 | 能用水准仪进行建筑高程传递 | 237 |
| 工作任务 4-2 | 平面点位放样 | 246 |
| 职业能力 4-2-1 | 能用全站仪进行平面点位放样 | 248 |
| 职业能力 4-2-2 | 能用 GNSS-RTK 进行平面点位放样 | 253 |

# 模块 5　建筑物变形与立面测绘

| 工作任务 5-1 | 建筑物变形测量 | 266 |
| 职业能力 5-1-1 | 能按标准用水准仪进行建筑物沉降观测 | 268 |
| 职业能力 5-1-2 | 能按标准用全站仪进行建筑物倾斜观测 | 275 |
| 工作任务 5-2 | 建筑物立面测绘 | 281 |
| 职业能力 5-2-1 | 能按标准用三维激光扫描仪进行建筑物立面测绘 | 283 |
| 参考文献 | | 298 |

基本技能

模块 1

# 工作任务**1-1**
## 水准测量

思维导图

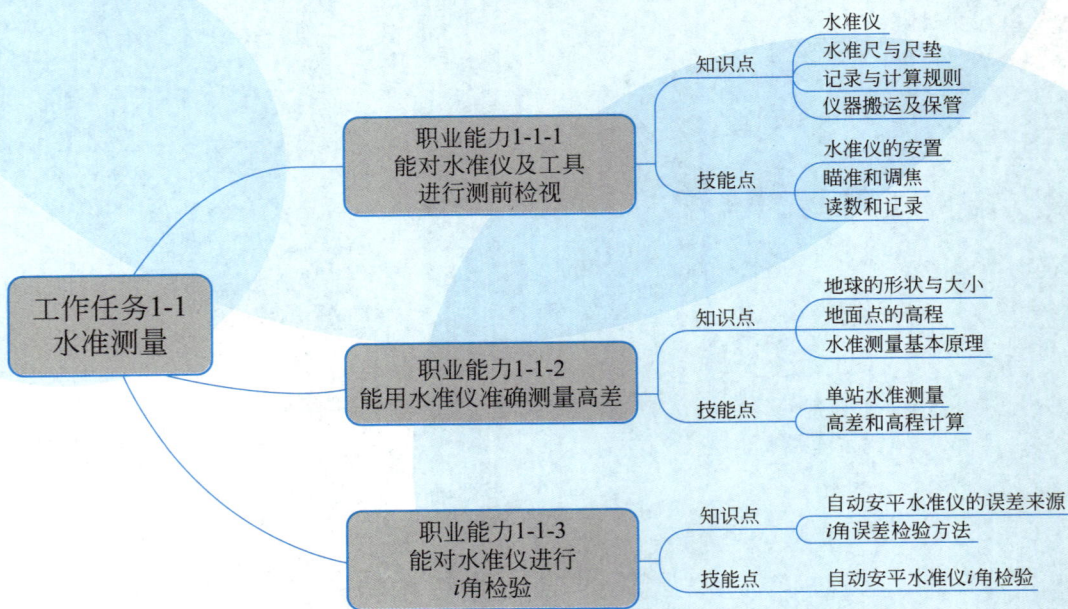

思 政 元 素

### 中国古代水准测量工具——弘扬古代科技文明，增强中国文化自信

　　我国水准测量技术的萌芽可追溯到传说中的大禹治水时期，秦汉时期开始广泛使用水准测量方法，并有了从事水准测量的专门技术人员"水工"，到了唐宋时期已经形成了一整套相当完备的水准测量方法。唐代李筌所著兵书《太白阴经》中对当时的水准工具和测量方法有详细的记载。记载如下：

　　"水平槽长二尺四寸，两头中间凿为三池。池横阔一寸八分，纵阔一寸，深一寸三分。池间相去一尺四寸，中间有通水渠，阔三分，深一寸三分。池各置浮木，木阔狭微小于池，空三分。上建立齿，高八分，阔一寸七分，厚一分。槽下为转关脚，高下与眼等，以水注之，三地浮木齐起，眇目视之，三齿齐平，以为天下准。或十步，或一里，乃至十数里，目力所及，随置照板度竿，亦以白绳计其尺寸，则高下丈尺分寸可知也。"

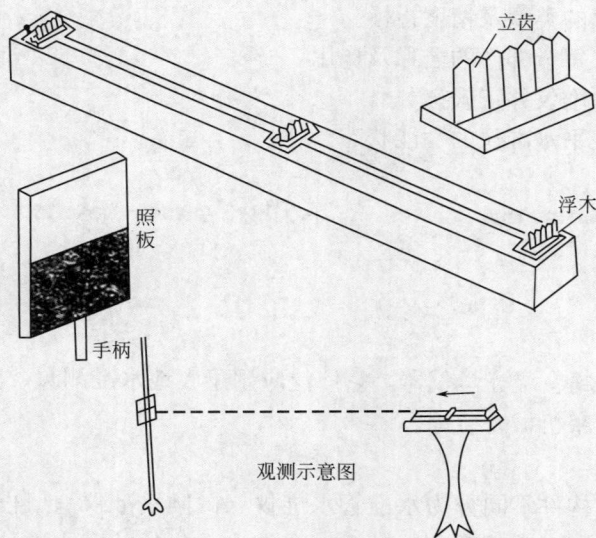

观测示意图

预习笔记

# 职业能力 1-1-1 能对水准仪及工具进行测前检视

## 核心概念

1. 水准仪：以仪器的水平视准线作为基准线，进行高差测量的计量器具。
2. 水准尺：与水准仪配合进行读数的一种标尺。
3. 测前检视：每次出测前，对水准仪和水准尺的外表进行认真细致的检查，并按外业要求进行检验与调整。

## 学习目标

1. 能区分水准仪的类型及精度指标。
2. 能指出水准仪每个部件的名称及作用。
3. 能熟练整平水准仪并正确读数。
4. 能判断自动安平水准仪的性能状态。

## 基本知识

### 一、水准仪

水准仪是一款高精密级光学仪器，它广泛应用于大地水准测量、地形变测量、各种工程水准测量与大型精密机械安装等。

#### 1. 水准仪的分类

水准仪按其灵敏构件不同分为水准管水准仪（微倾水准仪）、自动安平水准仪和应用光电数码技术使水准测量数据采集、处理、存储自动化的数字水准仪（电子水准仪）；按精度分为精密水准仪和普通水准仪。水准仪的型号主要有 $DS05$（$DSZ05$）、$DS1$（$DSZ1$）、$DS3$（$DSZ3$）等几种，$D$、$S$、$Z$ 分别为"大地测量""水准仪""自动安平"的汉语拼音第一个字母，05、1、3 表示水准仪精度等级，即仪器每千米往返测高差中数的偶然中误差为 0.5mm、1mm、3mm。其中，$DS05$、$DS1$ 为精密水准仪，$DS3$ 为普通水准仪。各等级水准仪主要技术参数见表 1.1-1。

水准仪的分级                                                              表 1.1-1

| 仪器级别 | DS05 (DSZ05) | DS1 (DSZ1) | DS3 (DSZ3) |
|---|---|---|---|
| 每千米往返测高差中数的偶然中误差(mm) | 0.2~0.5 | 1.0 | 1.5~4.0 |

水准仪的外形如图 1.1-1 所示。

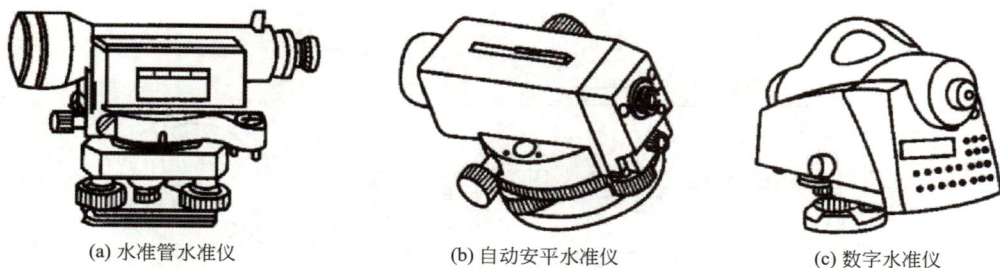

(a) 水准管水准仪　　　　　(b) 自动安平水准仪　　　　　(c) 数字水准仪

图 1.1-1　水准仪

## 2. 水准仪的构造

目前，应用在工程上的水准仪大部分是自动安平水准仪。自动安平水准仪主要由望远镜、水准器（补偿器）和基座三部分组成。本书以苏州一光仪器有限公司（全国职业院校技能大赛中职组工程测量赛项赞助商）生产的 DSZ1 精密自动安平水准仪为例进行讲解，仪器的外观和各部件名称如图 1.1-2 所示。

**1.1-1 水准仪的构造**

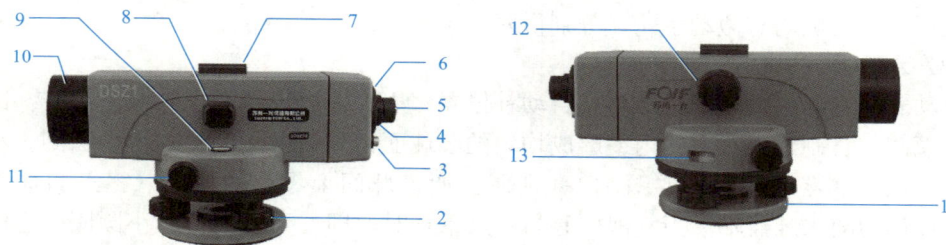

图 1.1-2　DSZ1 自动安平水准仪

1—基座；2—安平手轮（脚螺旋）；3—检查按钮；4—目镜卡环；5—目镜；6—护盖；7—光学瞄准器（粗瞄器）；8—圆水准器观测棱镜；9—圆水准器；10—物镜；11—水平微动手轮；12—调焦手轮；13—内置度盘读数窗

（1）望远镜

自动安平水准仪的望远镜为内调焦式的正像望远镜，用来精确瞄准远处目标并对水准尺进行读数。它主要由物镜、调焦透镜、十字丝分划板和目镜组成，其结构如图 1.1-3 所示。

1）物镜。物镜采用单片加双胶透镜形式，具有良好的成像质量，结构简单。

2）调焦透镜。内调焦式望远镜的物镜和目镜位置是不动的，为保证不同距离的像面都与十字丝分划板重合，需要在望远镜系统内部能有一透镜做轴向移动，该移动透镜称为调焦透镜。调焦透镜的移动通过转动调焦手轮实现。

3）十字丝分划板。十字丝分划板是安装在目镜筒内的一块光学玻璃板，上面刻有 3 根横丝和 1 根垂直于横丝的竖丝，如图 1.1-3 右图所示。中间长的横丝称为中丝，用于读取水准尺分划的读数；上下两根较短的横丝称为上丝和下丝，上、下丝合称视距丝，用来测定水准仪至水准尺的距离。

物镜光心与十字丝交点的连线称为望远镜的视准轴，用 CC 表示。当水准仪整平后，视准轴处于水平位置，即得到水准测量所需的水平视线。

4）目镜。目镜由一组复合透镜组成，其作用是将物镜所成的实像连同十字丝一起放

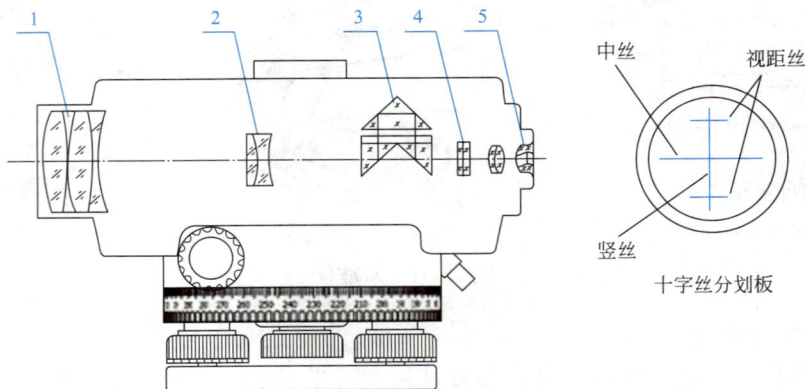

**图 1.1-3　自动安平水准仪望远镜结构示意图**

1—物镜；2—调焦透镜；3—补偿器棱镜组；4—十字丝分划板；5—目镜

大成虚像。旋转目镜调焦螺旋，可以使十字丝影像清晰，称为目镜对光。

仪器采用摩擦制动的方式控制望远镜在水平方向的转动。水平微动采用无限微动机构，在望远镜两侧均有微动手轮，分别供两只手操作。

（2）水准器（补偿器）

自动安平水准仪设有圆水准器和自动补偿器，用来保证仪器能提供水平视线。圆水准器由玻璃圆柱管制成，顶面的内壁磨成均匀的圆球面，球面中央刻有一个小圆圈，小圆圈的圆心为圆水准器的零点，如图 1.1-4 所示。通过球面上零点的法线（零点与球心的连线）L'L' 称为圆水准器轴。当气泡中心与零点重合时，即看到气泡位于小圆圈中心时，表示圆水准器轴处于竖直位置，一般称圆水准器气泡居中。

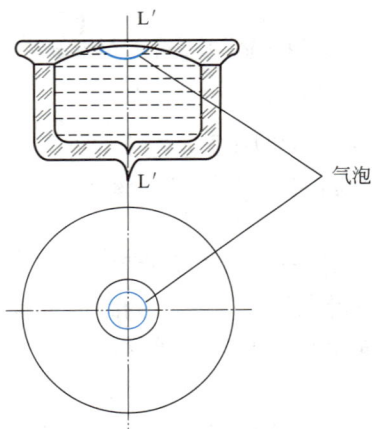

**图 1.1-4　圆水准器**

自动补偿器装于望远镜的调焦透镜和分划板中间，如图 1.1-3 中 3 所示。补偿器采用交叉吊丝结构和有效的空气阻尼，保证仪器工作可靠。目镜左下角设有检查按钮，可检查补偿器的工作状况。在读取水准尺读数前，按一下检查按钮，若水准尺像上下稍微摆动，最后中丝恢复至原来水准尺位置上，则补偿器处于正常工作状态，视线水平。如果圆水准器气泡偏离中心，当按下检查按钮时，水准尺像不是正常摆动，而是急促短暂地跳动，表明补偿器超出工作范围碰到限位丝，必须将仪器整平，使圆水准器气泡居中。

（3）基座

基座由轴座、脚螺旋、底板和三角压板组成，其作用是支撑仪器的上部，并与三脚架连接。

**3. 水准仪的检视**

对水准仪的检视应在每次作业前进行，主要包括外观、转动部件、光学性能、圆水准器性能、补偿性能和设备件数等内容。

（1）外观：各部件是否清洁；是否有划痕、污点、脱胶、镀膜脱落等现象。

（2）转动部件：各部件、各转动轴和调整制动螺旋等转动是否灵活、平稳；各部件有无松动、失调、明显晃动；螺纹是否完整和磨损程度等。

（3）光学性能：望远镜视场成像是否明亮、清晰、均匀，调焦性能是否正常等。若距离 100～150m 的标尺分划成像模糊，则此望远镜不能使用。

（4）圆水准器性能：使圆水准器气泡居中，然后旋转仪器 180°，看气泡是否偏离中央。

（5）补偿性能：自动安平水准仪的补偿器是否正常，有无粘摆现象。

（6）设备件数：仪器部件、附件和备用零件是否齐全。

## 二、水准尺与尺垫

### 1. 水准尺的种类

水准尺是进行水准测量时用于读数的重要工具。为保证水准测量的精度，水准尺需用伸缩性小、不易变形的优质材料制成，如优质木材、玻璃钢、铝合金等。工程建设中常用的水准尺有双面尺和塔尺两种，如图 1.1-5 所示。

1.1-2
水准尺与
尺垫

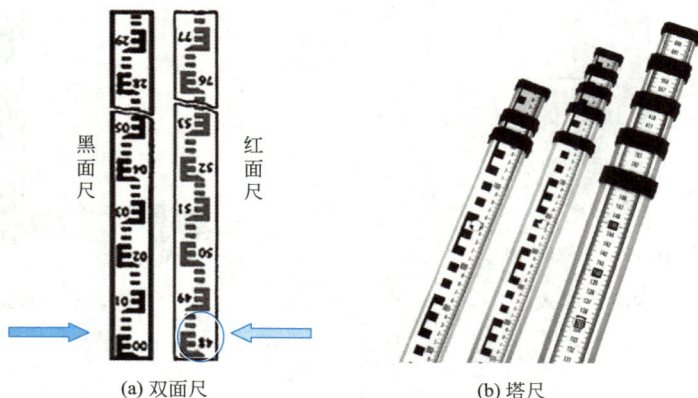

(a) 双面尺　　　　(b) 塔尺

**图 1.1-5　水准尺**

（1）双面尺

双面尺常用木材制成，有黑红两面，多用于三、四等水准测量，以两把尺为一对使用。尺的两面均有分划，一面为黑白相间称黑面尺，也称主尺，尺底起点为 0；另一面为红白相间称红面尺，也称辅尺，尺底起点为 4.687m 或 4.787m；两面的最小分划均为 1cm。为使尺子不弯曲，其横剖面一般做成丁字形、槽形或工字形。为了方便读数，尺面上的分划制作成了"E"字形，每一个"E"代表 5cm，并在整分米处注记数字，与"E"的最长端相对应。为了使水准尺能竖直，双面尺上一般都装有圆水准器，当圆水准器的气泡居中时，表示水准尺立于铅垂位置。

（2）塔尺

塔尺常用铝合金等轻质高强材料制成，采用塔式收缩形式，尺长一般为 3m 或 5m，尺底起点为 0，尺面上黑白格相间，最小分划为 1cm，有的为 0.5cm 或 0.1cm，整分米处有数字注记，数字注记上点的个数表示整米数。塔尺携带方便，但接头处误差较大，影响精度，多用于建筑测量中。

## 2. 水准尺的读数

读数前要先弄清、掌握所有水准尺的分划和注记规律。读数时应从小数向大数方向，直接读取米、分米和厘米，并估读出毫米，共4位数。如图1.1-6所示，上丝、中丝、下丝的读数分别为1.655m、1.573m、1.492m。为了防止误会，在测量时读数通常只报读四位数字，不读小数点，如1.655m则读为1655。

## 3. 尺垫及其作用

尺垫是水准测量中供转点处放置水准尺用的三角形或圆形的铸铁座，中央有突起的半球体作为置尺的转点，下方有三个支脚可插入地下。为便于携带，尺垫一般装有铁环提手，如图1.1-7所示。使用时将支脚牢固地插入土中，上方突起的半球形顶点作为竖立水准尺和标志转点之用，可以防止水准尺下沉以及避免尺子转动时改变转点的高程而产生误差。

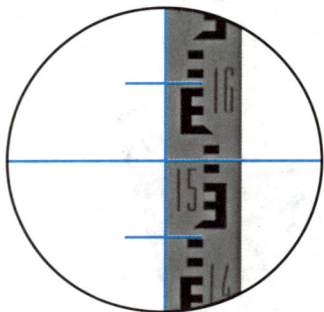

上丝：1655  中丝：1573  下丝：1492

图 1.1-6  水准尺读数

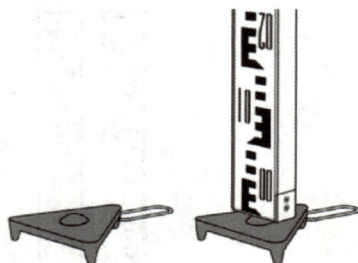

图 1.1-7  尺垫

## 三、记录与计算规则

为确保测量原始资料真实可靠，记录者在记录前应充分理解记录表格各栏目的含义，记录各数据的位置应符合格式要求，记录时必须严肃认真，一丝不苟，严格遵守以下规定：

（1）记录数据必须直接填写在规定的表格内，随测随记，不得转抄。记录者应先回读再记录，以防听错记错。

（2）外业记录与计算均用2H或3H绘图铅笔（特殊要求除外），字体应端正清晰，字体大小只能占记录表格格高的一半，以便留出空隙更改错误。

（3）记录表格上规定的内容及项目必须填写完整，不得空白。

（4）记录手簿上禁止擦拭、涂改与挖补，如记错需要改正时，不得就字改字，应以横线或斜线划去（不得使原字模糊不清），在原字上方补记正确的数字。原始观测数据的尾数（长度单位的cm、mm位，角度单位的秒值）不得更改。

（5）观测成果不能连环涂改。即已修改了计算结果，则不准再改计算得此结果的任何一个原始读数；改正任一原始读数，则不准改其计算结果。假如两个读数均错误（如水准测量的黑、红面读数，角度测量中的盘左、盘右读数，距离丈量中的往返测读数等），则应重测重记。已改过的数字又发现错误时，不准再改，应重测重记。

（6）观测数据应表现其精度及真实性，占位的 0 不能漏写，如水准尺读数 0836 不能记成 836，角度观测的分、秒值 5°08′06″不能记成 5°8′6″。观测手簿中，对于有正负意义的量，必须带上"＋"号或"－"号，即使是"＋"号也不能省略，如高差＋0.489 不能记成 0.489。

（7）数据计算时应根据所取的位数，按"4 舍 6 入，5 前单进双舍"的规则进行凑整。

（8）记录者记录完一个测站的数据后，应当场进行必要的计算和检核，确认无误后方可迁站。

（9）内业计算用墨水笔书写，如计算数字有错误，可以用橡皮或刀片擦（刮）去重写，或将错字划去另写。

## 四、仪器搬运及保管

测量仪器构造精密，较为贵重。为了保证仪器的精确度，延长仪器的使用年限，除经常进行检校外，还应掌握仪器的维护知识，注意安全搬运及正确保管，防止意外事故发生。

### 1. 仪器的搬运迁站

（1）测量仪器在运输途中，不应将仪器直接放在车厢的底板上，应放在软的垫子上或装在有防振垫子的专用箱子中，避免剧烈振动和碰撞，必要时将仪器抱在怀中。

（2）在平坦地区近距离迁站时，可以将仪器连同脚架一同搬迁。搬迁时收拢脚架抱在肋下，一手托住仪器支架或基座，竖直稳步搬运，严禁斜扛仪器，以防碰摔。在起伏地区或长距离迁站时，应将仪器装箱，扣好锁扣后搬运。

（3）步行迁站时，应先检查仪器箱的拎环、背带等是否牢固，箱盖扣子是否扣好或锁住，再将仪器箱拎在手中或背在肩背上搬运。

### 2. 仪器的安装使用

（1）到达测站后，应先将脚架放稳，然后开箱取仪器。开箱时仪器箱应平放在地面上或其他平台上，不要托在手上或抱在怀里开箱，以免不小心将仪器箱摔坏。

（2）仪器在取出前一定要先松开制动螺旋，以免取出仪器时因强行扭转而损坏制动、微动装置，甚至损坏轴系。取仪器时应用双手，一手握住提柄，一手托住基座，垂直向上取出，切不可单手直接从仪器箱拎取仪器。仪器取出后应及时合上箱盖，以免灰尘进入箱内。

（3）将仪器放上三脚架架头后，应随即用连接螺旋将仪器连接在三脚架上，以免仪器从三脚架架头上滑落。

（4）自动安平水准仪的机械部分大多采用了摩擦制动（无制动螺旋），可以直接控制望远镜的转动，但转动时会略有点紧。对于非摩擦制动方式的仪器，使用时不可将制动螺旋旋得过紧，制动螺旋未松开时不能用力转动仪器或望远镜，以免损坏仪器。

（5）仪器安置在测站上，当暂停操作时，必须有人在旁边看护；在道路等公共场所测量，必须有专人保护仪器，手持红白旗或身穿警示服，以防止车辆碰撞，确保人员和仪器安全。

（6）仪器在作业过程中应撑伞保护，尽量避免阳光直射或淋雨受潮。自动安平水准仪在开始使用前，应先按动检查按钮，检查补偿器是否失灵。

### 3. 仪器的装箱保管

（1）开箱取出仪器前，应先记清仪器在箱中的安放位置，以便在工作结束后将仪器按原样放回。

（2）测量结束后，应用软毛刷拂去仪器上的灰尘，望远镜的光学零件表面不得用手或硬物直接触碰，以防沾染油污或擦伤。

（3）仪器装箱前，应先松开制动螺旋，待仪器在箱中正确安放好后，再微微旋紧制动螺旋。

（4）如仪器箱关不上，应查清原因，确认正确安放后再关箱，切不可强行用蛮力关箱。

（5）仪器应保持干燥，遇雨后将其擦干，放在通风处，晾干后再装箱。仪器长时间不用，应定期取出通风、通电，以保持仪器良好的工作状态。

（6）仪器保管要设置专库存放，环境要求干燥、通风、防震、防尘、防锈。各种仪器均不可受压、受潮或受高温，仪器箱不得靠近火炉或暖气管。

## 活动设计

### 一、活动条件

1. 1-3
水准仪的
使用

1. 安排活动场地——空旷区域，硬质地面、土质地面均可，室内实训室更佳。
2. 仪器室准备自动安平水准仪、双面水准尺、尺垫、三脚架、记录板。
3. 学生自备 2H 铅笔。

### 二、活动组织

1. 每四人一组，其中一人担任观测员，一人担任记录员兼评价员，两人担任立尺员。
2. 每组成员依次轮换操练。小组四人分别编为 1、2、3、4 号，首先 1 号观测、2 号记录、3 号和 4 号立尺，然后 2 号观测、3 号记录、4 号和 1 号立尺，以此类推。
3. 完成操作训练之后，师生及时点评纠错。
4. 教师重申水准仪操作步骤和标准，列举可能发生的情形，培养学生举一反三的能力。

### 三、安全及注意事项

1. 打开、收拢三脚架时，注意手持位置及周边环境，谨防夹手伤人。
2. 仪器安置在测站上，当暂停操作时，必须有人守护在旁，确保仪器安全。

## 四、活动实施

| 序号 | 步骤 | 操作及说明 | 操作标准 |
|---|---|---|---|
| 1 | 准备 | (1)到仪器室领取仪器及工具,清单如下:<br><br>水准仪×1,三脚架×1,双面尺×1,尺垫×2,记录板×1。<br>(2)目视外观是否有脏污、脱漆、锈蚀、伤痕和变形等缺陷 | (1)清点仪器及工具数量。<br>(2)填写缺陷情况,并在领用单上签名。<br>(3)仪器及工具紧拿轻放,避免碰撞 |
| 2 | 装接仪器 | (1)松开脚架的固定螺旋,将脚架升到合适的高度,再旋紧脚架的固定螺旋。<br>(2)以适当的跨度打开脚架,使脚尖成正三角形,注意制动螺旋锁紧是否可靠。<br>(3)顺脚架腿的方向用力踩,将脚架踩实。<br><br>(4)打开仪器箱,双手取仪器置于三脚架平台上,旋紧脚架中心的连接螺旋<br> | (1)检查脚架的固定螺旋是否滑丝、脚尖是否松动。<br>(2)脚架平台应尽可能地保持水平。<br>(3)脚架高度与观测者身高相适宜。<br>(4)仪器取出后及时合上箱盖 |
| 3 | 粗平 | (1)目视确定脚螺旋 C 的位置。<br> | (1)检查运动机构有无松动、卡滞和影响操作的现象。<br>(2)动作协调轻柔,爱护仪器。<br>(3)30s 内将气泡中心与小圆圈圆心重合 |

| 序号 | 步骤 | 操作及说明 | 操作标准 |
|---|---|---|---|
| 3 | 粗平 | (2)按相反的方向同时转动脚螺旋 A、B,使气泡居中在脚螺旋 C 与 A、B 中点连线的方向上。<br><br><br><br>(3)转动脚螺旋 C 使气泡居中 | (1)检查运动机构有无松动、卡滞和影响操作的现象。<br>(2)动作协调轻柔,爱护仪器。<br>(3)30s 内将气泡中心与小圆圈圆心重合 |
| 4 | 圆气泡检验 | (1)确认圆气泡居中,将仪器转动 180°。<br>(2)观察原居中的气泡是否偏离圆心而不居中。<br><br><br><br>(3)记录员记录气泡偏离情况 | (1)仪器转动到位,认真仔细观察。<br>(2)对气泡偏离出小圆圈的,提出校正或更换 |
| 5 | 瞄准和调焦 | (1)立尺员在距仪器 20m 左右处摆放尺垫,竖立水准尺。<br><br><br><br>(2)将望远镜瞄向明亮的背景(例如白纸)。<br>(3)转动目镜使十字丝线最黑最清晰。<br><br><br><br>(4)通过粗瞄器观察,用手转动仪器,使望远镜粗略地瞄准水准尺。<br>(5)转动调焦手轮使影像清晰。 | (1)水准尺竖立要铅垂。<br>(2)检查望远镜视场亮度是否均匀,成像是否清晰。<br>(3)动作协调轻柔,爱护仪器。<br>(4)60s 内完成瞄准和调焦。<br>(5)上下移动眼睛,标尺和十字丝无相对移动。<br>(6)规范操作,不骑马观测<br><br> |

续表

| 序号 | 步骤 | 操作及说明 | 操作标准 |
|---|---|---|---|
| 5 | 瞄准和调焦 | (6)旋转微动手轮将分划板竖丝置于标尺中间。 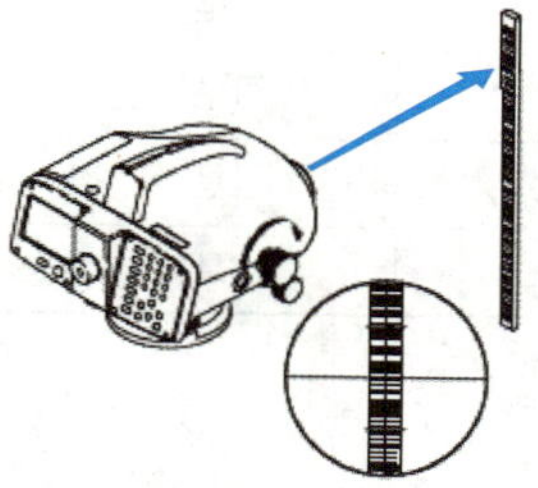<br><br><br><br>(7)仔细转动调焦手轮,消除视差 | (1)水准尺竖立要铅垂。<br>(2)检查望远镜视场亮度是否均匀,成像是否清晰。<br>(3)动作协调轻柔,爱护仪器。<br>(4)60s内完成瞄准和调焦。<br>(5)上下移动眼睛,标尺和十字丝无相对移动。<br>(6)规范操作,不骑马观测 <br> |
| 6 | 读数和记录 | (1)按一下检查按钮,检查补偿器是否处于工作状态。<br>(2)读取上丝、下丝、中丝在水准尺上的读数。 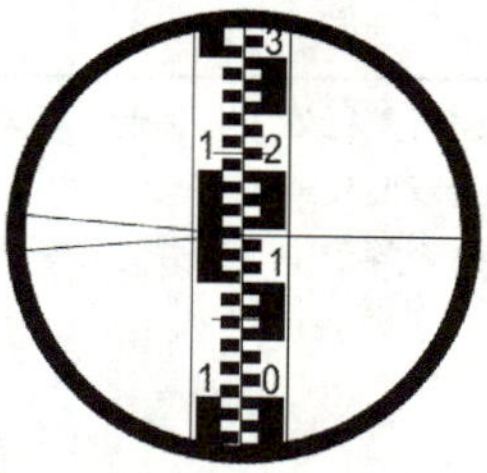<br><br><br><br>(3)记录员在记录表中填写读数 | (1)检查按钮轻按轻放。<br>(2)先读十字丝下面最近的米、分米、厘米值,再估读在厘米间隔内的毫米值,图示中丝读数为1143。<br>(3)记录数据按格高的一半填写,字体端正,不乱涂乱改 |
| 7 | 整理归还仪器 | (1)小组成员全部操练完成后,仪器装箱,脚架收拢。<br>(2)清点仪器及工具是否完整。<br>(3)归还仪器,清理环境 | (1)爱护仪器和工具,紧拿轻放。<br>(2)工完场清,仪器归还放回原位 |

## 五、活动记录

小组编号:_____,仪器型号:_____,仪器编号:_____,记录者:_____。

### 1. 水准仪检视记录

| 检验项目 | 检视结果 | 备注 |
|---|---|---|
| 脚架固定螺旋是否滑丝 | □是　□否 | |
| 脚架脚尖是否松动 | □是　□否 | |
| 水准尺刻度是否有磨损而影响读数 | □是　□否 | |
| 仪器外观是否有损伤 | □是　□否 | |

| 检验项目 | 检视结果 | 备注 |
|---|---|---|
| 仪器转动有无松动、卡滞现象 | □有　□无 | |
| 脚螺旋转动有无松动、卡滞现象 | □有　□无 | |
| 调焦手轮是否有效 | □是　□否 | |
| 望远镜成像是否清晰 | □是　□否 | |
| 仪器转动180°后圆气泡是否仍居中 | □是　□否 | |
| 补偿器是否正常工作 | □是　□否 | |

## 2. 水准读数记录

| 水准尺类型 | 上丝 | 下丝 | 中丝 | 检核结果<br>（正确/错误） |
|---|---|---|---|---|
| | | | | |
| | | | | |

说明：1. 至少记录一行完整的数据，如记录错误可整行划去，另起一行填写。

2. 水准尺类型根据实际使用填写，一般为双面尺或者塔尺。

3. 读数检核方法是看上、下丝的平均值是否等于中丝读数，结果相差超过3mm则读数错误。

## 六、活动评价

| 评价内容 | 评价标准 | 评价结果<br>（是/否） |
|---|---|---|
| 活动完成情况 | 能区分水准仪的类型及精度指标 | □是　□否 |
| | 能指出水准仪每个部件的名称及作用 | □是　□否 |
| | 能在30s内将圆水准器气泡居中 | □是　□否 |
| | 能在60s内完成瞄准和调焦 | □是　□否 |
| | 能正确读取水准尺读数 | □是　□否 |
| | 能判断补偿器是否处于工作状态 | □是　□否 |
| | 能判断圆水准器是否需要校正 | □是　□否 |

## 七、课后作业

1. DS05 水准仪的精度比 DS3 水准仪_____（高/低）。

2. DSZ3 水准仪是一款_____（微倾/自动安平/数字）水准仪。

3. 下图所示水准仪的型号为_____。各部件的名称是：

1_____，2_____，3_____，4_____，

5_____，6_____，7_____，8_____。

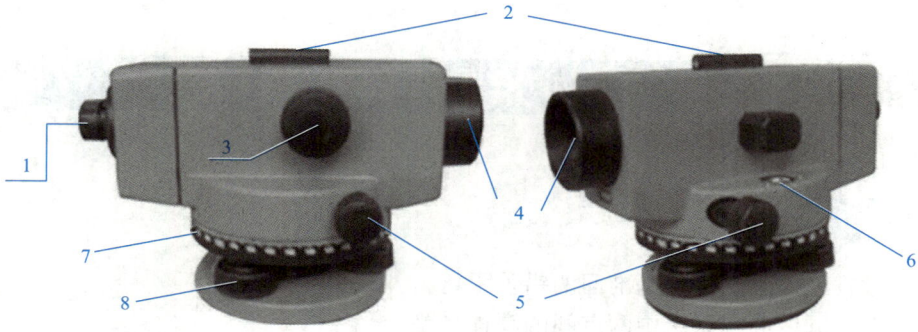

4. 下图所示三丝读数分别是：上丝＿＿＿＿＿＿＿＿，中丝＿＿＿＿＿＿＿＿，下丝＿
＿＿＿＿＿＿＿。它们之间的规律为：＿＿＿＿＿＿＿＿＿＿＿＿＿＿＿＿。

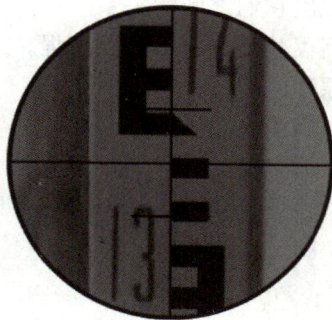

5. 产生视差的原因是什么？怎样可以消除视差？

6. 自主到仪器室借领水准仪，练习仪器的安置、粗平和读数，并将圆水准器气泡和
水准尺的望远镜视窗影像拍照上传至课程平台讨论区。

## 职业能力 1-1-2　能用水准仪准确测量高差

### 核心概念

1. 高程：地面点至高程基准面的铅垂距离。
2. 高差：同一高程系统中两点间的高程之差。
3. 水准测量：用水准仪和水准尺测定两固定点间高差的工作。

### 学习目标

1. 能区分高差与高程，并说出它们之间的关系。
2. 能说出我国现行的国家高程基准和水准原点高程。
3. 能理解水准测量的基本原理。
4. 能用水准仪准确测量两点间的高差。

## 基本知识

### 一、地球的形状与大小

如图 1.1-8 所示，地球是一个南北极稍扁、赤道略鼓、平均半径约为 6371km 的椭球体。其自然表面上有高山、丘陵、平原、盆地、湖泊、河流和海洋等，呈现高低起伏的形态。珠穆朗玛峰峰顶是世界的最高点，其最新高程为 8848.86m（2020 年中国与尼泊尔两国联合发布数据）；而世界最低处为西太平洋马里亚纳群岛以东的马里亚纳海沟，其最深处达约 11000m。尽管地球表面有这样大的高低差距，但相对于地球的平均半径 6371km 而言是微不足道的。

图 1.1-8　地球的形状

#### 1. 水准面和水平面

通过长期的测绘工作和科学调查，人们了解到地球表面的总面积约为 5.1 亿 km²，其中海洋面积约为 3.61 亿 km²，约占地球表面的 71%，陆地面积约为 1.49 亿 km²，约占地球表面的 29%。因此，我们可以把地球总的形状看成是一个被海水包围的形体，也就是设想一个静止的海水面向大陆内部延伸所包围起来的闭合形体。我们将海水在静止时的表面叫作水准面。水准面是一个曲面，通过水准面上某一点而与水准面相切的平面称为过该点的水平面。水准面的物理特征是水准面处处都与其铅垂线方向相垂直。

## 2. 大地水准面

事实上，海水受潮汐及风浪的影响，时高时低，所以水准面有无穷多个，其中一个与平均海水面重合并延伸到大陆内部，且包围整个地球的特定重力等位面叫作大地水准面，如图 1.1-9 所示。大地水准面是测量工作的基准面。由大地水准面所包围的形体叫作大地体，通常认为大地体可以代表整个地球的形状。

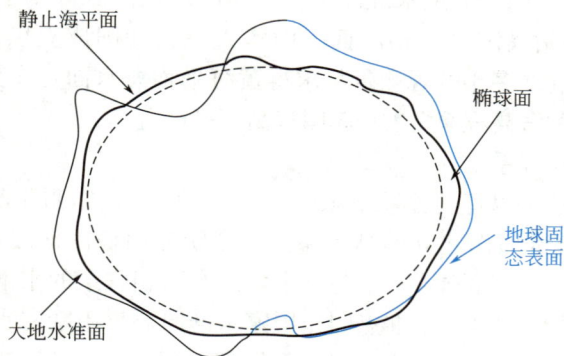

图 1.1-9　大地水准面

## 3. 铅垂线

铅垂线方向又称为重力方向。重力是地球引力和离心力的合力，地球表面离心力与引力之比约为 1∶300，所以重力方向主要取决于引力方向。用细绳悬挂一个垂球，其静止时所指示的方向即为铅垂线方向，它是测量工作的基准线。

## 4. 地球椭球体

由于地球内部物质分布不均匀，就使得地面各点铅垂线方向发生不规则的变化，因此大地水准面实际上是个略有起伏而不规则的光滑曲面。显然，要在这样的曲面上进行各种测量数据的计算和成果、成图的处理是相当困难的，甚至是不可能的。为了解决这个问题，人们选用一个既非常接近大地水准面，又能用数学式表示的几何形体来代替地球总的形状，这个几何体是由椭圆绕其短轴旋转而成的旋转椭球体，称之为地球椭球体。地球椭球体的形状和大小取决于椭圆的长半轴 $a$、短半轴 $b$ 及扁率 $f$。我国目前采用的 CGCS2000 地球椭球几何参数为：长半轴 $a=6378137\text{m}$，扁率 $f=1/298.257222101$。

## 5. 参考椭球体

与大地水准面最接近的地球椭球称为总地球椭球；与某个区域如一个国家大地水准面最为密合的椭球称为参考椭球，其椭球面称为参考椭球面。如果对参考椭球面的数学公式加入地球重力异常变化参数的改正，便可得到大地水准面的较为近似的数学式。大地水准面是一个理想化的模型，无法在现实世界中精确表达，而正常高（似大地水准面）可以精确获得，这样从严格意义上讲，测量工作应取参考椭球面作为测量的基准面，以参考椭球面为起算面的高程称为大地高。但是在实际工作中仍取的是大地水准面作为测量的基准面，这是因为，一方面当测量成果的要求不十分严格时，不必改正到参考椭球面上；另一方面，实际工作中可以十分容易地得到大地水准面和铅垂线，所以用大地水准面作为测量的基准面便大大简化了操作和计算工作。

### 二、地面点的高程

#### 1. 高程系统

1.1-5
地面点的
高程

我国法定采用的高程系统是正常高系统，其参考面是似大地水准面。似大地水准面相对于参考椭球面的起伏称为高程异常，也就是某一点的大地高与该点正常高之间的差异。虽然似大地水准面不是重力等位面，但在海洋上当略去海面地形影响时，则与大地水准面重合，因此用水准测量测定正常高的起算基准也是由验潮站确定的平均海面。中华人民共和国成立以来，我国先后于1956年、1985年以青岛验潮站多年的观测资料求得黄海平均海水面，作为绝对高程的基准面，分别称之为"1956年黄海高程系""1985国家高程基准"。

（1）1956年黄海高程系

1956年黄海高程系是以青岛验潮站1950—1956年连续验潮的结果求得的平均海水面作为全国统一的高程基准面而建立的高程系。为了明显而稳固地表示高程基准面的位置，在山东省青岛市观象山上，建立了一个与该平均海水面相联系的水准点，以坚固的标石加以相应的标志表示，我们把这个水准点叫作国家水准原点。用精密水准测量方法测出该原点高出黄海平均海水面72.289m，它就是推算国家高程控制点的高程起算点。

（2）1985国家高程基准

1985年，国家测绘局根据青岛验潮站1952—1979年间连续观测的潮汐资料，推算出青岛水准原点的高程为72.260m。此数据于1987年5月正式通告启用，并以此定名为1985国家高程基准，同时1956年黄海高程系相应废止。1985国家高程基准与1956年黄海高程系比较，验潮站和水准原点的位置未变，只是更精确，两者相差0.029m（1985国家高程基准"低"0.029m），如图1.1-10所示。由1956年黄海高程系的高程换算成1985国家高程基准时需要减去29mm。

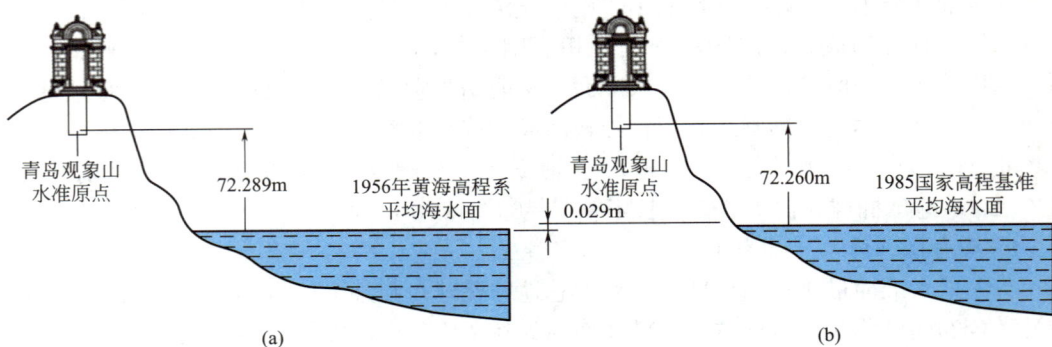

图 1.1-10　高程系统比较

#### 2. 高程和高差

地面点的高程，即地面点到高程基准面的铅垂距离。在一般测量工作中是以大地水准面作为高程基准面。地面点到大地水准面的铅垂距离，称为该点的绝对高程或海拔，简称高程，用 $H$ 表示。如图 1.1-11 所示，$H_A$、$H_B$ 分别表示地面点 A、B 的高程。

在局部地区，如果引用绝对高程有困难，可采用假定高程系统，即假定一个水准面作

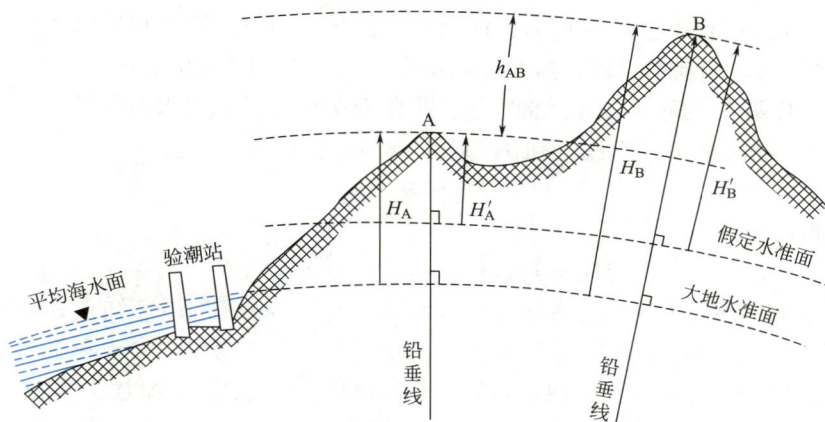

**图 1.1-11　高程和高差**

为高程基准面，地面点至假定水准面的铅垂距离称为相对高程或假定高程。如图 1.1-11 所示，$H_A'$、$H_B'$ 分别表示地面点 A、B 的相对高程。

两点的高程之差称为高差，用 $h$ 表示。图 1.1-12 中 A、B 两点间的高差为：

$$h_{AB} = H_B - H_A = H_B' - H_A'$$

当 $h_{AB} > 0$ 时，B 点高于 A 点；当 $h_{AB} < 0$ 时，B 点低于 A 点。

B、A 两点间的高差为：

$$h_{BA} = H_A - H_B = H_A' - H_B'$$

从上述两式可知，两点之间的高差与高程起算面无关，A、B 两点的高差与 B、A 两点的高差绝对值相等，符号相反。

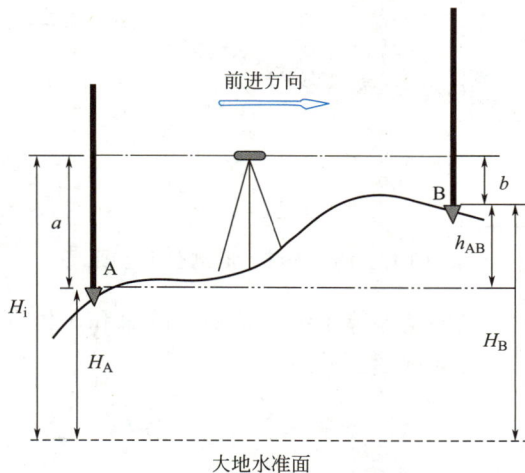

**图 1.1-12　水准测量基本原理图**

1.1-6
水准测量的
基本原理

## 三、水准测量基本原理

水准测量基本原理是利用水准仪所提供的水平视线，通过读取竖立在两个测点上水准尺的读数，测定两点之间的高差，再根据已知点高程推算另一测点的高程。

如图 1.1-12 所示，地面上有 A、B 两点，已知 A 点的高程 $H_A$，欲求 B 点的高程 $H_B$。根据水准测量的基本原理，需要先测定出 A、B 两点间的高差 $h_{AB}$。方法为：将水准仪安置在 A、B 两点之间，在 A、B 两点上垂直竖立水准尺，用水准仪的水平视线分别在 A、B 两点的水准尺上读得读数 $a$ 和 $b$，则 A、B 两点间的高差为：

$$h_{AB} = a - b$$

B 点的高程为：

$$H_B = H_A + h_{AB} = H_A + (a - b)$$

通常水准测量的方向是从已知点向待测点进行的，也就是说已知点始终在待测点的后面。在图 1.1-13 中，A 点称为后视点，读数 $a$ 称为后视读数；B 点称为前视点，读数 $b$ 称为前视读数。因此，两点间的高差等于后视读数减去前视读数。当读数 $a > b$ 时，高差为正值，说明 B 点高于 A 点；反之，当读数 $a < b$ 时，则高差为负值，说明 B 点低于 A 点。因为高差有正、负之分，所以水准测量的高差 $h$ 必须冠以"＋"号或"－"号。

对于长距离或大高差段的两点间高差测定，由于受到仪器高度和视距长度的影响，我们经常无法安置一次仪器就测得高差，这种情况下，就需要在两点间加设若干个临时的立尺点，测量很多站，再把各个测站的高差累积在一起，从而得到两点间高差。我们把这种测量方式称为连续水准测量，如图 1.1-13 所示。

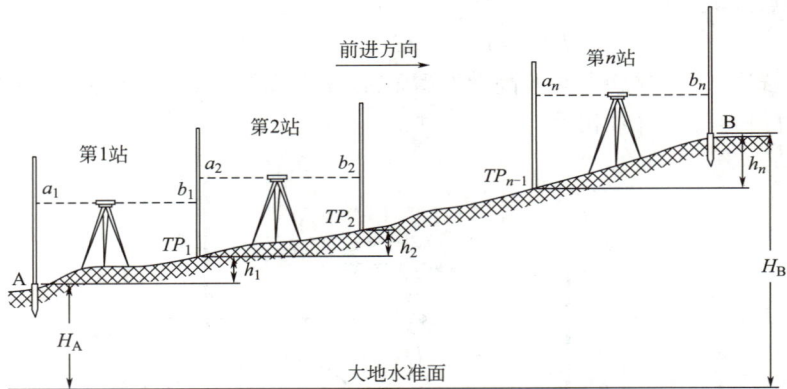

图 1.1-13　连续水准测量示意图

1.1-7
连续设站
水准测量

起点至终点的高差等于各测站高差的总和，也等于各测站所有后视读数的总和减去所有前视读数的总和，即：

$$h_{AB} = \sum_{i=1}^{n} h_i = \sum_{i=1}^{n} a_i - \sum_{i=1}^{n} b_i$$

水准测量过程中，每安置一次仪器并完成相应的观测称为一个测站，临时设置的立尺点称为转点。由于转点只起到传递高程的作用，不需要测出其高程，因此不需要有固定的点位，只需在地面上合适的位置放上尺垫，踩实并垂直竖立水准尺即可。观测完毕拿走尺垫，继续往前观测。完成一个测站后，将仪器搬至下一测站的过程称为迁站。

需要注意的是，在相邻两个测站上都要对转点的水准尺进行读数，在前一测站，对它读取前视读数后，尺垫不能动（可以把标尺从尺垫上拿下来）；在下一测站，对它读取后视读数，二者缺一不可。如果缺少或者读错了一个读数，前、后就脱节了，高程就无法正确传递，就不能正确求出终点的高程。所以，转点的读数特别重要，既不能遗漏，也不能读错。

## 活动设计

### 一、活动条件

1. 安排活动场地——为每组设置两个互相通视相距 20m 以上的固定点，点名分别标为 A、B（有实际点名的据实标注），测出两点高差并计算待定点高程。

2. 仪器室准备自动安平水准仪、双面水准尺、三脚架、记录板。

3. 学生自备 2H 铅笔。

### 二、活动组织

1. 每四人一组，其中一人担任观测员，一人担任记录员兼评价员，两人担任立尺员。

2. 每组成员依次轮换操练。小组四人分别编为 1、2、3、4 号，首先 1 号观测、2 号记录、3 号和 4 号立尺，然后 2 号观测、3 号记录、4 号和 1 号立尺，以此类推。

3. 全部完成操作训练之后，相互比较所测高差是否一致，对相差超过 5mm 的结果共同分析原因，指导其重测。小组所测高差全部一致后，找教师核对结果是否正确。

4. 教师汇总分析各组观测成果，请最快完成的小组分享心得，对出错的情况进行总结，提出正确测量的要点和常见错误的应对措施。

### 三、安全及注意事项

1. 打开、收拢三脚架时，注意手持位置及周边环境，谨防夹手伤人。

2. 仪器安置在测站上，当暂停操作时，必须有人守护在旁，确保仪器安全。

3. 短距离迁站仪器可不装箱，但必须竖直搬运，切不可横扛在肩上。

4. 读数前务必消除视差，确保精度可靠。

### 四、活动实施

| 序号 | 步骤 | 操作及说明 | 操作标准 |
| --- | --- | --- | --- |
| 1 | 准备 | (1)到仪器室领取仪器及工具,清单如下:<br><br>水准仪×1,三脚架×1,双面尺×2,记录板×1。<br>(2)目视外观是否有脏污、脱漆、锈蚀、伤痕和变形等缺陷。<br>(3)找教师领取 A 点已知高程 | (1)清点仪器及工具数量。<br>(2)确认两把双面尺是否是一对。<br>(3)填写缺陷情况,并在领用单上签名。<br>(4)仪器及工具紧拿轻放,避免碰撞 |

| 序号 | 步骤 | 操作及说明 | 操作标准 |
|---|---|---|---|
| 2 | 安置仪器 | (1)立尺员两人分别在 A、B 两点竖立水准尺。<br>(2)观测员在与 A、B 两点大致等距且通视处选定测站位置。<br>(3)打开三脚架,将仪器取出置于三脚架上,旋紧脚架中心连接螺旋<br> | (1)脚架高度和跨度适宜,便于观测。<br>(2)仪器前、后视距大致相等。<br>(3)仪器取出后及时合上箱盖 |
| 3 | 粗平 | (1)摆动一个架腿使圆气泡大致居中。<br>(2)转动脚螺旋使圆气泡精确居中<br> | (1)螺旋转动协调轻柔,爱护仪器。<br>(2)调平快速精确,练习至 15s 内 |
| 4 | 瞄准后视尺读数 | (1)瞄准后视点 A 竖立的水准尺。<br>(2)目镜、物镜调焦,消除视差。<br>(3)读取后视读数(中丝)。<br>(4)记录员回读记入表格 | (1)规范操作,不骑马观测。<br>(2)上下移动眼睛,标尺和十字丝无相对移动。<br>(3)读数专注仔细,快速正确。<br>(4)实事求是记录,不乱涂乱改,cm、mm 位不可修改。<br>(5)字体端正,字高不超过格高的一半 |
| 5 | 瞄准前视尺读数 | (1)转动仪器,瞄准前视点 B 竖立的水准尺。<br>(2)检查是否有视差,有则消除。<br>(3)读取前视读数(中丝)。<br>(4)记录员回读记入表格 | |
| 6 | 计算高差和高程 | (1)记录员计算观测高差(后视读数—前视读数),结果记入表格。<br>(2)计算 B 点高程(A 点已知高程+观测高差),结果记入表格 | (1)计算认真仔细,不出错。<br>(2)观测高差的"+"号或"—"号不能漏写。<br>(3)字体端正,不乱涂乱改 |
| 7 | 结束观测(轮换练习) | (1)仪器装箱,脚架收拢。<br>(2)依次轮换,重新测量 | (1)每人分别观测、记录一次。<br>(2)观测高差互差不超过 5mm |
| 8 | 整理归还仪器 | (1)小组成员全部操练完成后,仪器装箱,脚架收拢。<br>(2)清点仪器及工具是否完整。<br>(3)归还仪器,清理环境 | (1)爱护仪器和工具,紧拿轻放。<br>(2)工完场清,仪器归还放回原位 |

## 五、活动记录

小组编号：_____，仪器型号：_____，仪器编号：_____，记录者：_____。

### 水准测量记录表

| 测点 | 后视读数（mm） | 前视读数（mm） | 高差（m） | 高程（m） | 备注 |
|---|---|---|---|---|---|
| | | | | | |
| | | | | | |
| | | | | | |
| | | | | | |
| | | | | | |

说明：1. 至少记录一站完整的数据，如记录错误可整站划去，另起一站填写。

2. 表格剩余部分可自行练习使用，在备注栏注明"自练数据"。

## 六、活动评价

| 评价内容 | 评价标准 | 评价结果（是/否） |
|---|---|---|
| 活动完成情况 | 能区分高差与高程，并说出它们之间的关系 | □是 □否 |
| | 能说出我国现行的国家高程基准和水准原点高程 | □是 □否 |
| | 能理解水准测量的基本原理 | □是 □否 |
| | 能用水准仪准确测量两点间的高差 | □是 □否 |

## 七、课后作业

1. 水准面是_____（平面/曲面），它有_____个（唯一/无穷）。

2. 2020年12月，中国和尼泊尔两国联合发布的珠穆朗玛峰最新高程为_____m。

3. 大地水准面实际上是一个略有起伏而_____（规则/不规则）的光滑曲面。

4. 我国目前采用的地球椭球是_____（克拉索夫斯基椭球/1975IUGG推荐椭球/CGCS2000椭球）。

5. 我国目前采用的高程系统是_____，在此系统中水准原点的高程是_____m。

6. A、B两点的高差 $h_{AB} = +0.510m$，说明A点比B点_____（高/低）。

7. 简述水准测量的基本原理。

8. 完成下表中的计算。

| 测点 | 后视读数 | 前视读数 | 高差<br>(m) | 高程<br>(m) | 备注 |
|------|----------|----------|-------------|-------------|------|
| A | 1558 | | | 5.835 | 已知点 |
| B | | 1713 | | | |

9. 自主到仪器室借领水准仪，练习单测站高差测量，并将水准尺的望远镜视窗影像和记录表格拍照上传至课程平台讨论区。

# 职业能力 1-1-3　能对水准仪进行 $i$ 角检验

## 核心概念

自动安平水准仪的 $i$ 角（视线不水平）：望远镜视准轴与水平面的夹角。

## 学习目标

1. 能理解水准仪 $i$ 角对测量结果的影响。
2. 能说出水准仪 $i$ 角检验的方法。
3. 能检验得出水准仪的 $i$ 角大小。

## 基本知识

### 一、自动安平水准仪的误差来源

自动安平水准仪的误差来源主要有两个：一个是通过望远镜在水准尺上读数时的读数误差，该误差的大小主要取决于望远镜的放大倍率和水准尺离开仪器的距离；另一个是来自水平视线的整置及其变化，对自动安平水准仪来说，该误差主要来自自动安平补偿器。

#### 1. 水准尺上的照准读数误差

对于带有光学测微器的精密水准仪，其光学测微器本身的读数误差非常小，可以忽略不计，因此在水准尺上的照准读数误差主要是利用十字丝照准水准尺分划线的照准误差。对于不带光学测微器的水准仪，该误差仅包括十字丝在水准尺上估读时的读数误差。一般情况下，仪器的照准读数误差在水准测量误差中的影响是偶然性的。

#### 2. 水平视线整置误差

自动安平水准仪的水平视线整置误差主要包括可重复性误差、$i$ 角误差和准高误差。其中，可重复性误差由补偿器摆体的灵敏度决定；$i$ 角误差由视准线零位误差、视准线补偿误差和补偿器交叉误差组成；而准高误差则是仪器照准方向的不同而造成的视线高程变动的误差。水平视线整置误差属于系统误差，特别是 $i$ 角误差在测量中更要引起重视。根据国家水准测量规范和工程测量标准，水准测量要求每天检验一次 $i$ 角。DS1、DSZ1 型仪器的 $i$ 角不应超过 $15''$，DS3、DSZ3 型仪器不应超过 $20''$。自动安平水准仪和电子水准仪不自校，必须送专业机构校正。

### 二、$i$ 角误差检验方法

如图 1.1-14 所示，在平坦地区选择长为 $45\sim60\mathrm{m}$ 的路线，并将其分成三等分（长度均为 $d$），B、C 两点处安置尺垫。首先，将仪器安置在 A 点，读得 B 尺读数 $a'_1$、C 尺读数 $a'_2$；然后，移动仪器至 D 点，读得 C 尺读数 $a'_3$、B 尺读数 $a'_4$。如果仪器视线水平不存

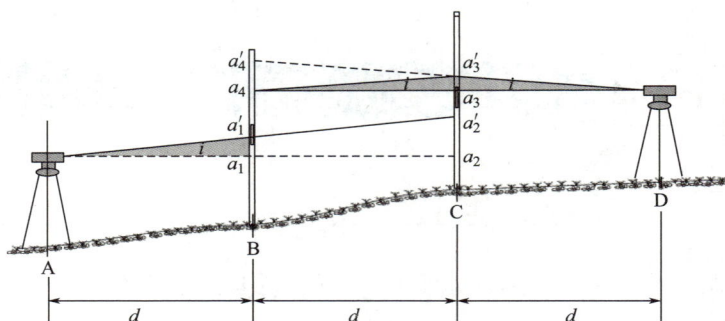

图 1.1-14　$i$ 角检验

在 $i$ 角，这些读数的正确值应为 $a_1$、$a_2$、$a_3$、$a_4$，并有如下关系式：

$$a_4 - a_1 = a_3 - a_2$$

如果上述关系式不成立，则表明视线对水平面倾斜了一个小角度 $i$，过 $a_3'$ 作 $a_2' a_1'$ 的平行线，那么必交于 B 尺的正确位置 $a_4$ 处，从图中可得：

$$a_4 - a_1' = a_3' - a_2'$$

即
$$a_4 = a_1' + a_3' - a_2'$$

如果实测值 $a_4'$ 与计算值 $a_4$ 不符合，则说明仪器存在 $i$ 角误差。按小角公式可计算：

$$i = (a_4' - a_4) \cdot \rho / 2d$$

式中　　$\rho$——$\rho = 206265''$。

# 活动设计

## 一、活动条件

1. 安排活动场地——45～60m 的开阔场地，硬质地面为宜。
2. 仪器室准备自动安平水准仪、三脚架、双面水准尺、尺垫、皮尺、记录板。
3. 学生自备 2H 铅笔。

## 二、活动组织

1. 每四人一组，其中一人担任观测员，一人担任记录员兼评价员，两人担任立尺员。
2. 每组成员依次轮换操练。小组四人分别编为 1、2、3、4 号，首先 1 号观测、2 号记录、3 号和 4 号立尺，然后 2 号观测、3 号记录、4 号和 1 号立尺，以此类推。
3. 全部完成操作训练之后，相互比较所测 $i$ 角是否一致，对相差超过 5″的结果共同分析原因，指导其重测（重算）。小组所测 $i$ 角全部一致后，操作结束。
4. 教师汇总分析各组观测成果，请最快完成的小组分享心得，对出错的情况进行总结，提出正确检验的要点。

## 三、安全及注意事项

1. 打开、收拢三脚架时，注意手持位置及周边环境，谨防夹手伤人。

2. 仪器安置在测站上，当暂停操作时，必须有人守护在旁，确保仪器安全。

3. 短距离迁站仪器可不装箱，但必须竖直搬运，切不可横扛在肩上。

4. 读数前务必消除视差，确保精度可靠。

## 四、活动实施

| 序号 | 步骤 | 操作及说明 | 操作标准 |
|---|---|---|---|
| 1 | 准备 | (1)到仪器室领取仪器及工具,清单如下:<br><br>水准仪×1,三脚架×1,双面尺×2,尺垫×2,皮尺×1,记录板×1。<br>(2)目视外观是否有脏污、脱漆、锈蚀、伤痕和变形等缺陷 | (1)清点仪器及工具数量。<br>(2)确认两把双面尺是否是一对。<br>(3)填写缺陷情况,并在领用单上签名。<br>(4)仪器及工具紧拿轻放,避免碰撞 |
| 2 | 确定线路 | (1)用皮尺在场地选定相距45m的A、D两点,做好标记。<br>(2)将AD长度分成三等分,确定B、C两点放置尺垫并踩紧。<br><br> | (1)距离三等分,相差不超过1m。<br>(2)尺垫稳固、无晃动下沉 |
| 3 | 观测 | (1)立尺员两人分别在B、C两点竖立水准尺。<br>(2)观测员在A点安置仪器,粗平。<br><br><br>(3)分别瞄准B、C两尺读数得 $a_1'$、$a_2'$,记录员记入表格。<br>(4)移动仪器安置于D点,粗平。<br><br><br>(5)分别瞄准C、B两尺读数得 $a_3'$、$a_4'$,记录员记入表格 | (1)仪器转动协调轻柔,爱护仪器。<br>(2)规范操作,不骑马观测。<br>(3)上下移动眼睛,标尺和十字丝无相对移动。<br>(4)读数专注仔细,快速正确。<br>(5)规范据实记录,不乱涂乱改 |
| 4 | 计算 | (1)计算 $a_4$ 值($a_4 = a_1' + a_3' - a_2'$)。<br>(2)计算 $i$ 角[$i = (a_4' - a_4) \cdot \rho / 2d$] | (1)计算认真仔细,不出错。<br>(2)角值单位为″,距离单位为mm |
| 5 | 结束观测<br>(轮换练习) | (1)仪器装箱,脚架收拢。<br>(2)依次轮换,重新检验 | (1)每人分别观测、记录一次。<br>(2) $i$ 角互差不超过 5″ |

续表

| 序号 | 步骤 | 操作及说明 | 操作标准 |
|---|---|---|---|
| 6 | 整理归还仪器 | (1)小组成员全部操练完成后,仪器装箱,脚架收拢。<br>(2)清点仪器及工具是否完整。<br>(3)归还仪器,清理环境 | (1)爱护仪器和工具,紧拿轻放。<br>(2)工完场清,仪器归还放回原位 |

## 五、活动记录

小组编号:_____,仪器型号:_____,仪器编号:_____,记录者:_____。

### *i* 角检验记录表

| 仪器距水准尺距离 | | | |
|---|---|---|---|
| 近尺距离 15m | | 远尺距离 30m | |
| 测站 | A | | D |
| 观测次数 | B尺读数 $a'_1$ | C尺读数 $a'_2$ | B尺读数 $a'_4$ | C尺读数 $a'_3$ |
| 1 | | | | |
| | | | | |
| | | | | |
| $i$ 角计算 | $a_4 = a'_1 + a'_3 - a'_2 =$ <br> $i = (a'_4 - a_4) \cdot \rho / 2d =$ | | | |
| 示意图 | 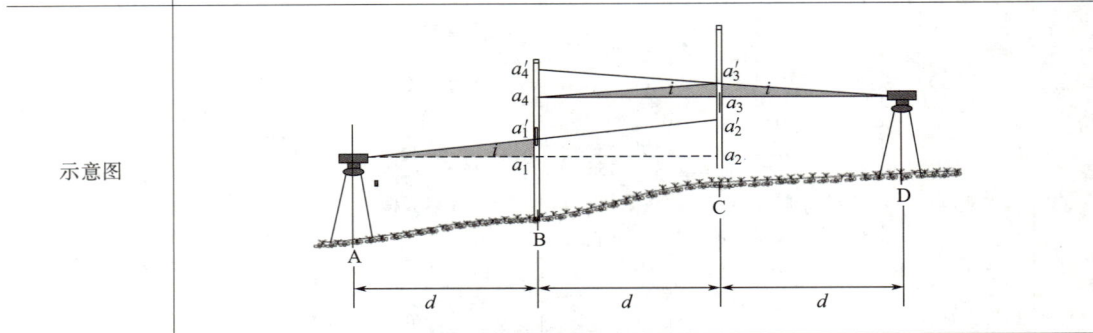 | | | |

说明:至少记录一次完整的数据,如记录错误可整站划去,另起一站填写。

## 六、活动评价

| 评价内容 | 评价标准 | 评价结果<br>(是/否) |
|---|---|---|
| 活动完成情况 | 能理解水准仪 $i$ 角对测量结果的影响 | □是　□否 |
| | 能说出水准仪 $i$ 角检验的方法 | □是　□否 |
| | 能检验得出水准仪的 $i$ 角大小 | □是　□否 |

### 七、课后作业

1. 仪器照准读数误差是_____（偶然性/系统性）的，$i$ 角误差是_____（偶然性/系统性）的。

2. 规范规定，$DSZ3$ 型仪器 $i$ 角不应超过_____。

3. 一般来说，水准仪的 $i$ 角角值为_____（正值/负值）。

4. 简述水准仪 $i$ 角检验的方法。

5. 自主到仪器室借领水准仪，练习 $i$ 角检验操作，提高操作熟练程度，并将检验记录表格拍照上传至课程平台讨论区。

## 任务拓展 1：误差的基本知识

### 一、误差及其表示方法

在测量工作中，某量的观测值与该量的真实值之间存在着必然的微小差异，这个差异称为误差。但有时人为的疏忽或措施不周也会造成观测值与真实值之间存在较大差异，这不属于误差而是错误。误差与错误的根本区别在于，前者是不可避免的，而后者可以通过仔细、认真和规范的工作加以避免。

### 二、误差的来源

在测量中产生误差的原因有很多种，但归纳起来一般有以下三个方面。

1. 仪器（工具）的制造和校正不可能十分完善。

2. 观测人员的感觉器官鉴别能力有限，技术水平、工作态度和身体状况等各有差异。

3. 温度、风力、地球曲率和大气折光等外界自然条件的影响。

上述三个方面综合起来称为观测条件。测量成果的精确程度简称为精度。观测条件相同的各次观测，称为等精度观测，观测条件不同的各次观测，称为非等精度观测。一般情况下，观测条件好，观测时产生的误差可能较小，观测精度就高；相反，如果观测条件差，观测时产生的误差可能较大，观测精度就低。

### 三、误差的分类及性质

误差按性质可分为三类：系统误差、偶然误差和粗差。

### 1. 系统误差

在同一观测条件下，对某量所测得的一系列观测值，其误差的数值、符号均相同，或按一定规律变化，这种误差称为系统误差。系统误差有以下特点：

（1）系统误差的大小（绝对值）为一常数或按一定规律变化。

（2）系统误差的符号（正、负）保持不变。

（3）系统误差具有累积性，即误差大小随单一观测值的倍数累积。

（4）系统误差具有可消减性，找出系统误差产生的原因和规律，通过计算改正或改变观测条件，可使误差消减。

### 2. 偶然误差

在同一观测条件下，对某量所测得的一系列观测值，其误差的大小（绝对值）和符号（正、负）都表现出偶然性，但就大量观测误差整体来看，则具有统计规律，这种误差称为偶然误差。偶然误差具有下列特点：

（1）在一定观测条件下，偶然误差的大小（绝对值）不超过一定的限值，即大误差出现的有界性。

（2）绝对值较小的误差比绝对值较大的误差出现的可能性大，即小误差出现的密集性。

（3）绝对值相等的正误差和负误差出现的可能性相等，即正负误差出现的对称性。

（4）偶然误差的算术平均值，随观测次数的无限增加而趋近于零，即全部误差出现的抵消性。

### 3. 粗差

明显超出规定条件下预期的误差称作粗差，通常测量人员的失误或测量条件突然变化会产生粗差，这类误差在数据处理时应予以剔除。

# 工作任务 1-2

## 角度测量

思维导图

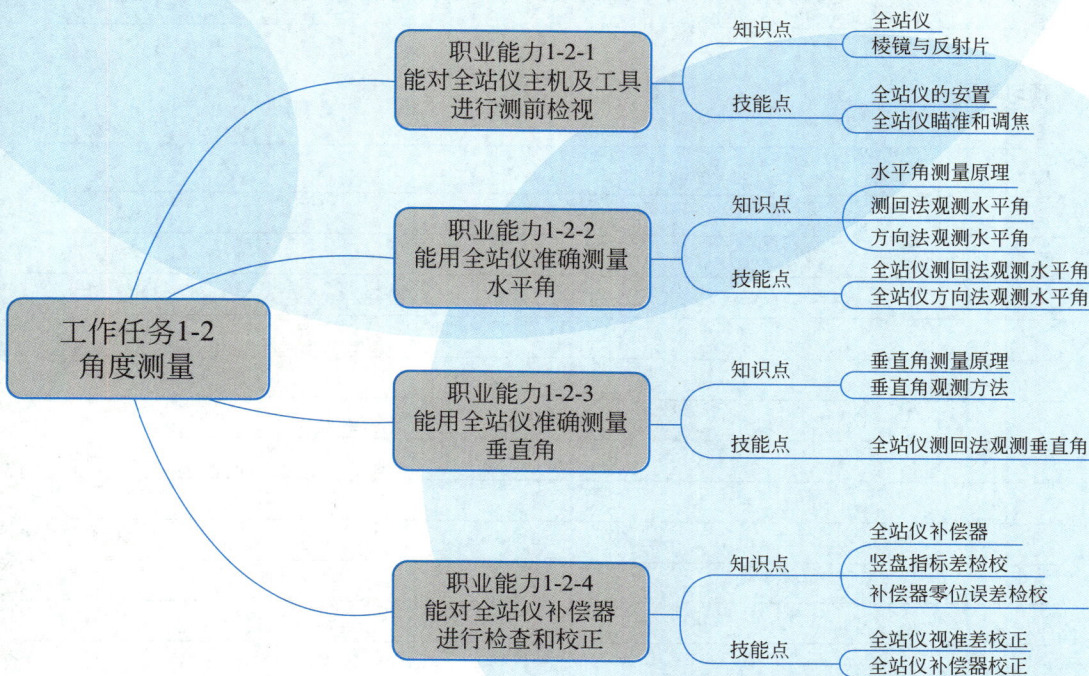

**思政元素**

### 中国全站仪的故事——科技报国、民族自信

　　测绘仪器属于光、机、电一体化的高科技产品，在国外只有制造照相机的厂家才有能力造测绘仪器，是最难实现国产化的产业。我国测绘仪器制造业用了 20 多年去研发、制造电子经纬仪和全站仪，都未获得成功。20 世纪 70 年代中期，随着中国经济建设的发展，急需从传统的模拟测绘转向数字化测绘，由光学仪器转向电子仪器，进口仪器开始进入中国。原装进口的仪器价格昂贵，一台测距仪的价格高达十多万元。

　　为了发展中国的电子测绘仪器事业，中国企业不满足于纯粹进口，希望国外厂家转让技术。但是进口仪器以散件组装（SKD）的方式大批量进入中国，只卖产品，不提供技术，国内厂家希望落空。20 世纪 90 年代以后，广州南方测绘科技股份有限公司（简称"南方测绘"）崛起，致力于测绘仪器国产化，坚持自主创新。经过不懈努力，1994 年，南方测绘成功实现测距仪国产化，次年研制出中国第一台电子经纬仪，测距仪、电子经纬仪、软件三位一体，中国第一台全站仪在南方测绘诞生，价格仅为进口仪器的 1/3。从 1995 年至今，南方测绘研发了三代全站仪，在中国测绘仪器制造史上具有重要的意义。

　　"做好企业，先学做人"，如何做人？无非就是要有职业操守、讲求信用、志存高远、脚踏实地，再深究一点，还要心胸宽广、豁达乐观、意志坚定、不惧挫折。南方测绘的蓬勃发展，三十余年如一日，成为世界测绘仪器的制造基地，这其实就是老一辈测绘人领会和践行"做人"精髓的过程，牢记"测绘仪器国产化"的初心，勇担"振兴民族测绘产业"的使命，用坚毅果敢的力量撑起了中国测绘仪器的崛起。

**预习笔记**

# 职业能力 1-2-1　能对全站仪主机及工具进行测前检视

## 核心概念

全站仪：全站型电子速测仪（Electronic Total Station）的简称，是一种兼有自动测距、测角、计算和数据自动记录及传输功能的自动化、数字化的三维坐标测量与定位系统。它由光电测距单元、电子测角及微处理器单元，以及电子记录单元组成，是一种广泛应用于控制测量、地形测量、地籍与房产测量、工业测量及近海定位等工作领域的电子测量仪器。

## 学习目标

1. 能区分全站仪的等级及精度指标。
2. 能指出全站仪每个部件的名称及作用。
3. 能熟练安置全站仪并快速瞄准目标。
4. 能判断全站仪的性能状态。

## 基本知识

### 一、全站仪

#### 1. 全站仪的分类

全站仪按其外观结构可分为积木型和整体型两类。早期的全站仪，大多是积木型结构，即电子速测仪、电子经纬仪、电子记录器各是一个整体，可以分离使用，也可以通过电缆或接口把它们组合起来，形成完整的全站仪。随着电子测距仪进一步轻巧化，现代的全站仪大多把测距、测角和记录单元在光学、机械等方面设计成一个不可分割的整体，其中测距仪的发射轴、接收轴和望远镜的视准轴为同轴结构。这对保证较大垂直角条件下的距离测量精度非常有利。

整体型全站仪的品牌和型号很多，高、中、低各等级精度的仪器达几十种。国外知名品牌主要有美国天宝、瑞士徕卡、日本索佳、拓普康、宾得等，国内知名品牌主要有南方测绘、苏州一光等。不同品牌型号的全站仪由于操作按钮和内置程序等设计不同，具体使用方法会有一定的差异。各品牌全站仪外形如图 1.2-1 所示。

全站仪按测量功能可分为经典型、机动型、无合作目标型和智能型四类。经典型全站仪也称为常规全站仪，它具备全站仪电子测角、电子测距和数据自动记录等基本功能，有的还可以运行厂家或用户自主开发的机载测量程序。机动型全站仪是在经典全站仪的基础上安装轴系步进电机，可自动驱动全站仪照准部和望远镜旋转，在计算机的在线控制下，机动型全站仪可按计算机给定的方向值自动照准目标，并可实现自动正、倒镜测量。无合

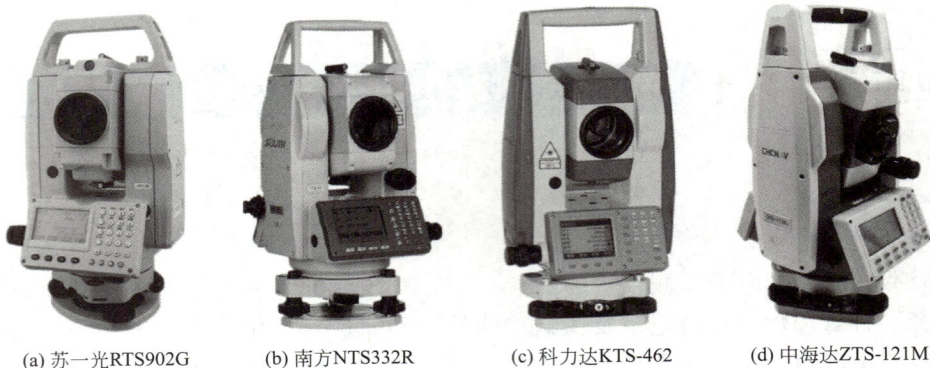

(a) 苏一光RTS902G　　(b) 南方NTS332R　　(c) 科力达KTS-462　　(d) 中海达ZTS-121M

图 1.2-1　全站仪

作目标型全站仪是指在无反射棱镜的条件下，可对一般目标直接测距的全站仪。智能型全站仪又称为"测量机器人"，它克服了全站仪需要人工照准目标的重大缺陷，在自动化全站仪的基础上，安装了自动目标识别与照准的新功能，从而实现了在无人干预的条件下可自动完成多个目标的识别、照准与测量。

全站仪按测距仪测程可分为短测程、中测程和长测程三类。短测程全站仪测程小于3km，一般精度为±（5mm＋5ppm），主要用于普通测量和城市测量。中测程全站仪测程为 3～15km，一般精度为±（5mm＋2ppm）、±（2mm＋2ppm），通常用于一般等级的控制测量。长测程全站仪测程大于 15km，一般精度为±（5mm＋1ppm），通常用于国家三角网及特级导线的测量。

### 2. 全站仪的构造

1.2-1
全站仪的
构造

全站仪的种类很多，各种品牌型号的仪器构造大致相同，主要由电源部分、测角系统、测距系统、数据处理部分、数据通信接口及显示屏、键盘等部分组成。电源是可充电电池，供各部分运转及望远镜十字丝和显示器的照明；测角部分相当于电子经纬仪，用来测水平角、竖直角和设置方位角；测距部分就是测距仪，一般用红外光源测量仪器到反射棱镜间的斜距、平距和高差；数据处理部分用于接收指令、分配各种作业、进行测量数据的运算，还包括运算功能更完善的各种软件；输入/输出部分包括操作键盘、显示屏和数据通信接口，键盘可输入操作指令、数据以及设置参数；显示屏可显示当前所处的工作模式、状态、观测数据和运算结果；数据通信接口使全站仪与微机交互通信、传输数据。本书以苏州一光仪器有限公司生产的 RTS902G 系列全站仪为例进行讲解，仪器的外观和各部件名称如图 1.2-2 和图 1.2-3 所示。

显示屏按键名称和功能见表 1.2-1。

### 3. 全站仪的使用

（1）仪器安置

1.2-2
全站仪的
安置

使用全站仪时，首先要在测站上安置仪器，即对中和整平。对中的目的是使仪器中心与测站点的标志中心位于同一铅垂线上；整平的目的是使水平度盘处于水平位置。安置全站仪的操作步骤如下：

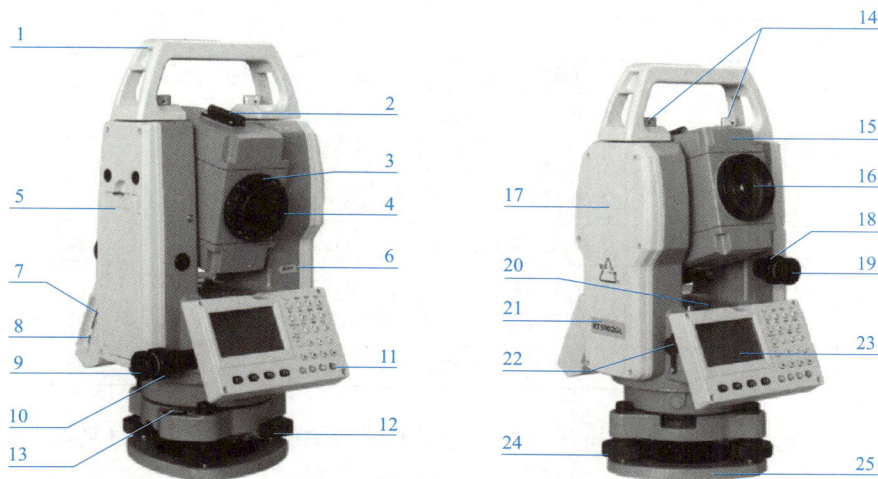

图 1.2-2　RTS902G 全站仪

1—提手；2—粗瞄准器；3—调焦手轮；4—目镜；5—电池；6—仪器编号；7—机载 SD 卡；8—USB 端口；
9—水平微动螺旋；10—水平制动螺旋；11—按键；12—基座锁紧旋钮；13—圆水准器；14—提手固定螺旋；
15—红绿导向光；16—物镜；17—仪器中心标志；18—竖直制动螺旋；19—竖直微动螺旋；20—水准管；
21—仪器型号；22—RS232 端口；23—显示屏；24—脚螺旋；25—基座

图 1.2-3　全站仪显示屏

全站仪显示屏按键名称和功能列表　　　　　　　　　表 1.2-1

| 按键 | 名称 | 功能 |
| --- | --- | --- |
| F1～F4 | 软键 | 功能参考显示屏幕最下面一行所显示的信息 |
| 0～9、± | 数字、字符键 | 1. 在输入数字时，输入按键相对应的数字；<br>2. 在输入字母或特殊字符的时候，输入按键上方对应的字符 |
| ① | 电源键 | 控制仪器电源的开/关 |
| ★ | 星键 | 用于若干仪器常用功能的操作 |
| Esc | 退出键 | 退回到前一个菜单显示或前一个模式 |

续表

| 按键 | 名称 | 功能 |
|------|------|------|
| SFT | 切换键 | 1. 在输入屏幕显示下,用于输入字母或数字的转换;<br>2. 在测量模式下,用于测量目标的切换 |
| BS | 退格键 | 1. 在输入屏幕显示下,删除光标左侧的一个字符;<br>2. 在测量模式下,用于打开电子水泡显示 |
| Space | 空格键 | 在输入屏幕显示下,输入一个空格 |
| Func | 功能键 | 1. 在测量模式下,用于软键对应功能信息的翻页;<br>2. 在程序菜单模式下,用于菜单翻页 |
| ENT | 确认键 | 选择选项或确认输入的数据 |

1) 安置脚架,连接仪器。松开三脚架架腿的固定螺旋,按观测者身高调节架腿长度。在测站点上方张开三脚架架腿至跨度高度适中位置,安置脚架,保持架头大致水平。注意使测站点尽量位于三脚架脚尖构成三角形的中心点处。打开仪器箱,一手握住提手,另一手托住基座,从箱中取出仪器,用连接螺旋将全站仪固定在架头上。

2) 粗略对中。通过光学对点器目镜观察,旋转对中器的目镜至分划板十字丝看得最清楚,再旋转对点器调焦环至地面测点看得最清楚。固定三脚架外侧的一条架腿,握住靠近身边的两条架腿,通过左右旋转和前后推拉,使镜中圆圈中心对准地面点标志中心。采用激光对中器的全站仪,应打开激光对中功能,采用同样的方法,将激光点对准地面点标志中心。

3) 粗略整平。松开三脚架架腿的固定螺旋,缩短离气泡最近的三脚架架腿,或者伸长离气泡最远的三脚架架腿,使圆水准器气泡居中,此操作需重复进行。注意:气泡在哪侧,说明哪边的架头偏高。

4) 精确整平。松开水平制动螺旋,转动照准部,使水准管平行于任意一对脚螺旋的连线,两手同时反向转动这对脚螺旋,使气泡居中;将照准部旋转90°,转动第三只脚螺旋,使气泡居中。气泡移动方向与左手大拇指旋转脚螺旋的方向相同。

5) 精确对中。目视对中器,确认镜中小圆圈中心是否与地面点中心重合。如有偏差,将连接螺旋稍微松,在架头上前后左右平移仪器(不要旋转),将对中器圆圈中心平移到地面点标志中心上。采用激光对中器的全站仪,方法相同,将激光点平移对准地面点标志中心。

6) 检查。精确对中完成后,检查水准管气泡是否仍然居中。如不居中,则按第4)步方法,再次精确整平仪器,并观察整平后的对中情况。注意第4)步和第5)步应反复进行,直至对中、整平同时达到要求为止。光学对中器对中偏差不超过2mm,照准部水准管偏差不超过一格。

(2) 调焦与照准

1) 目镜调焦。用望远镜观察明亮的背景,将目镜顺时针旋到底,再逆时针方向慢慢旋转至十字丝成像最清晰。

2) 照准目标。松开垂直和水平制动螺旋,用粗瞄准器瞄准目标,使其进入视场,锁紧水平和竖直两个制动螺旋。

1.2-3
全站仪的
调焦与照准

3）物镜调焦。旋转望远镜调焦环至目标成像最清晰。调节竖直和水平微动螺旋使十字丝精确照准目标。微动螺旋的最终旋转方向都应是顺时针方向。

4）视差消除。当观测者眼睛在目镜前稍微移动时，若出现目标成像与十字丝间的相对位移而引起的照准误差（称为视差），则再次进行调焦，直至使目标成像与十字丝间不存在视差。

（3）开机、关机

将仪器安置好后，按下电源键，即可开机，仪器进入自检模式。自检结束后，仪器显示日期、时间、型号、编号、版本、电量和当前文件等信息。选择相应的功能软键，可进入对应的工作模式。在仪器工作状态下，按下电源键，仪器会提示是否关机，选择是，则仪器关机，选择否，则返回原界面。

（4）输入数字、字母的方法

进入输入窗口，光标闪烁位置即当前输入位置，屏幕右侧如显示 A 图标，表示当前按键后输入的为大写字母或特殊字符，每一按键上定义三个字母，每按一次后，光标位置处显示出其中的一个字母，所需字母出现后，按向右键将光标移至下一个待输入位置（若两次输入的字母不在同一个键上，则可直接按下一个键即可）。如需输入小写字母，按切换键（SFT）进入小写字母输入模式，屏幕右侧显示 a 图标。按切换键（SFT）还可进入数字输入模式，屏幕右侧显示 1 图标。在数字输入模式下，每一个键即对应一个数字，按一次键即可输入一个数字，光标自动移动到下一个待输入位置。输入完毕后，按确认键（ENT）确认保存。

### 4. 全站仪的检视

对全站仪的检视应在作业前每天进行，主要包括以下内容：

（1）全站仪表面不应有碰伤、划痕、脱漆和锈蚀；盖板及部件应接合整齐，密封性好。

（2）光学部件表面无擦痕、霉斑、麻点及脱模的现象；望远镜十字丝成像清晰，视场明亮，亮度均匀；目镜调焦及物镜调焦转动平稳，不应有分划影像晃动或自行滑动的现象。

（3）水准管及圆水准器的校正螺钉不应有松动；脚螺旋转动松紧适度，无晃动；水平及竖直制动及微动机构运转平稳可靠，无跳动现象。

（4）操作键盘上各按键反应灵敏，每个键的功能正常；通过键的组合读取显示数据及存储或传送数据功能正常。

（5）液晶显示屏显示的各种符号清晰、完整，对比度适当。

（6）数据输出接口及外接电源接口完好，内接电池接触良好，内（外）接电池容量充足。

（7）记录存储卡完好无损，表面清洁，在仪器上能顺利地装入或取下。

（8）按出厂规定的仪器附件包括必要的校正器件（扳手、螺丝刀、校正针），物镜罩、接口插头的保护盖等。

### 5. 全站仪的保养

全站仪是一种高精度测量仪器，需有专人负责保养。只有在日常工作中注意全站仪的保养，才能延长全站仪的使用寿命，将全站仪的功效发挥到最大。

（1）全站仪的保管

1）仪器必须装箱运输，防止受到剧烈振荡。

2）放置在－40～＋70℃的干燥环境中。

3）仪器保管应注意防潮，若受潮，应在干燥环境中打开仪器箱，释放潮气。

4）定期对仪器进行调试和检校。

（2）电池的保养

全站仪的电池是全站仪重要的部件之一，电池的好坏直接决定了外业时间的长短。

1）全站仪长期不使用时，电池每隔 3 个月要充、放电 1 次。如长期不充电，电池会因为自动放电导致电量过低，影响电池寿命。

2）电池在 10～30℃ 的环境中充电，在 0～20℃ 的环境中保存。

3）不要连续进行充电或放电，否则会损坏电池和充电器，如有必要进行充电或放电，则应在停止充电约 30min 后再使用充电器充电。

4）超过规定的充电时间会缩短电池的使用寿命，应尽量避免。

5）电源关闭后再装入或取出电池。

（3）目镜和物镜的保养

1）保持目镜和物镜的干燥与清洁。

2）清洁时可使用干净、柔软的布，需要时可用纯酒精蘸湿清洁布擦拭。

3）避免用手直接触摸光学零部件。

（4）主机及基座的保养

1）望远镜与机身支架的连接处应经常用干净的布清理，如果灰尘等堆积过多，会造成望远镜转动困难。

2）基座的脚螺旋处应保持干净、清洁，有灰尘应及时清理。

1.2-4
棱镜与
反射片

## 二、棱镜与反射片

使用全站仪观测时，通常需要配合相应的观测目标，常用棱镜或反射片。

### 1. 棱镜

棱镜的光学部分是直角光学玻璃体，如同在正方体玻璃上切下的一角，透射面呈正三角形，三个反射面呈等腰三角形。反射面镀银，面与面之间相互垂直。由于这种结构的棱镜，无论光线从哪个方向入射透射面，棱镜均会将入射光线反射回入射光的光射方向，因此测量时，只要棱镜的透射面大致垂直于测线方向，仪器便会得到回光信号。测距时，全站仪发出光信号，并接收从棱镜反射回来的光信号，计算光信号的相位移等，从而间接求得光通过的时间，最后测出全站仪到棱镜的距离。

将棱镜作为观测目标测角测距时，棱镜可以通过基座安置到三脚架上，也可以直接安置到对中杆上，如图 1.2-4（a）所示为单棱镜。在观测距离较长时，可以采用图 1.2-4（b）所示的三棱镜提高观测精度。

值得注意的是，光在玻璃中的折射率为 1.5～1.6，而在空气中的折射率近似等于 1，因此光在棱镜中传播所用的超量时间会使所测距离增大某一数值，通常称该增大的数值为棱镜常数。通常棱镜常数已在生产厂家所附的说明书上或棱镜上标出，供测距时使用。全站仪用于外业作业前，应首先确定配套使用的棱镜常数。

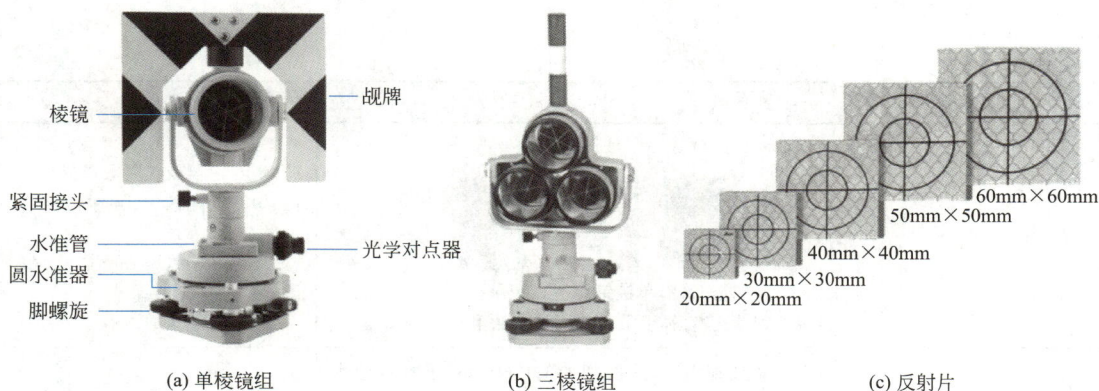

(a) 单棱镜组　　　　　　(b) 三棱镜组　　　　　　(c) 反射片

**图 1.2-4　棱镜与反射片**

### 2. 反射片

在一些测量工作中，为了节省设站时间或棱镜架设困难，还可以采用自贴式反射片，如图 1.2-4（c）所示。自贴式反射片有 20mm×20mm、40mm×40mm、60mm×60mm 等规格，背后带有不干胶，可以直接粘贴在需要观测的物体上。自贴式反射片成本低、安置方便，可长期布设于测点上，广泛应用于变形监测领域。

## 活动设计

### 一、活动条件

1. 安排活动场地——空旷区域，硬质地面、土质地面均可，室内实训室更佳。
2. 仪器室准备全站仪、单棱镜组（或反射片）、三脚架、记录板。
3. 学生自备 2H 铅笔。

### 二、活动组织

1. 每四人一组，其中一人担任观测员，一人担任记录员兼评价员，两人担任司镜员。
2. 每组成员依次轮换操练。小组四人分别编为 1、2、3、4 号，首先 1 号观测、2 号记录、3 号和 4 号司镜，然后 2 号观测、3 号记录、4 号和 1 号司镜，以此类推。
3. 完成操作训练之后，师生及时点评纠错。
4. 教师重申全站仪操作步骤和标准，列举可能发生的情形，培养学生举一反三的能力。

### 三、安全及注意事项

1. 打开、收拢三脚架时，注意手持位置及周边环境，谨防夹手伤人。
2. 仪器安置在测站上，当暂停操作时，必须有人守护在旁，确保仪器安全。

## 四、活动实施

| 序号 | 步骤 | 操作及说明 | 操作标准 |
|---|---|---|---|
| 1 | 准备 | (1)到仪器室领取仪器及工具,清单如下:<br><br>全站仪×1,三脚架×2,单棱镜组×1,记录板×1。<br>(2)目视外观是否有脏污、脱漆、锈蚀、伤痕和变形等缺陷 | (1)清点仪器及工具数量。<br>(2)填写缺陷情况,并在领用单上签名。<br>(3)仪器及工具紧拿轻放,避免碰撞 |
| 2 | 安置仪器 | (1)使三脚架架腿等长,三脚架架头位于测点上且近似水平,三脚架架腿牢固地支撑于地面之上。<br><br>水平<br>牢固支撑    等距<br>测点<br><br>(2)打开仪器箱,双手取仪器置于三脚架平台上,一只手握住仪器,另一只手旋紧中心连接螺旋。<br><br>2<br>1<br><br>(3)通过光学对点器目镜观察,旋转对点器的目镜至分划板十字丝看得最清楚,再旋转对点器调焦环至地面测点看得最清楚(启动激光对中器)。<br>(4)移动三脚架架腿,并转动脚螺旋,使测点位于光学对点器小圆圈中心(激光对准地面点)。<br><br>对点器分划板<br>测点标志 | (1)检查脚架固定螺旋是否滑丝、脚尖是否松动。<br>(2)脚架平台应尽可能地保持水平。<br>(3)脚架高度与观测者身高相适宜。<br>(4)仪器取出后及时合上箱盖。<br>(5)检查运动机构有无松动、卡滞和影响操作的现象。<br>(6)动作协调轻柔,爱护仪器。<br>(7)5min内将仪器安置完成 |

| 序号 | 步骤 | 操作及说明 | 操作标准 |
|---|---|---|---|
| 2 | 安置仪器 | (5)缩短离气泡最近的三脚架架腿,或者伸长离气泡最远的三脚架架腿,使气泡居中(此操作需重复进行)。<br><br>(6)转动照准部,使长水泡平行于脚螺旋 A、B 的连线,旋转脚螺旋 A、B,使气泡居中,气泡向顺时针旋转的脚螺旋方向移动。<br><br>(7)将照准部旋转 90°,使照准部水准器轴垂直于脚螺旋 A、B 的连线,旋转脚螺旋 C 使气泡居中。<br><br>(8)稍许松开连接螺旋,将仪器在三脚架架头上平移,使仪器精确对准地面点后旋紧中心螺旋。<br>(9)再次检查确认照准部水准管气泡是否居中,如果不居中,重复第(6)步后的操作 | (1)检查脚架固定螺旋是否滑丝、脚尖是否松动。<br>(2)脚架平台应尽可能地保持水平。<br>(3)脚架高度与观测者身高相适宜。<br>(4)仪器取出后及时合上箱盖。<br>(5)检查运动机构有无松动、卡滞和影响操作的现象。<br>(6)动作协调轻柔,爱护仪器。<br>(7)5min 内将仪器安置完成 |
| 3 | 对点器检查 | 使照准部转动 180°,观察对点器分划板中心(或激光点)与地面标志是否重合 | (1)仪器转动到位,观察认真仔细。<br>(2)对有偏移的,提出校正或更换 |

| 序号 | 步骤 | 操作及说明 | 操作标准 |
|---|---|---|---|
| 4 | 水准器检查 | (1)确认水准管气泡居中,将照准部转动180°。<br>(2)观察原居中的气泡是否偏离中心而不居中。<br><br>180°<br><br>(3)观察圆水准器气泡是否居中。<br>(4)记录员记录气泡偏离情况 | (1)仪器转动到位,观察认真仔细。<br>(2)对水准管气泡偏离超过一格或圆水准器气泡不居中的,提出校正或更换 |
| 5 | 瞄准和调焦 | (1)望远镜瞄向明亮的背景,将目镜顺时针旋到底,再逆时针方向慢慢旋转至十字丝成像最清晰。<br><br>(2)松开垂直和水平制动螺旋,用粗瞄准器瞄准目标,使其进入视场,锁紧两个制动螺旋。<br><br>(3)旋转望远镜调焦环至目标成像最清晰。用垂直和水平微动螺旋使十字丝精确照准目标。微动螺丝的最终旋转方向都应是顺时针方向。<br><br>(4)再次进行调焦,直至使目标成像与十字丝间不存在视差 | (1)检查望远镜视场亮度是否均匀,成像是否清晰。<br>(2)动作协调轻柔,爱护仪器。<br>(3)60s内完成瞄准和调焦。<br>(4)上下移动眼睛,标尺和十字丝无相对移动。<br>(5)规范操作,不骑马观测 |

| 序号 | 步骤 | 操作及说明 | 操作标准 |
|---|---|---|---|
| 6 | 开机和关机 | (1)按电源键⏻开机,仪器自检后进入待测量界面。<br><br>11/07/2021　　08:32:37<br>RTS900<br>编号　　1H00002<br>版本　　12-08-21<br>文件　　JOB1<br>测量　　　　内存 设置<br><br>(2)按测量键[F1]进入测量模式。<br><br>测量　　　PSM　　0.0<br>　　　　　PPM　　　0<br>SD<br>VA　　167° 16′ 08″<br>HA　　00° 00′ 00″　P1<br>测距　SHV1 SHV2　置零<br><br>(3)再次按下电源键⏻,按[F3]键则仪器关机,按[F4]键则返回原界面。<br><br>关机?<br>是　否<br><br>(4)按住电池上的按钮向下按解锁钮,向外取出电池<br><br> | (1)按钮轻按轻放。<br>(2)熟悉不同界面软键的功能。<br>(3)开机状态时不取出电池 |
| 7 | 结束观测<br>(轮换练习) | (1)仪器装箱,脚架收拢。<br>(2)依次轮换,重新测量 | (1)仪器在箱内摆放位置正确。<br>(2)摆放整齐到位 |
| 8 | 整理归还仪器 | (1)小组成员全部操练完成后,仪器装箱,脚架收拢。<br>(2)清点仪器及工具是否完整。<br>(3)归还仪器,清理环境 | (1)卸下仪器前务必先关闭电源。<br>(2)爱护仪器和工具,紧拿轻放。<br>(3)工完场清,仪器归还放回原位 |

### 五、活动记录

小组编号：_____，仪器型号：_____，仪器编号：_____，记录者：_____。

**全站仪检视记录**

| 检验项目 | 检视结果 | 备注 |
|---|---|---|
| 脚架固定螺旋是否滑丝 | □是 □否 | |
| 脚架脚尖是否松动 | □是 □否 | |
| 棱镜组外观是否有损伤 | □是 □否 | |
| 棱镜基座有无松动、卡滞现象 | □有 □无 | |
| 仪器外观是否有损伤 | □是 □否 | . |
| 仪器转动有无松动、卡滞现象 | □有 □无 | |
| 调焦手轮是否有效 | □是 □否 | |
| 望远镜成像是否清晰 | □是 □否 | |
| 仪器转动180°后长气泡是否仍居中 | □是 □否 | |

### 六、活动评价

| 评价内容 | 评价标准 | 评价结果（是/否） |
|---|---|---|
| 活动完成情况 | 能区分全站仪的类型及精度指标 | □是 □否 |
| | 能指出全站仪每个部件的名称及作用 | □是 □否 |
| | 能在5min内将仪器安置完成 | □是 □否 |
| | 能在60s内完成瞄准和调焦 | □是 □否 |
| | 能判断水准器是否需要校正 | □是 □否 |

### 七、课后作业

1. 通常用于国家三角网及特级导线测量的全站仪是_____（短测程/中测程/长测程）全站仪。

2. 全站仪主要由电源部分、_____、_____、_____、数据通信接口及显示屏、键盘几个部分组成。

3. 下图所示全站仪各部件的名称是：

1_____；2_____；3_____；4_____；
5_____；6_____；7_____；8_____；
9_____；10_____；11_____；12_____。

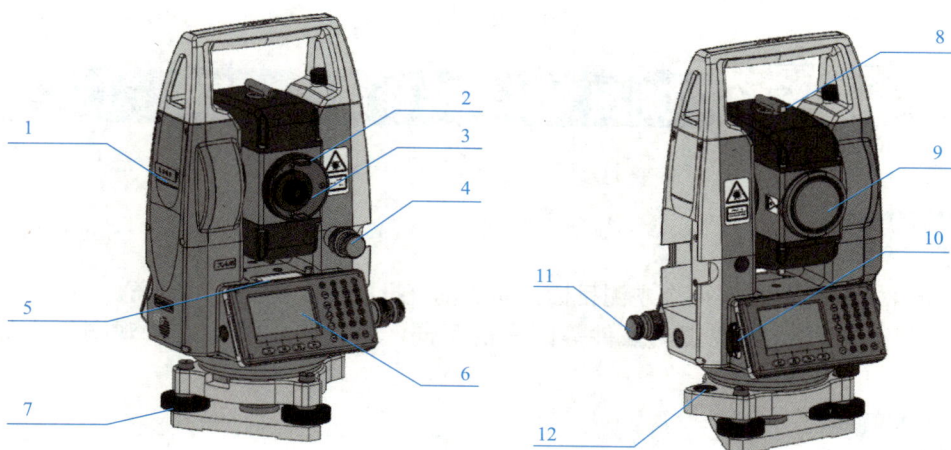

4. 全站仪安置包括对中和整平，请简述其操作步骤。

5. 请分析全站仪瞄准目标与水准仪有何不同？如何才能快速瞄准目标？

6. 自主到仪器室借领全站仪，练习仪器的安置、瞄准和调焦，并将水准管气泡和瞄准目标时望远镜视窗影像拍照上传至课程平台讨论区。

## 职业能力 1-2-2　能用全站仪准确测量水平角

### 核心概念

1. 水平角：测站点至两个观测目标方向线垂直投影在水平面上的夹角。
2. 测回：根据仪器或观测条件等因素的不同，统一规定的由数次观测组成的观测单元。

### 学习目标

1. 能理解水平角测量的原理，会运用原理计算水平角值。
2. 能描述测回法、方向法测角的观测程序。
3. 会运用测回法观测两方向间的水平角值。
4. 会运用方向法观测多方向间的水平角值。
5. 能描述水平角测量记录表的填写内容，会进行记录与计算。

## 基本知识

### 一、水平角测量原理

如图 1.2-5 所示，O、A、B 是三个不同高程的地面点。将空间直线 OA、OB 投影到水平面上的夹角为 $\beta$，即为空间角 $\angle AOB$ 对应的水平角。水平角的范围为 $0°\sim360°$。

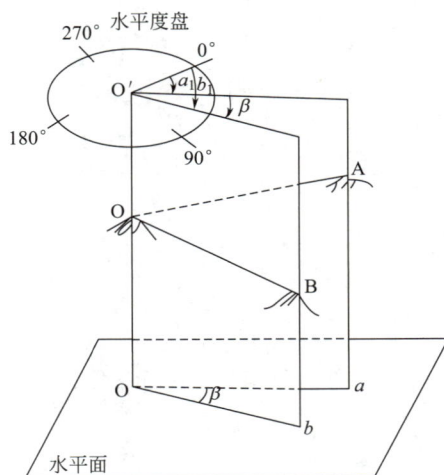

1.2-5
水平角
测量原理

图 1.2-5　水平角测量原理

为了测量水平角 $\beta$，可设想在过 O 点的铅垂线 O′点上方放置一个顺时针注记的水平度盘，用垂直投影的方法，将 OA、OB 两条方向线投影到度盘的水平面上，得度盘投影读数 $a_1$、$b_1$，据此可计算出：

$$\beta = b_1 - a_1$$

## 二、测回法观测水平角

水平角的观测方法一般根据观测目标的多少而定，常用的有测回法和方向法。测回法适用于观测两个方向之间的单个角度，是观测水平角最基本的方法。

### 1. 观测程序

如图 1.2-6 所示，测回法观测 OA、OB 两方向之间的水平角，具体操作步骤如下：

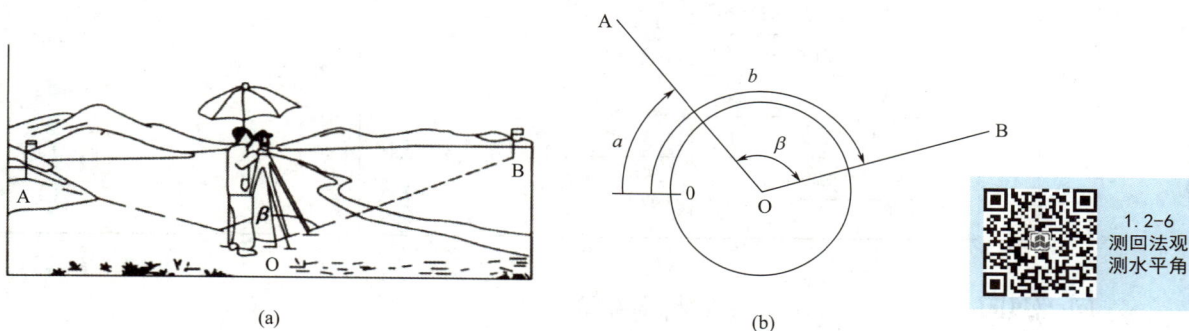

图 1.2-6　测回法示意图

（1）在 O 点安置全站仪，对中、整平；并在 A、B 两点设置照准标志或安置棱镜。

（2）盘左观测（竖盘在望远镜的左侧，又称正镜）：精确瞄准左目标 A 点，设置水平度盘读数稍大于 0，读数 $a_左$；顺时针转动照准部，瞄准右目标 B 点，读取水平度盘读数 $b_左$。

以上称为上半测回，可得水平角值为：

$$\beta_左 = b_左 - a_左$$

水平度盘按顺时针方向注记，因此半测回角值为右目标读数减去左目标读数，当不够减时先将右目标读数加上 360°。

（3）盘右观测（竖盘在望远镜的右侧，又称倒镜）：倒转望远镜成盘右位置，瞄准右目标 B 点，读取水平度盘读数 $b_右$；逆时针转动照准部，瞄准左目标 A 点，读取水平度盘读数 $a_右$。

以上称为下半测回，可得水平角值为：

$$\beta_右 = b_右 - a_右$$

上、下两个半测回合称一测回。一测回角值取盘左、盘右水平角值的平均值：

$$\beta = \frac{1}{2}(\beta_左 + \beta_右)$$

当测角精度要求较高时，往往要测多个测回，为了减少度盘分划误差的影响，各测回间应根据测回数 $n$ 按 180°/$n$ 变换水平度盘的起始位置。比如需要观测 3 个测回，则 $n=3$，各测回的起始方向读数应分别设置为 0°、60°、120°或稍大。

## 2. 记录计算

测回法的记录计算见表 1.2-2。

测回法观测记录表

表 1.2-2

日期：2023 年 8 月 20 日　　仪器号：RTS902G-1H00002　　观测：彭某某

天气：晴　　　　　　　　　地点：校园　　　　　　　　　记录：赵某某

| 测站 | 测回 | 竖盘位置 | 目标 | 水平度盘数<br>(° ′ ″) | 半测回角值<br>(° ′ ″) | 一测回角值<br>(° ′ ″) | 各测回平均值<br>(° ′ ″) | 备注 |
|---|---|---|---|---|---|---|---|---|
| O | 1 | 左 | A | 0 02 30 | 39 27 42 | 39 27 45 | 39 27 42 | |
| | | | B | 39 30 12 | | | | |
| | | 右 | A | 180 02 36 | 39 27 48 | | | |
| | | | B | 219 30 24 | | | | |
| | 2 | 左 | A | 90 17 30 | 39 27 40 | 39 27 38 | | |
| | | | B | 129 45 10 | | | | |
| | | 右 | A | 270 17 42 | 39 27 36 | | | |
| | | | B | 309 45 18 | | | | |

1.2-7
方向法观测水平角

## 三、方向法观测水平角

方向观测法简称方向法，是观测水平角的一种常用方法，即把两个以上的方向合为一组依次进行观测的方法。

### 1. 全圆方向观测法

如图 1.2-7 所示，设测站上应观测的方向为 A、B、C、D 等目标，P 为测站。在上半测回中，用望远镜盘左位置（注意：先对好度盘位置，检查无误），顺时针方向旋转照准部，从零方向（即起始方向）开始，依次照准 A、B、C、D、A 各目标，并读数、记录；纵转望远镜至盘右位置，逆时针方向旋转照准部，依相反次序照准 A、D、C、B、A，并读数、记录，此为下半测回。上、下两个半测回合起来为一测回。其余各测回只需按要求变换零方向度盘位置，其观测、记录方法完全相同。

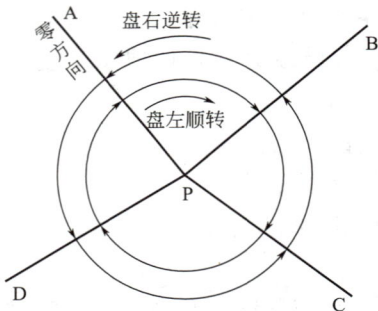

图 1.2-7　全圆方向观测法示意图

在上、下两个半测回中，都重复照准零方向 A 并读数、记录，称为"归零"。这种半测回归零的观测方法又称为全圆方向法，通常观测方向数大于 3 时，规定必须采用此法。半测回中，零方向两次观测读数之差称为归零差。当上、下半测回归零差都符合规定限差要求时，才能进行后面的计算工作。当观测方向数为 3 时，可以不归零，其他操作同全圆方向法。

《工程测量标准》GB 50026—2020 规定，水平角方向观测法的技术要求应符合表 1.2-3 的规定。

**水平角方向观测法的技术要求**　　　　　　　　　表 1.2-3

| 等级 | 仪器精度等级 | 半测回归零差限差(″) | 一测回内 2C 互差限差(″) | 同一方向值各测回较差限差(″) |
|---|---|---|---|---|
| 四等及以上 | 0.5″级仪器 | ≤3 | ≤5 | ≤3 |
| | 1″级仪器 | ≤6 | ≤9 | ≤6 |
| | 2″级仪器 | ≤8 | ≤13 | ≤9 |
| 一级及以下 | 2″级仪器 | ≤12 | ≤18 | ≤12 |
| | 6″级仪器 | ≤18 | — | ≤24 |

注：当某观测方向的垂直角超过±3°的范围时，一测回内 2C 互差可按相邻测回同方向进行比较，比较值应满足表中一测回内 2C 互差的限值。

## 2. 方向观测法的记录和计算

（1）2C 值：2C＝［盘左读数－（盘右读数±180°）］（当盘右读数＞180°时，取"－"，否则，取"＋"）；若 2C 值互差不符合方向法各项限差（表 1.2-3），则该测回须重测。

（2）平均方向值：平均方向值＝［盘左读数＋（盘右读数±180°）］/2（以盘左读数为准）。

（3）归零方向值：由于各个测回中起始方向 A 有两个方向值，见表 1.2-4 中的（0°01′06″、0°01′12″），则取其平均值（0°01′06″＋0°01′12″）/2＝0°01′09″，并将 A 目标的方向值化为 0°00′00″，则其他各方向值也相应地减去 0°01′09″，即得各方向的归零方向值。

（4）各测回归零后方向值之平均值：即各测回同一目标的方向值的平均值。两方向值之差即为相应水平角。

**方向法观测记录表**　　　　　　　　　　　　表 1.2-4

日期：2023 年 8 月 20 日　　　　仪器号：RTS902G-1H00002　　　　观测：彭某某

天气：晴　　　　　　　　　　　地点：校园　　　　　　　　　　　记录：赵某某

| 测回 | 测站 | 目标 | 水平度盘读数(° ′ ″) 盘左 | 水平度盘读数(° ′ ″) 盘右 | 2C | 平均方向值(° ′ ″) | 归零方向值(° ′ ″) | 各测回归零方向值之平均值 |
|---|---|---|---|---|---|---|---|---|
| 1 | P | A | 0 01 00 | 180 01 12 | −12 | (0 01 09) 0 01 06 | 0 00 00 | 0 00 00 |
| | | B | 42 22 36 | 222 22 48 | −12 | 42 22 42 | 42 21 33 | 42 21 25 |
| | | C | 84 35 48 | 264 35 54 | −6 | 84 35 51 | 84 34 42 | 84 34 38 |
| | | D | 166 46 24 | 346 46 24 | 0 | 166 46 24 | 166 45 15 | 166 45 20 |
| | | A | 0 01 06 | 180 01 18 | −12 | 0 01 12 | | |
| | | | Δ左＝+6 | Δ右＝+6 | | | | |

| 测回 | 测站 | 目标 | 水平度盘读数 (° ′ ″) | | 2C | 平均方向值 (° ′ ″) | 归零方向值 (° ′ ″) | 各测回归零方向值之平均值 |
|---|---|---|---|---|---|---|---|---|
| | | | 盘左 | 盘右 | | | | |
| 2 | P | A | 90 01 00 | 270 01 06 | −6 | (90 01 04)<br>90 01 03 | 0 00 00 | |
| | | B | 132 22 24 | 312 22 18 | +6 | 132 22 21 | 42 21 17 | |
| | | C | 174 35 40 | 354 35 36 | +4 | 174 35 38 | 84 34 34 | |
| | | D | 256 46 27 | 76 46 33 | −6 | 256 46 30 | 166 45 26 | |
| | | A | 90 01 05 | 270 01 03 | +2 | 90 01 04 | | |
| | | | $\Delta_{左}=+5$ | $\Delta_{右}=-3$ | | | | |

# 活动设计

## 一、活动条件

1. 安排活动场地——为每组设置一个测站点，四个不同方向的目标点，目标点各组可共用，但需与测站点通视。测站点点名标为 P，目标点点名分别标为 A、B、C、D（有实际点名的据实标注）。提前测出测站点至各目标点之间的水平角值。

2. 仪器室准备全站仪、单棱镜组、三脚架、记录板。

3. 学生自备 2H 铅笔。

## 二、活动组织

1. 每四人一组，其中一人担任观测员，一人担任记录员兼评价员，两人担任司镜员。

2. 每组成员依次轮换操练。小组四人分别编为 1、2、3、4 号，首先 1 号观测、2 号记录、3 号和 4 号司镜，然后 2 号观测、3 号记录、4 号和 1 号司镜，以此类推。

3. 全部完成操作训练之后，相互比较所测角值是否一致，对相差超过 24″ 的结果共同分析原因，指导其重测。小组所测角值全部一致后，找老师核对结果是否正确。

4. 教师汇总分析各组观测成果，请最快完成的小组分享心得，对出错的情况进行总结，提出正确测量的要点和常见错误的应对措施。

## 三、安全及注意事项

1. 打开、收拢三脚架时，注意手持位置及周边环境，谨防夹手伤人。

2. 仪器安置在测站上，当暂停操作时，必须有人守护在旁，确保仪器安全。

3. 瞄准目标务必消除视差，确保精度可靠。

## 四、活动实施

### 1. 测回法测角

| 序号 | 步骤 | 操作及说明 | 操作标准 |
|---|---|---|---|
| 1 | 准备 | (1)到仪器室领取仪器及工具,清单如下:<br><br>全站仪×1,单棱镜组×2,三脚架×3,记录板×1。<br>(2)目视外观是否有脏污、脱漆、锈蚀、伤痕和变形等缺陷 | (1)清点仪器及工具数量。<br>(2)填写缺陷情况,并在领用单上签名。<br>(3)仪器及工具轻拿轻放,避免碰撞 |
| 2 | 安置仪器 | 在测站点 P 安置全站仪、目标点 A、B 安置棱镜 | (1)脚架高度和跨度适宜,便于观测。<br>(2)棱镜安置好后须正对测站方向。<br>(3)仪器取出后及时合上箱盖 |
| 3 | 第 1 测回 | (1)盘左位置瞄准目标点 A。<br><br>盘左:竖盘在望远镜左侧<br>目标点A<br><br>(2)按[Func]键翻页进入测量模式第二页。<br><br>测量　　PSM　−30<br>　　　　PPM　　0<br>SD<br>VA　　87° 16′ 08″<br>HA　　36° 05′ 19″　P2<br>坐标　程序　锁定　设角<br><br>(3)按[F4](设角)键。<br><br>后视定向<br>1.角度定向<br>2.后视<br><br>(4)通过方向键选择"1. 角度定向",使其反黑显示,按[ENT]键确认,或直接按数字键[1]键。 | (1)规范操作,爱护仪器,不骑马观测。<br>(2)盘左顺时针转动仪器,盘右逆时针转动仪器。<br>(3)瞄准目标时,微动螺旋最后应为旋进方向。<br>(4)精准瞄准目标,消除视差。<br>(5)键盘按钮轻按轻放。<br>(6)记录实事求是,字体端正,不乱涂乱改。<br>(7)计算认真仔细,不出错 |

| 序号 | 步骤 | 操作及说明 | 操作标准 |
|---|---|---|---|
| 3 | 第1测回 | <br>（5）输入已知方向值后按［ENT］键将照准方向设置为所需值（示例所设角度值为0°02′30″）。<br><br>（6）按［F4］（OK）键，所显示的"HA"即为目标A的方向值。观测员读数后，记录员回读记入表格。<br><br>（7）顺时针转动照准部，瞄准目标点B。<br><br>（8）报读显示窗"HA"的方向值（示例为39°30′12″）。记录员回读记入表格，计算半测回角值（示例为39°27′42″）。<br><br>（9）倒转望远镜成盘右位置，瞄准目标点B。<br><br>（10）报读显示窗"HA"的方向值（示例为219°30′24″）。记录员回读记入表格。 | （1）规范操作，爱护仪器，不骑马观测。<br>（2）盘左顺时针转动仪器，盘右逆时针转动仪器。<br>（3）瞄准目标时，微动螺旋最后应为旋进方向。<br>（4）精准瞄准目标，消除视差。<br>（5）键盘按钮轻按轻放。<br>（6）记录实事求是，字体端正，不乱涂乱改。<br>（7）计算认真仔细，不出错 |

| 序号 | 步骤 | 操作及说明 | 操作标准 |
|---|---|---|---|
| 3 | 第1测回 | 测量　　　　PSM　　－30<br>　　　　　　PPM　　0<br>SD<br>VA　　270° 50′ 05″<br>HA　　219° 30′ 24″　P2<br>坐标　程序　锁定　设角<br><br>(11)逆时针转动照准部,瞄准目标点 A。<br><br>目标点A<br>目标点B<br><br>(12)报读显示窗"HA"的方向值(示例为180°02′36″)。记录员回读记入表格,计算半测回角值(示例为39°27′48″)。<br><br>测量　　　　PSM　　－30<br>　　　　　　PPM　　0<br>SD<br>VA　　272° 43′ 50″<br>HA　　180° 02′ 36″　P2<br>坐标　程序　锁定　设角<br><br>(13)记录员计算一测回角值(示例为39°27′45″) | (1)规范操作,爱护仪器,不骑马观测。<br>(2)盘左顺时针转动仪器,盘右逆时针转动仪器。<br>(3)瞄准目标时,微动螺旋最后应为旋进方向。<br>(4)精准瞄准目标,消除视差。<br>(5)键盘按钮轻按轻放。<br>(6)记录实事求是,字体端正,不乱涂乱改。<br>(7)计算认真仔细,不出错 |
| 4 | 第2测回 | (1)盘左位置瞄准目标点 A。<br><br>盘左:竖盘在望远镜左侧<br>竖盘<br>目标点A<br><br>(2)按[F4](设角)键,输入第 2 测回起始方向值(示例所设角度值为 90°17′30″)。<br><br>方位角　　　90.1730<br>目标高　　　　0.000m<br>点<br>观测点!<br>　　　　　　　　　O K<br><br>(3)按[F4](OK)键,所显示的"HA"即为目标 A 的方向值。观测员读数后,记录员回读记入表格。<br><br>测量　　　　PSM　　－30<br>　　　　　　PPM　　0<br>SD<br>VA　　87° 16′ 08″<br>HA　　90° 17′ 30″　P2<br>坐标　程序　锁定　设角 | (1)规范操作,爱护仪器,不骑马观测。<br>(2)盘左顺时针转动仪器,盘右逆时针转动仪器。<br>(3)瞄准目标时,微动螺旋最后应为旋进方向。<br>(4)精准瞄准目标,消除视差。<br>(5)键盘按钮轻按轻放。<br>(6)记录实事求是,字体端正,不乱涂乱改。<br>(7)计算认真仔细,不出错。<br>(8)两测回角值之差不超过24″ |

| 序号 | 步骤 | 操作及说明 | 操作标准 |
|---|---|---|---|
| 4 | 第2测回 | (4)顺时针转动照准部,瞄准目标点 B。<br><br>目标点A<br>目标点B<br><br>(5)报读显示窗"HA"的方向值(示例为 129°45′10″)。记录员回读记入表格,计算半测回角值(示例为 39°27′40″)。<br><br>测量　　PSM　　−30<br>　　　　PPM　　0<br>SD<br>VA　　　89° 10′ 25″<br>HA　　　129° 45′ 10″　P2<br>坐标　程序　锁定　设角<br><br>(6)倒转望远镜成盘右位置,瞄准目标点 B。<br><br>盘右:竖盘在望远镜右侧<br>竖盘<br>目标点B<br><br>(7)报读显示窗"HA"的方向值(示例为 309°45′18″)。记录员回读记入表格。<br><br>测量　　PSM　　−30<br>　　　　PPM　　0<br>SD<br>VA　　　270° 50′ 05″<br>HA　　　309° 45′ 18″　P2<br>坐标　程序　锁定　设角<br><br>(8)逆时针转动照准部,瞄准目标点 A。<br><br>目标点A<br>目标点B<br><br>(9)报读显示窗"HA"的方向值(示例为 270°17′42″)。记录员回读记入表格,计算半测回角值(示例为 39°27′36″)。 | (1)规范操作,爱护仪器,不骑马观测。<br>(2)盘左顺时针转动仪器,盘右逆时针转动仪器。<br>(3)瞄准目标时,微动螺旋最后应为旋进方向。<br>(4)精准瞄准目标,消除视差。<br>(5)键盘按钮轻按轻放。<br>(6)记录实事求是,字体端正,不乱涂乱改。<br>(7)计算认真仔细,不出错。<br>(8)两测回角值之差不超过 24″ |

续表

| 序号 | 步骤 | 操作及说明 | 操作标准 |
|---|---|---|---|
| 4 | 第2测回 | 测量　　　PSM　　-30<br>　　　　　PPM　　　0<br>SD<br>VA　　272° 43′ 50″<br>HA　　270° 17′ 42″　P2<br>坐标　程序　锁定　设角<br><br>(10)记录员计算一测回角值(示例为 39°27′38″),两测回平均值(示例为 39°27′42″) | (1)规范操作,爱护仪器,不骑马观测。<br>(2)盘左顺时针转动仪器,盘右逆时针转动仪器。<br>(3)瞄准目标时,微动螺旋最后应为旋进方向。<br>(4)精准瞄准目标,消除视差。<br>(5)键盘按钮轻按轻放。<br>(6)记录实事求是,字体端正,不乱涂乱改。<br>(7)计算认真仔细,不出错。<br>(8)两测回角值之差不超过 24″ |
| 5 | 结束观测<br>(轮换练习) | (1)仪器装箱,脚架收拢。<br>(2)依次轮换,重新测量 | (1)每人分别观测、记录两个测回。<br>(2)观测角值互差不超过 24″ |
| 6 | 整理归还仪器 | (1)小组成员全部操练完成后,仪器装箱,脚架收拢。<br>(2)清点仪器及工具是否完整。<br>(3)归还仪器,清理环境 | (1)爱护仪器和工具,紧拿轻放。<br>(2)工完场清,仪器归还放回原位 |

## 2. 方向法测角

| 序号 | 步骤 | 操作及说明 | 操作标准 |
|---|---|---|---|
| 1 | 准备 | (1)到仪器室领取仪器及工具,清单如下:<br><br>全站仪×1,三脚架×1,记录板×1。前四组每组多领单棱镜组×1,三脚架×1。<br><br>(2)目视外观是否有脏污、脱漆、锈蚀、伤痕和变形等缺陷 | (1)清点仪器及工具数量。<br>(2)填写缺陷情况,并在领用单上签名。<br>(3)仪器及工具紧拿轻放,避免碰撞 |
| 2 | 安置仪器 | 在测站点 P 安置全站仪,在目标点 A、B、C、D 安置棱镜 | (1)脚架高度和跨度适宜,便于观测。<br>(2)棱镜安置好后须正对测站方向。<br>(3)仪器取出后及时合上箱盖 |

续表

| 序号 | 步骤 | 操作及说明 | 操作标准 |
|------|------|------------|----------|
| 3 | 第 1 测回 | (1)盘左位置瞄准目标点 A。<br><br>盘左:竖盘在望远镜左侧　　目标点A<br><br><br>(2)按[Func]键翻页进入测量模式第二页。<br><br>测量　　　PSM　　0.0<br>　　　　　PPM　　0<br>SD<br>VA　　167°16′08″<br>HA　　　0°00′02″　P2<br>坐标　程序　锁定　设角<br><br>(3)按[F4](设角)键。<br><br>后视定向<br>1.角度定向<br>2.后视<br><br>(4)通过方向键选择"1. 角度定向",使其反黑显示,按[ENT]键确认,或直接按数字键[1]键。<br><br>方位角<br>目标高　　　　0.000m<br>点<br>观测点!<br>　　　　　　　　O K<br><br>(5)输入已知方向值后按[ENT]键,将照准方向设置为所需值(示例所设角度值为0°01′00″)。<br><br>方位角　0.0100<br>目标高　　　　0.000m<br>点<br>观测点!<br>　　　　　　　　O K<br><br>(6)按[F4](OK)键,所显示的"HA"即为目标 A 的方向值。记录员回读记入表格。<br><br>测量　　　PSM　　0.0<br>　　　　　PPM　　0<br>SD<br>VA　　167°16′08″<br>HA　　　0°01′00″　P2<br>坐标　程序　锁定　设角<br><br>(7)顺时针转动照准部,依次瞄准目标点 B、C、D、A,报读显示窗"HA"的方向值(示例分别为 42°22′36″、84°35′36″、166°46′24″、0°01′06″)。记录员依次回读记入表格,计算归零差 $\Delta_左$(示例为+6″)。 | (1)规范操作,爱护仪器,不骑马观测。<br>(2)盘左顺时针转动仪器,盘右逆时针转动仪器。<br>(3)瞄准目标时微动螺旋最后应为旋进方向。<br>(4)精准瞄准目标,消除视差。<br>(5)键盘按钮轻按轻放。<br>(6)记录实事求是,字体端正,不乱涂乱改。<br>(7)计算认真仔细,不出错。<br>(8)半测回归零差不超过18″ |

| 序号 | 步骤 | 操作及说明 | 操作标准 |
|------|------|------------|----------|
| 3 | 第 1 测回 | | （1）规范操作，爱护仪器，不骑马观测。<br>（2）盘左顺时针转动仪器，盘右逆时针转动仪器。<br>（3）瞄准目标时微动螺旋最后应为旋进方向。<br>（4）精准瞄准目标，消除视差。<br>（5）键盘按钮轻按轻放。<br>（6）记录实事求是，字体端正，不乱涂乱改。<br>（7）计算认真仔细，不出错。<br>（8）半测回归零差不超过 18″ |

| 序号 | 步骤 | 操作及说明 | 操作标准 |
|---|---|---|---|
| 3 | 第1测回 | <br><br>(8)倒转望远镜成盘右位置,逆时针转动照准部,依次瞄准目标点 A、D、C、B、A,报读显示窗"HA"的方向值(示例分别为 180°01′18″、346°46′24″、264°35′54″、222°22′48″、180°01′12″)。记录员依次回读记入表格,计算归零差 $\Delta_右$(示例为+6″)、各方向的 2C 值、平均方向值和归零方向值<br><br> | (1)规范操作,爱护仪器,不骑马观测。<br>(2)盘左顺时针转动仪器,盘右逆时针转动仪器。<br>(3)瞄准目标时微动螺旋最后应为旋进方向。<br>(4)精准瞄准目标,消除视差。<br>(5)键盘按钮轻按轻放。<br>(6)记录实事求是,字体端正,不乱涂乱改。<br>(7)计算认真仔细,不出错。<br>(8)半测回归零差不超过 18″ |

| 序号 | 步骤 | 操作及说明 | 操作标准 |
|---|---|---|---|
| 3 | 第1测回 | <br> 测量　PSM　0.0　PPM　0 <br> SD <br> VA　167°16′08″ <br> HA　264°35′54″　P2 <br> 坐标　程序　锁定　设角 <br><br> 测量　PSM　0.0　PPM　0 <br> SD <br> VA　167°16′08″ <br> HA　222°22′48″　P2 <br> 坐标　程序　锁定　设角 <br><br> 测量　PSM　0.0　PPM　0 <br> SD <br> VA　167°16′08″ <br> HA　180°01′12″　P2 <br> 坐标　程序　锁定　设角 | (1)规范操作,爱护仪器,不骑马观测。<br>(2)盘左顺时针转动仪器,盘右逆时针转动仪器。<br>(3)瞄准目标时微动螺旋最后应为旋进方向。<br>(4)精准瞄准目标,消除视差。<br>(5)键盘按钮轻轻按轻放。<br>(6)记录实事求是,字体端正,不乱涂乱改。<br>(7)计算认真仔细,不出错。<br>(8)半测回归零差不超过18″ |
| 4 | 第2测回 | (1)盘左位置瞄准目标点 A,将照准方向设置为所需值(示例所设角度值为90°01′00″)。<br> <br> (2)顺时针转动照准部,依次瞄准目标点 B、C、D、A,报读显示窗"HA"的方向值(示例分别为132°22′24″、174°35′40″、256°46′27″、90°01′05″)。记录员依次回读记入表格,计算归零差 $\Delta_{左}$(示例为+5″)。<br>(3)倒转望远镜成盘右位置,逆时针转动照准部,依次瞄准目标点 A、D、C、B、A,报读显示窗"HA"的方向值(示例分别为270°01′03″、76°46′33″、354°35′36″、312°22′18″、270°01′06″)。记录员依次回读记入表格,计算归零差 $\Delta_{右}$(示例为−3″)、各方向的2C值、平均方向值和归零方向值。<br> <br> (4)记录员计算两测回归零方向值的平均值(示例为0°00′00″、42°21′25″、84°34′38″、166°45′20″) | (1)规范操作,爱护仪器,不骑马观测。<br>(2)盘左顺时针转动仪器,盘右逆时针转动仪器。<br>(3)瞄准目标时微动螺旋最后应为旋进方向。<br>(4)精准瞄准目标,消除视差。<br>(5)键盘按钮轻按轻放。<br>(6)记录实事求是,字体端正,不乱涂乱改。<br>(7)计算认真仔细,不出错。<br>(8)半测回归零差不超过18″,两测回方向值之差不超过24″ |

| 序号 | 步骤 | 操作及说明 | 操作标准 |
|---|---|---|---|
| 5 | 结束观测<br>（轮换练习） | (1)仪器装箱,脚架收拢。<br>(2)依次轮换,重新测量 | (1)每人分别观测、记录两个测回。<br>(2)观测方向值互差不超过24″ |
| 6 | 整理归还仪器 | (1)小组成员全部操练完成后,仪器装箱,脚架收拢。<br>(2)清点仪器及工具是否完整。<br>(3)归还仪器,清理环境 | (1)爱护仪器和工具,紧拿轻放。<br>(2)工完场清,仪器归还放回原位 |

## 五、活动记录

### 测回法观测记录表

日期：　　　　　　　　　　　仪器号：　　　　　　　　　观测：

天气：　　　　　　　　　　　地点：　　　　　　　　　　记录：

| 测站 | 测回 | 竖盘位置 | 目标 | 水平度盘数<br>(° ′ ″) | 半测回角值<br>(° ′ ″) | 一测回角值<br>(° ′ ″) | 各测回平均值<br>(° ′ ″) | 备注 |
|---|---|---|---|---|---|---|---|---|
| | | | | | | | | |
| | | | | | | | | |
| | | | | | | | | |
| | | | | | | | | |
| | | | | | | | | |
| | | | | | | | | |
| | | | | | | | | |
| | | | | | | | | |

续表

| 测站 | 测回 | 竖盘位置 | 目标 | 水平度盘数<br>(° ′ ″) | 半测回角值<br>(° ′ ″) | 一测回角值<br>(° ′ ″) | 各测回平均值<br>(° ′ ″) | 备注 |
|---|---|---|---|---|---|---|---|---|
|  |  |  |  |  |  |  |  |  |
|  |  |  |  |  |  |  |  |  |
|  |  |  |  |  |  |  |  |  |
|  |  |  |  |  |  |  |  |  |
|  |  |  |  |  |  |  |  |  |
|  |  |  |  |  |  |  |  |  |
|  |  |  |  |  |  |  |  |  |
|  |  |  |  |  |  |  |  |  |

说明：1. 至少记录一站两测回完整的数据，如需重测可整站划去，另起一站填写。

2. 表格剩余部分可自行练习使用，在备注栏注明"自练数据"。

### 方向法观测记录表

日期：　　　　　　　　　　　　　　　仪器号：　　　　　　　　　　观测：

天气：　　　　　　　　　　　　　　　地点：　　　　　　　　　　　记录：

| 测回 | 测站 | 目标 | 水平度盘读数<br>(° ′ ″) | | 2C | 平均方向值<br>(° ′ ″) | 归零方向值<br>(° ′ ″) | 各测回归零方向<br>值之平均值<br>(° ′ ″) | 备注 |
|---|---|---|---|---|---|---|---|---|---|
|  |  |  | 盘左 | 盘右 |  |  |  |  |  |
|  |  |  |  |  |  |  |  |  |  |
|  |  |  |  |  |  |  |  |  |  |
|  |  |  |  |  |  |  |  |  |  |
|  |  |  |  |  |  |  |  |  |  |
|  |  |  |  |  |  |  |  |  |  |
|  |  |  |  |  |  |  |  |  |  |
|  |  |  |  |  |  |  |  |  |  |
|  |  |  |  |  |  |  |  |  |  |
|  |  |  |  |  |  |  |  |  |  |
|  |  |  |  |  |  |  |  |  |  |
|  |  |  |  |  |  |  |  |  |  |
|  |  |  |  |  |  |  |  |  |  |

续表

| 测回 | 测站 | 目标 | 水平度盘读数<br>(° ′ ″) | | 2C | 平均方向值<br>(° ′ ″) | 归零方向值<br>(° ′ ″) | 各测回归零方向<br>值之平均值<br>(° ′ ″) | 备注 |
|---|---|---|---|---|---|---|---|---|---|
| | | | 盘左 | 盘右 | | | | | |
| | | | | | | | | | |
| | | | | | | | | | |
| | | | | | | | | | |
| | | | | | | | | | |
| | | | | | | | | | |
| | | | | | | | | | |

说明：1. 至少记录一站两测回完整的数据，如需重测可整站划去，另起一站填写。

2. 表格剩余部分可自行练习使用，在备注栏注明"自练数据"。

## 六、活动评价

| 评价内容 | 评价标准 | 评价结果<br>（是/否） |
|---|---|---|
| 活动完成情况 | 能理解水平角测量的原理，会运用原理计算水平角值 | □是　□否 |
| | 能描述测回法、方向法测角的观测程序 | □是　□否 |
| | 会运用测回法观测两方向间的水平角值 | □是　□否 |
| | 会运用方向法观测多方向间的水平角值 | □是　□否 |
| | 能描述水平角测量记录表的填写内容，会进行记录与计算 | □是　□否 |

## 七、课后作业

1. 测量两个方向之间的单角常采用＿＿＿＿＿（测回法/方向法）进行观测。

2. 观测水平角时，盘左位置瞄准不同目标应＿＿＿＿＿（顺时针/逆时针）转动照准部。

3. 全站仪盘左、盘右瞄准同一目标，其方向值理论上应＿＿＿＿＿（相等/相差 90°/相差 180°/相差 360°）。

4. 某个角需要观测 4 个测回，第一测回起始方向的盘左读数应配置为＿＿＿＿＿附近，第三测回起始方向的盘左读数应配置为＿＿＿＿＿附近。

5. 使用 2″级全站仪进行方向法观测，半测回归零差最大为 10″，一测回内 2C 最大为 ＋5″，最小为 −3″。请依据《工程测量标准》GB 50026—2020，分析该观测可满足什么等级？

6. 完成下表中 2C 和平均方向值的计算。

| 目标 | 盘左读数 (° ′ ″) | 盘右读数 (° ′ ″) | 2C | 平均方向值 (° ′ ″) | 归零方向值 (° ′ ″) |
|---|---|---|---|---|---|
| A | 0 02 06 | 180 02 00 | | | |
| B | 51 15 42 | 231 15 30 | | | |
| C | 131 54 12 | 311 54 00 | | | |
| D | 182 02 24 | 2 02 24 | | | |
| A | 0 02 12 | 180 02 06 | | | |
| | $\Delta_左=$ | $\Delta_右=$ | | | |

7. 自主到仪器室借领全站仪，练习测回法或者方向法，并将望远镜瞄准目标的视窗影像和记录表格拍照上传至课程平台讨论区。

## 职业能力 1-2-3  能用全站仪准确测量垂直角

### 核心概念

1. 垂直角：观测目标的方向线与水平面间在同一竖直面内的夹角。
2. 天顶距：测站点铅垂线的天顶方向与观测方向线间的夹角。

### 学习目标

1. 能理解垂直角测量的原理，会运用原理计算垂直角值。
2. 能描述全站仪测量垂直角的观测程序。
3. 会运用全站仪测回法观测垂直角值。
4. 能规范填写垂直角测量记录表的内容。

## 基本知识

### 一、垂直角测量原理

垂直角是同一竖直面内目标方向与一特定方向之间的夹角。目标方向与水平方向间的夹角称为高度角，又称为垂直角，一般用 $\alpha$ 表示。如图 1.2-8 所示，测站点 A 到目标点 B、C 的方向线 AB、AC 与水平面之间的夹角 $\alpha_{AB}$、$\alpha_{AC}$ 分别就是 A 点到 B、C 两点的垂直角。视线上倾所构成的仰角为正，视线下倾所构成的俯角为负，角值范围在 $-90°\sim+90°$。

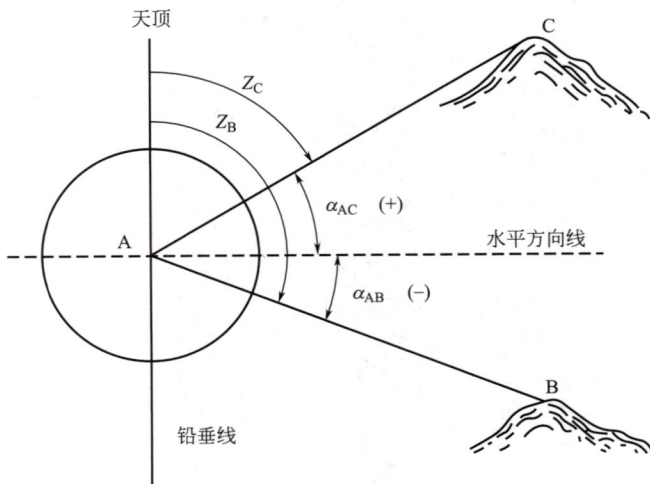

图 1.2-8　垂直角测量原理

目标方向与天顶方向（即铅垂线的反方向）所构成的角，称为天顶距，一般用 $Z$ 表示，天顶距的大小从 $0°\sim180°$。垂直角与天顶距的关系为：

$$\alpha = 90° - Z$$

通常情况下，全站仪竖盘刻划以顺时针注记，当处于盘左位置且视线水平时，竖盘读数为 $90°$；当处于盘右位置且视线水平时，竖盘读数为 $270°$，如图 1.2-9 所示。

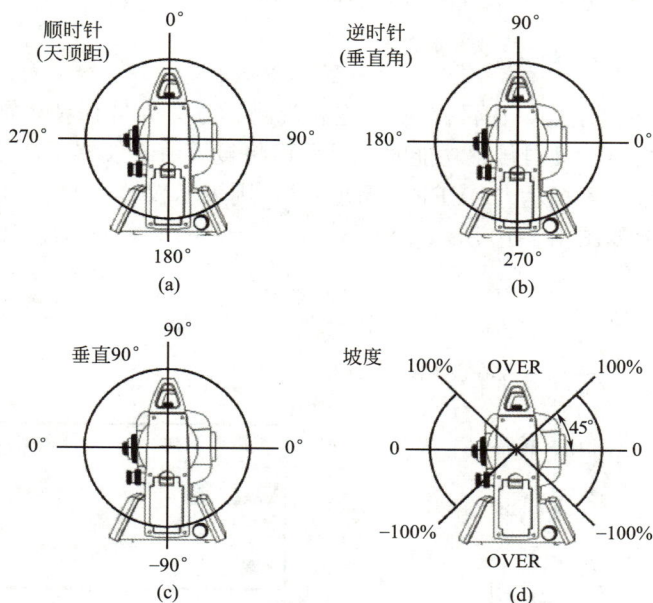

**图 1.2-9  全站仪竖盘注记形式**

盘左位置观测，视线向上倾斜照准高处某点得读数 $L$，因仰角为正，故盘左垂直角可按以下公式计算：

$$\alpha_{左} = 90° - L$$

盘右位置观测，视线向上倾斜照准高处某点得读数 $R$，因仰角为正，故盘右垂直角计算公式为：

$$\alpha_{右} = R - 270°$$

全站仪上显示的垂直度盘读数均是通过读数指标得到的。读数指标正常情况下处于水平视线方向。但实际情况下，读数指标位置不可能完全正确，当指标水准器居中时，读数指标与水平视线总有一夹角 $i$，称之为指标差。假设没有指标差时的盘左、盘右正确读数为 $L_0$、$R_0$，它们之间的关系为：

$$L_0 = L - i$$
$$R_0 = R - i$$

则垂直角应为：

$$\alpha_{左} = 90° - L + i$$
$$\alpha_{右} = R - 270° - i$$

将上述两式相加取平均值，得到的垂直角为：

$$\alpha = \frac{1}{2}\left[(R-L)-180°\right]$$

由此可见，盘左、盘右观测取平均值得到的垂直角可以消除指标差的影响。如果将上述两式相减，则可得：

$$(90°-L+i)-(R-270°-i)=0$$

即

$$i=(L+R-360°)/2$$

### 二、垂直角观测方法

在测站点 O 安置全站仪，在目标点 A 竖立观测标志。为确保精密测角，必须启动仪器的倾斜传感器。当启动倾斜传感功能时，显示窗将显示由于仪器不严格水平而需对垂直角自动施加的改正数。若显示"OVER（超出）"，则表示仪器倾斜已超出自动补偿范围，必须重新整平仪器，如图 1.2-10 所示。

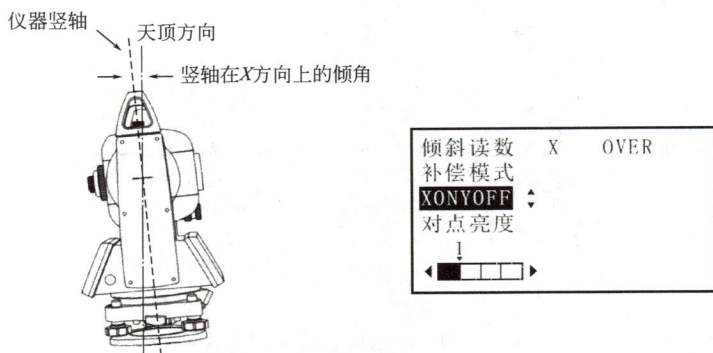

图 1.2-10　垂直倾斜超出

仪器整平后，显示窗屏幕显示当前垂直角的补偿值，按［Esc］键可返回测量界面，进行垂直角观测。一个测回的观测程序如下：

（1）盘左位置：以正镜瞄准目标点 A，使十字丝横丝精确地切于目标高位置，如图 1.2-11 所示，此时报读显示窗 VA 值为 $79°04'12''$，记录员回读后记入观测手簿，此为上半测回。

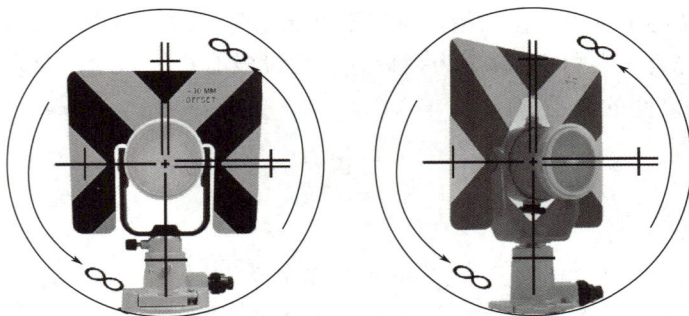

图 1.2-11　垂直角测量瞄准

（2）盘右位置：将望远镜倒转，以倒镜用同样方法照准目标点 A 的同一位置，报读显示窗 VA 值为 280°55′30″，记录员回读后记入观测手簿，此为下半测回。

垂直角观测记录表见表 1.2-5。观测完毕后，首先根据垂直角计算公式计算出盘左、盘右半测回竖直角值，再计算指标差和平均角值。

**垂直角观测记录表**　　　　　　　　　　　　　　表 1.2-5

日期：2023 年 8 月 20 日　　　　仪器号：RTS902G-1H00002　　　　观测：彭某某

天气：晴　　　　　　　　　　　地点：校园　　　　　　　　　　记录：赵某某

| 测站 | 测点 | 竖盘位置 | 竖盘读数 (° ′ ″) | 半测回垂直角 (° ′ ″) | 指标差 (″) | 一测回垂直角 (° ′ ″) | 备注 |
|---|---|---|---|---|---|---|---|
| O | A | 左 | 79 04 12 | 10 55 48 | −9 | 10 55 39 | |
| | | 右 | 280 55 30 | 10 55 30 | | | |

和水平角观测相类似，为了提高观测结果精度，垂直角也可以作多个测回的观测。对于四等三角高程观测，采用 2″级仪器，垂直角观测应观测 3 个测回，指标差较差要求小于或等于 7″，测回较差小于或等于 7″。对于五等三角高程观测，采用 2″级仪器，垂直角观测应观测 2 个测回，指标差较差要求小于或等于 10″，测回较差小于或等于 10″。

需要注意的是，实际工作中用全站仪单纯地观测垂直角是比较少的，通常是用它来配合全站仪斜距测量，以实现水平距离和高差的换算。

## 活动设计

### 一、活动条件

1. 安排活动场地——为每组设置一个测站点，一个目标点，目标点各组可共用，但需与测站点通视。测站点点名标为 P，目标点点名标为 A（有实际点名的据实标注）。

2. 仪器室准备全站仪、单棱镜组、三脚架、记录板。

3. 学生自备 2H 铅笔。

### 二、活动组织

1. 每四人一组，其中一人担任观测员，一人担任记录员，一人担任司镜员，一人担任评价员。

2. 每组成员依次轮换操练。小组四人分别编为 1、2、3、4 号，首先 1 号观测、2 号记录、3 号司镜和 4 号评价，然后 2 号观测、3 号记录、4 号司镜和 1 号评价，以此类推。特别注意，由于改变仪器高度和棱镜高度后垂直角将跟随变化，故该项目换人练习时不重新安置仪器和棱镜。

3. 全部完成操作训练之后，相互比较所测角值是否一致，对相差超过 10″的结果共同分析原因，指导其重测。小组所测角值全部一致后，找老师汇报观测成果。

4. 教师汇总分析各组观测成果，请最快完成的小组分享心得，对出错的情况进行总结，提出正确测量的要点和常见错误的应对措施。

### 三、安全及注意事项

1. 打开、收拢三脚架时，注意手持位置及周边环境，谨防夹手伤人。
2. 仪器安置在测站上，当暂停操作时，必须有人守护在旁，确保仪器安全。
3. 瞄准目标务必消除视差，确保精度可靠。

### 四、活动实施

| 序号 | 步骤 | 操作及说明 | 操作标准 |
|---|---|---|---|
| 1 | 准备 | (1)到仪器室领取仪器及工具,清单如下:<br><br>全站仪×1,单棱镜组×1,三脚架×2,记录板×1。<br>(2)目视外观是否有脏污、脱漆、锈蚀、伤痕和变形等缺陷 | (1)清点仪器及工具数量。<br>(2)填写缺陷情况,并在领用单上签名。<br>(3)仪器及工具紧拿轻放,避免碰撞 |
| 2 | 安置仪器 | (1)在测站点 P 安置全站仪,目标点 A 安置棱镜。<br><br>(2)开机后按[F4](设置)键进入"设置"模式菜单,选择"观测条件"进入,按[▲]/[▼]键选择"倾斜改正",按[◀]/[▶]键选择"XON",将竖轴在 X 方向的补偿模式打开。<br><br>设置　　　　　　　　P1<br>1.观测条件<br>2.仪器设置<br>3.仪器校正<br>4.通讯设置<br>5.单位设置<br><br>观测条件　　　　　　P1<br>1.测距模式:<br>2.倾斜改正:XONYOFF<br>3.两差改正:.14<br>4.竖角类型:天顶距<br>5.平角类型:HAR<br><br>X 方向补偿模式打开后,若仪器倾斜超出改正范围,屏幕显示"OVER",按[BS]键可进入补偿器设置界面,重新整平后,屏幕显示当前垂直角的补偿值。按[Esc]键返回测量模式<br><br>X　　　　　00°00′43<br>补偿模式<br>XONYOFF<br>对点亮度 | (1)脚架高度和跨度适宜,便于观测。<br>(2)棱镜安置好后须正对测站方向。<br>(3)仪器取出后及时合上箱盖 |

续表

| 序号 | 步骤 | 操作及说明 | 操作标准 |
|---|---|---|---|
| 3 | 测量<br>(1测回) | (1)盘左位置瞄准目标点 A。<br><br>盘左：竖盘在望远镜左侧<br>竖盘<br>(2)报读显示窗"VA"的读数(示例为 79°04′12″),记录员回读记入表格,计算半测回垂直角(示例为 10°55′48″)。<br><br>测量　PSM　0.0　PPM　0<br>SD<br>VA　79° 04′ 12″<br>HA　0° 00′ 00″　P1<br>测距　SHV1　SHV2　置零<br>(3)倒转望远镜成盘右位置,瞄准目标点 A 相同位置。<br><br>盘右：竖盘在望远镜右侧<br>竖盘<br>(4)报读显示窗"VA"的读数(示例为 280°55′30″)。记录员回读记入表格,计算半测回垂直角(示例为 10°55′30″)。<br><br>测量　PSM　0.0　PPM　0<br>SD<br>VA　280° 55′ 30″<br>HA　180° 00′ 05″　P1<br>测距　SHV1　SHV2　置零<br>(5)记录员计算指标差(示例为 −9″)、一测回垂直角(示例为 10°55′39″) | (1)规范操作,爱护仪器,不骑马观测。<br>(2)瞄准目标时,微动螺旋最后应为旋进方向。<br>(3)精准瞄准目标,消除视差。<br>(4)盘左、盘右瞄准目标同一位置。<br>(5)记录实事求是,字体端正,不乱涂乱改。<br>(6)计算认真仔细,不出错 |
| 4 | 结束观测<br>(轮换练习) | 仪器不动,依次轮换重新测量 | (1)每人分别观测、记录一个测回。<br>(2)观测角值互差不超过 10″ |
| 5 | 整理归还仪器 | (1)小组成员全部操练完成后,仪器装箱,脚架收拢。<br>(2)清点仪器及工具是否完整。<br>(3)归还仪器,清理环境 | (1)爱护仪器和工具,紧拿轻放。<br>(2)工完场清,仪器归还放回原位 |

## 五、活动记录

### 垂直角观测记录表

日期： 　　　　　　　　　　　仪器号： 　　　　　　　　　观测：

天气： 　　　　　　　　　　　地点： 　　　　　　　　　　记录：

| 测站 | 测点 | 竖盘位置 | 竖盘读数<br>(° ′ ″) | 半测回垂直角<br>(° ′ ″) | 指标差<br>(″) | 一测回垂直角<br>(° ′ ″) | 备注 |
|---|---|---|---|---|---|---|---|
| | | | | | | | |
| | | | | | | | |
| | | | | | | | |
| | | | | | | | |
| | | | | | | | |
| | | | | | | | |
| | | | | | | | |
| | | | | | | | |
| | | | | | | | |
| | | | | | | | |

说明：1. 至少记录一测回完整的数据，如需重测可整站划去，另起一站填写。

　　　2. 表格剩余部分可自行练习使用，在备注栏注明"自练数据"。

## 六、活动评价

| 评价内容 | 评价标准 | 评价结果<br>（是/否） |
|---|---|---|
| 活动完成情况 | 能理解垂直角测量的原理，会运用原理计算垂直角值 | □是　□否 |
| | 能描述全站仪测量垂直角的观测程序 | □是　□否 |
| | 会运用全站仪测回法观测垂直角值 | □是　□否 |
| | 能规范填写垂直角测量记录表的内容 | □是　□否 |

## 七、课后作业

1. 垂直角观测中，同一仪器观测各个方向的指标差，理论上讲应该_____（相等/不相等）。

2. 在测量垂直角时，用盘左、盘右观测取_____（差值/平均值）可以消除指标差的影响。

3. 全站仪安置高度不同，照准同一目标点，所测得的垂直角_____（相同/不同）。

4. 垂直角观测时，全站仪不需要对中，只需精确整平即可。（□正确　□错误）

5. 使用 2″级全站仪进行垂直观测，总共观测 4 个测回，指标差较差为 9″，测回较差为 6″。请依据《工程测量标准》GB 50026—2020，分析该观测可满足什么等级？

6. 完成下表中的计算内容。

| 测站 | 测点 | 竖盘位置 | 竖盘读数<br>(° ′ ″) | 半测回垂直角<br>(° ′ ″) | 指标差<br>(″) | 一测回垂直角<br>(° ′ ″) | 备注 |
|---|---|---|---|---|---|---|---|
| M | A | 左 | 81 18 42 | | | | 盘左时竖盘注记 |
| | | 右 | 278 41 30 | | | | |

7. 自主到仪器室借领全站仪，练习垂直角观测，并将望远镜瞄准目标的视窗影像和记录表格拍照上传至课程平台讨论区。

# 职业能力 1-2-4　能对全站仪补偿器进行检查和校正

## 核心概念

全站仪补偿器是指安装在全站仪上，能够直接检测出仪器竖轴倾斜量的传感器。补偿器常见类型有摆式补偿器和液体补偿器两种，现在大部分全站仪采用的是液体补偿器。

## 学习目标

1. 能描述全站仪补偿器的作用和分类。
2. 能对全站仪进行视准差检查和校正。
3. 能对全站仪进行补偿器检查和校正。

## 基本知识

### 一、全站仪补偿器

#### 1. 全站仪补偿器的作用

在测量工作中，我们通常采取盘左、盘右取中数的方法来提高观测成果的精度。但是，竖轴倾斜误差对水平角和垂直角的影响，并不能通过观测方法来消除，只能靠提高仪器的整平精度实现。随着电子技术的进步，人们将电子补偿器应用到全站仪的制造上，它可以获得比传统水泡更高的测量精度，能实时测量竖轴的倾斜误差，并加以改正。全站仪利用补偿器（可以在 $\pm 3'$ 范围内工作），实现了仪器竖轴在倾斜状态下的误差自动补偿，从而保证了观测值精度不会因仪器竖轴倾斜而降低，保障了全站仪的测角精度。

#### 2. 全站仪补偿器的分类

补偿器是调整全站仪精度的关键部件，目的是探测出仪器在垂直和水平方向的倾斜量并对倾斜量进行改正，以提高采集数据的精度。全站仪补偿器从补偿功能看，目前主要分为单轴补偿、双轴补偿和三轴补偿。

（1）单轴补偿。即对纵向的补偿，只能补偿全站仪垂直倾斜引起的竖直度盘的读数误差。

（2）双轴补偿。双轴补偿相对单轴补偿而言，增加了横向补偿，这样就可以同时补偿竖轴倾斜引起的垂直和水平方向的读数误差。

（3）三轴补偿。三轴补偿不仅能补偿全站仪垂直倾斜引起的垂直度盘和水平度盘的读数误差，而且还能补偿横轴误差和视准轴误差引起的水平度盘读数误差的影响。

#### 3. 全站仪补偿器的应用

（1）对于只能对竖盘读数进行单轴补偿的全站仪来说，没有改正水平盘读数的功能，当照准部固定，上下转动望远镜时，水平盘读数不会变化，这并不是因为这种仪器稳定可靠，而是仪器没有能力进行这方面改正的缘故。

（2）对于有双轴补偿器的全站仪来说，能改正竖轴倾斜引起的竖盘和水平盘读数误差，当照准部固定、上下转动望远镜时，水平盘读数必然发生变化。当补偿器关闭以后，无论如何转动望远镜，水平盘读数也不会变化。

（3）三轴补偿的全站仪是在双轴补偿的基础上，用机内计算软件来改正因横轴误差和视准轴误差对水平度盘读数的影响，从而实现照准误差的自动改正。即使当照准部水平方向固定，只要上下转动望远镜，水平盘的读数仍会有较大的变化，而且与垂直角的大小、正负有关。

## 二、竖盘指标差检校

由于安装的原因，竖直度盘的物理零位与水平方向不一致，这就是竖盘的安装指标差，在进行竖直角观测时，必须将两者统一起来，程序中采用一个简单的加减计算手段来消除这个差异，即安装指标差的电子补偿。竖盘校正的目的就是计算出竖盘的安装指标差，为软件修正提供数据。由于竖盘安装指标差与补偿器零位关系密切，因此在做竖盘校正的同时也进行 $X$ 方向上补偿器零位测试与校正，所以要求读数时，倾斜值基本稳定。

### 1. 检查步骤

（1）将仪器安置在稳定装置或三脚架上精密整平并开机。

（2）用望远镜分别在正镜和倒镜位置瞄准垂直角为 $\pm 10°$ 左右的平行光管分划板或远处目标，得到正镜读数 $V_l$ 和倒镜读数 $V_r$。

（3）计算指标差：$i = (V_l + V_r - 360°)/2$。如果指标差 $i \leqslant 10''$，则无需校正；如果 $i > 10''$，则需进行校正。

### 2. 校正步骤

（1）开机后按 ［F4］（设置）键进入<设置>模式菜单，选择"仪器校正"程序列表。

（2）选择"视准差校正"，进入<视准差测定>显示界面。

（3）盘左精确照准一参考点后按 ［F3］（OK）键。

（4）盘右精确照准同一参考点后按 ［F3］（OK）键，屏幕显示指标差原值和新值。

（5）按 ［F3］（是）键设置指标差改正数，返回<仪器校正>界面。若按 ［F4］（否）键，则取消设置，返回<仪器校正>界面。

如果无法通过上述检校过程使得指标差在要求范围内，需先检查补偿器零位误差。

## 三、补偿器零位误差检校

为了纠正仪器竖轴倾斜造成的测角误差，全站仪采用了用补偿器来进行改正的技术。和整平水泡一样，电子补偿器同样也存在零点误差问题。补偿器的使用在给竖轴倾斜误差带来补偿的同时，其自身的零点误差也给补偿效果引入了新的误差。补偿器的零点误差也称补偿器的指标差，即垂直零点偏移，是仪器正镜时将视准轴水平放置而垂直角度不等于 $90°00'00''$ 的误差，这个新的误差源是可以通过正、倒镜读数取均值的办法消除的。但是如果补偿器的零点误差很大，即使竖轴客观上铅垂度很高，实际测量误差仍然会很大。所以，为了消除补偿器零点误差，厂家在用户程序中均向用户提供了"补偿器零位改正"功能。因各种型号全站仪的补偿器校准方法不尽相同，本书以苏州一光 RTS900 系列全站仪为例作一说明。

当仪器精确整平后，仪器正镜和倒镜的倾角显示值之和应接近于 0，否则存在倾斜补偿器零位误差，会对测量结果造成影响。

**1. 检查**

（1）开机进入测量界面，先将水平方向角值置为 0°，然后进入"补偿器校正"程序。

（2）稍待片刻后，读取自动补偿倾角值 $X_1$。

（3）松开水平制动螺旋，将照准部转动 180°，再旋紧水平制动螺旋。稍待片刻后读取自动补偿倾角值 $X_2$。

（4）计算补偿器的零位误差值：$X = (X_1 + X_2)/2$。

若计算所得零位误差值 $X$ 在 ±20″ 以内，则不需要校正；如果大于 20″ 或小于 −20″，则需进行校正。

**2. 校正**

（1）在上述检查 $X_2$ 界面，按 [F3]（OK）键存储 $X_2$ 值，屏幕显示"盘右读数"。

（2）松开水平制动螺旋，将照准部转动 180°，再旋紧水平制动螺旋。

（3）稍待片刻后按 [F3]（OK）键存储 $X_1$ 值。屏幕上显示出 $X$ 方向上的原改正值和新改正值。

（4）按 [F3]（是）键存储 $X$ 的新值，返回到 ＜仪器校正＞ 屏幕。如果选择按 [F4]（否）键，则不存储 $X$ 的新值。

# 活动设计

## 一、活动条件

1. 安排活动场地——为每组设置一个测站点，一个目标点，测站点到目标点距离约 100m，垂直角在 ±9° 以内。测站点点名为 P，目标点点名为 A（有实际点名的据实标注）。

2. 仪器室准备全站仪、单棱镜组、三脚架、记录板。

3. 学生自备 2H 铅笔。

## 二、活动组织

1. 每四人一组，其中一人担任观测员，一人担任记录员，一人担任司镜员，一人担任评价员。

2. 每组成员依次轮换操练。小组四人分别编为 1、2、3、4 号，首先 1 号观测、2 号记录、3 号司镜和 4 号评价，然后 2 号观测、3 号记录、4 号司镜和 1 号评价，以此类推。

3. 全部完成操作训练之后，相互比较分析检测误差的规律，找老师汇报观测成果。

4. 教师汇总分析各组观测成果，请最快完成的小组分享心得，对出错的情况进行总结。

## 三、安全及注意事项

1. 打开、收拢三脚架时，注意手持位置及周边环境，谨防夹手伤人。

2. 仪器安置在测站上，当暂停操作时，必须有人守护在旁，确保仪器安全。
3. 瞄准目标务必消除视差，确保精度可靠。

## 四、活动实施

| 序号 | 步骤 | 操作及说明 | 操作标准 |
|------|------|-----------|---------|
| 1 | 准备 | (1)到仪器室领取仪器及工具，清单如下：<br><br>全站仪×1，单棱镜组×1，三脚架×2，记录板×1。<br>(2)目视外观是否有脏污、脱漆、锈蚀、伤痕和变形等缺陷 | (1)清点仪器及工具数量。<br>(2)填写缺陷情况，并在领用单上签名。<br>(3)仪器及工具紧拿轻放，避免碰撞 |
| 2 | 安置仪器 | 在测站点 P 安置全站仪，目标点 A 安置棱镜 | (1)脚架高度和跨度适宜，便于观测。<br>(2)棱镜安置好后须正对测站方向。<br>(3)仪器取出后及时合上箱盖 |
| 3 | 视准差校正 | (1)开机后按[F4](设置)键进入"设置"模式菜单，选择"仪器校正"，进入"视准差校正"程序。<br><br>设置　　　　　　　P1<br>1. 观测条件<br>2. 仪器设置<br>3. 仪器校正<br>4. 通讯设置<br>5. 单位设置<br><br>仪器校正<br>1. 补偿器校正<br>2. 视准差校正<br><br>(2)盘左位置精确瞄准目标点 A，按[F3](OK)键。<br>盘左：此时在望远镜左侧　竖盘<br><br>VA　　167°16′08″<br>HA　　 90°00′18″<br>盘左读数<br>OK | (1)规范操作，爱护仪器，不骑马观测。<br>(2)瞄准目标时微动螺旋最后应为旋进方向。<br>(3)精准瞄准目标，消除视差。<br>(4)盘左、盘右瞄准目标同一位置。<br>(5)记录实事求是；字体端正，不乱涂乱改。<br>(6)计算认真仔细，不出错 |

| 序号 | 步骤 | 操作及说明 | 操作标准 |
|---|---|---|---|
| 3 | 视准差校正 | (3)盘右位置精确照准 A 点同一位置,按[F3](OK)键。<br><br>盘右:竖盘在<br>望远镜右侧<br>竖盘<br><br>VA　　89°59′08″　Ⅱ<br>HA　　90°00′18″<br><br>盘右读数<br>　　　　　　　　　O K<br><br>(4)屏幕显示指标差改正数原值和新值,按[F3](是)键设置指标差改正数。记录员记录屏幕显示的指标差原值和新值<br><br>指标差<br>原值　　-11°55′10″<br>新值　　-11°57′10″<br>设置?<br>　　　　　　是　　否 | (1)规范操作,爱护仪器,不骑马观测。<br>(2)瞄准目标时微动螺旋最后应为旋进方向。<br>(3)精准瞄准目标,消除视差。<br>(4)盘左、盘右瞄准目标同一位置。<br>(5)记录实事求是,字体端正,不乱涂乱改。<br>(6)计算认真仔细,不出错 |
| 4 | 补偿器校正 | (1)盘左位置精确瞄准目标点 A,在测量模式按[F4](置零)键将水平方向值置零。<br><br>盘左:竖盘在<br>望远镜左侧<br>竖盘<br><br>测量　　　　PSM　　0.0<br>　　　　　　PPM　　　0<br>SD<br>VA　　167°16′08″<br>HA　　00°00′00″　P1<br>测距　SHV1　SHV2　置零<br><br>(2)按[ESC]键返回开机界面,按[F4](设置)键,选择"仪器校正",进入"补偿器校正"。<br><br>11/07/2012　　08:32:37<br>　　　　RTS900<br>编号　　1H00002<br>版本　　12-08-21<br>文件　　JOB1<br>测量　　　　内存　设置<br><br>仪器校正<br>1.补偿器校正<br>2.视准差校正 | (1)规范操作,爱护仪器,不骑马观测。<br>(2)瞄准目标时微动螺旋最后应为旋进方向。<br>(3)精准瞄准目标,消除视差。<br>(4)盘左、盘右瞄准目标同一位置。<br>(5)记录实事求是,字体端正,不乱涂乱改。<br>(6)计算认真仔细,不出错 |

续表

| 序号 | 步骤 | 操作及说明 | 操作标准 |
|---|---|---|---|
| 4 | 补偿器校正 | (3)稍待片刻后,读取自动补偿倾角值 $X_1$,按[F3](OK)键存储,屏幕显示"盘右读数"。记录员填入记录表格。<br><br>X　　-43<br>HA　　0° 00′ 00″<br>盘左读数<br>OK<br><br>X　　-43<br>HA　　0° 00′ 00″<br>盘右读数<br>OK<br><br>(4)松开水平制动螺旋,将照准部转动180°,再旋紧水平制动螺旋,稍待片刻后,读取自动补偿倾角值 $X_2$,按[F3](OK)键存储。记录员填入记录表格。<br><br>X　　58<br>HA　　180° 00′ 00″<br>盘右读数<br>OK<br><br>(5)屏幕上显示出 $X$ 方向的原改正值和新改正值,按[F3](是)键存储 $X$ 方向的新改正值<br><br>X原值　　12<br>X新值　　14<br>设置?<br>是　否 | (1)规范操作,爱护仪器,不骑马观测。<br>(2)瞄准目标时微动螺旋最后应为旋进方向。<br>(3)精准瞄准目标,消除视差。<br>(4)盘左、盘右瞄准目标同一位置。<br>(5)记录实事求是,字体端正,不乱涂乱改。<br>(6)计算认真仔细,不出错 |
| 5 | 结束观测<br>(轮换练习) | 仪器不动,依次轮换重新检校 | 每人检校一次 |
| 6 | 整理归还仪器 | (1)小组成员全部操练完成后,仪器装箱,脚架收拢。<br>(2)清点仪器及工具是否完整。<br>(3)归还仪器,清理环境 | (1)爱护仪器和工具,紧拿轻放。<br>(2)工完场清,仪器归还放回原位 |

## 五、活动记录

### 全站仪竖盘指标差检查记录表

日期:　　　　　　　　　　　　　仪器号:　　　　　　　　　　　观测:

天气:　　　　　　　　　　　　　地点:　　　　　　　　　　　　记录:

| 测站 | 测点 | 竖盘位置 | 竖盘读数<br>(° ′ ″) | 指标差<br>(″) | 是否需要校正 | 备注 |
|---|---|---|---|---|---|---|
|  |  |  |  |  |  |  |
|  |  |  |  |  |  |  |

续表

| 测站 | 测点 | 竖盘位置 | 竖盘读数(° ′ ″) | 指标差(″) | 是否需要校正 | 备注 |
|---|---|---|---|---|---|---|
| | | | | | | |
| | | | | | | |
| | | | | | | |
| | | | | | | |
| | | | | | | |
| | | | | | | |
| | | | | | | |
| | | | | | | |
| | | | | | | |
| | | | | | | |
| | | | | | | |
| | | | | | | |
| | | | | | | |
| | | | | | | |
| | | | | | | |
| | | | | | | |

说明：1. 至少记录一测回完整的数据，如需重测可整站划去，另起一站填写。
　　　2. 表格剩余部分可自行练习使用，在备注栏注明"自练数据"。

## 全站仪补偿器零位误差检查记录表

日期：　　　　　　　　　　　　　仪器号：　　　　　　　　　　　　　观测：
天气：　　　　　　　　　　　　　地点：　　　　　　　　　　　　　　记录：

| 测站 | 测点 | 竖盘位置 | 自动补偿倾角值(″) | 零位误差值(″) | 是否需要校正 | 备注 |
|---|---|---|---|---|---|---|
| | | | | | | |
| | | | | | | |
| | | | | | | |
| | | | | | | |
| | | | | | | |
| | | | | | | |
| | | | | | | |
| | | | | | | |

说明：1. 至少记录一测回完整的数据，如需重测可整站划去，另起一站填写。
　　　2. 表格剩余部分可自行练习使用，在备注栏注明"自练数据"。

## 六、活动评价

| 评价内容 | 评价标准 | 评价结果<br>（是/否） |
|---|---|---|
| 活动完成情况 | 能描述全站仪补偿器的作用和分类 | □是　□否 |
| | 能对全站仪进行视准差检查和校正 | □是　□否 |
| | 能对全站仪进行补偿器检查和校正 | □是　□否 |

## 七、课后作业

1. 苏州一光 RTS900 系列全站仪，内置仪器校正程序有_____和_____两种。

2. 竖盘校正的目的是计算出竖盘的_____（垂直度/指标差/零位差），为软件修正提供数据。

3. 当全站仪精确整平后，正镜和倒镜的倾角显示值之和应接近于_____（0°/90°/180°/270°）。

4. 全站仪补偿器从补偿功能看，目前主要分为_____、_____和_____。

5. 全站仪竖轴倾斜造成的测角误差，可以通过观测方法加以消除。（□正确　□错误）

6. 小王在使用全站仪时发现：照准部固定后，如果上下转动望远镜，水平度盘读数也跟着变化。他认为这台仪器稳定性不行，就去找总工要求更换，结果挨总工批评了一通。你觉得总工批评得对吗？简要说明一下理由。

7. 完成下表中的计算内容。

| 测站 | 测点 | 竖盘位置 | 自动补偿倾角值<br>(″) | 零位误差值<br>(″) | 是否需要校正 | 备注 |
|---|---|---|---|---|---|---|
| P | A | 左 | −48 | | | |
| | | 右 | +30 | | | |

## 任务拓展 2：测量机器人

测量机器人是一种集自动目标识别、自动照准、自动测角与测距、自动目标跟踪、自动记录与处理数据于一体的测量平台（图 1.2-12）。测量机器人通常搭载了传感器、计算机视觉和先进的运动控制系统，能够高效、精确地完成测量任务，减少人为误差和工作量，被广泛应用于多个领域，如建筑施工、工程测量、工业制造、矿山勘测和农业管理等。

图 1.2-12　测量机器人

测量机器人通常具有以下特点：

（1）高精度测量：测量机器人配备多种高精度传感器，能够精确地测量角度、距离和高程等，适用于各种高精度要求的测量任务。

（2）自动目标识别与跟踪：测量机器人配备了自动目标识别系统，可以通过图像识别或激光扫描技术自动锁定并跟踪目标，即使在目标移动的情况下，也能保持稳定的测量。

（3）自动化数据采集与处理：通过预设程序，测量机器人可以自主导航和执行测量任务；可以自动进行数据采集，并在内部存储器或外部存储设备上记录数据；能够对数据进行实时处理，快速生成测量报告或数据分析结果。

（4）远程控制与数据传输：通过无线网络或蓝牙连接，测量人员可以远程控制测量机器人，并实时获取测量数据，可以用于长距离测量或复杂地形测量。

（5）适应复杂环境：测量机器人通常设计为防尘、防水、防震，能够在各种恶劣环境下工作，包括极端温度、强风、粉尘和潮湿等环境条件。

（6）用户友好界面：测量机器人配备触摸屏、直观的用户界面和多语言支持，使得操作更加简便，减少了对操作人员的专业要求。

# 工作任务1-3

## 距离测量

思维导图

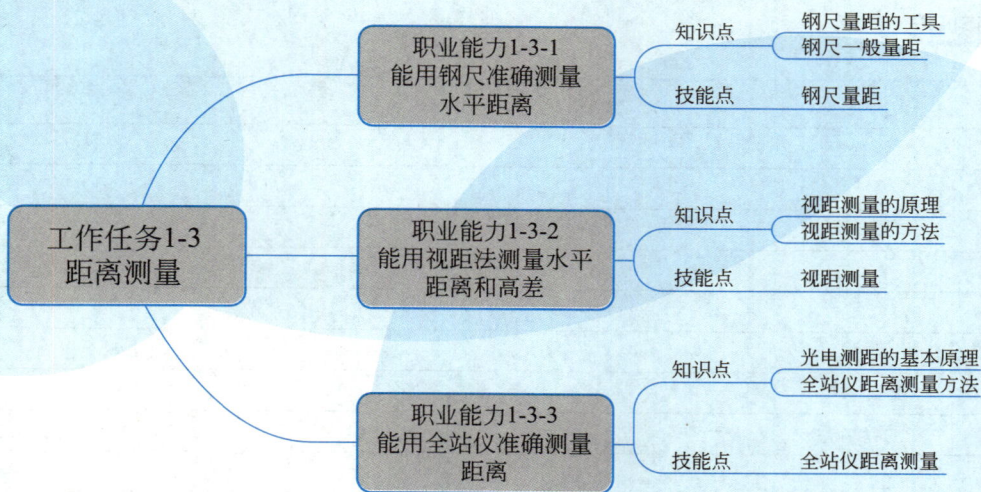

## 思政元素

### 距离测量的演变——工匠精神、团队意识

卫星定位技术问世之前，国家平面坐标系的建立，主要是依靠在全国范围内测设国家三角网。在这种三角网中，必须有一定数量的三角边长度是已知的，才能推算其他三角网的边长。这种长度已知的三角边称为三角网的起算边。一等三角网的平均边长为25km，二等三角网的平均边长为13km，它们的起算边长度相对中误差要求不大于1：350000。对于这种长度及其所需精度，在中华人民共和国成立之初，都是采用铟钢线尺丈量的。铟钢线尺的尺长一般为24m或48m。即使采用基线网间接地测量起算边，也需要用铟钢线尺人工丈量一条5km左右的基线，它的丈量精度要求达到百万分之一。这种线尺量距法要求选择和布设平坦开阔的测线场地，再由五六个人在5km左右基线上，一尺又一尺地往返丈量400余次，才能够完成这条基线的丈量。其劳动强度之大、作业之多是可想而知的。

20世纪50年代末期，光速测距仪和微波测距仪的推广应用，开创了"量距不用尺"的新时代；20世纪60年代中期，测地型激光测距仪的快速发展，将光波测距推向了高精度远测程的新境界；几乎与此同时，卫星激光测距和甚长基线射电干涉测量技术的测地实用化，使得测地工作者能够测量远达数千千米的站间距离；20世纪80年代初期，GNSS卫星测量技术的问世使得测地工作者步入了快速高效"量距不见站"的新天地。

距离测量的这种演变，就是测绘科学技术进步的一大缩影。

### 预习笔记

# 职业能力 1-3-1　能用钢尺准确测量水平距离

## 核心概念

1. 水平距离：指地面上两点垂直投影在同一水平面上的直线距离，简称平距。距离测量工作一般是测量水平距离。

2. 钢尺量距：采用宽度 10～20mm，厚度 0.1～0.4mm 薄钢带制成的带状尺测量距离的方法。

## 学习目标

1. 能认识钢尺的零点位置和刻度分划。
2. 能使用钢尺进行平坦地面距离丈量。
3. 能评定距离测量的精度。

## 基本知识

### 一、钢尺量距的工具

#### 1. 钢尺

钢尺，又称钢卷尺，是用薄钢片制成的带状尺，可卷入金属圆盒内，如图 1.3-1 所示。常用钢尺的宽度为 10～15mm，厚度约 0.4mm，长度有 20m、30m 和 50m 等几种，卷放在圆形盒内或金属架上。钢尺的基本分划为厘米，在每厘米、每分米及每米处有数字注记。一般的钢尺在起点的一分米内刻有毫米分划，也有部分钢尺在整个长度内都有毫米分划。

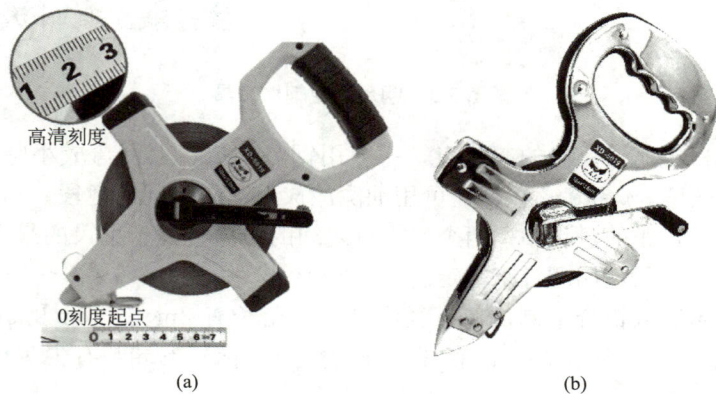

（a）　　　　　　　　　　　　　　（b）

图 1.3-1　钢尺

根据零点位置的不同，钢尺有刻线尺和端点尺两种。端点尺指钢尺的零点从拉环的外沿开始，如图 1.3-2（a）所示；刻线尺的零分划线位于钢尺拉环的内侧，如图 1.3-2（b）所示。端点尺便于从建筑物墙边量距，但因零点易磨损而不如刻线尺好用。刻线尺可达到较高的丈量精度。

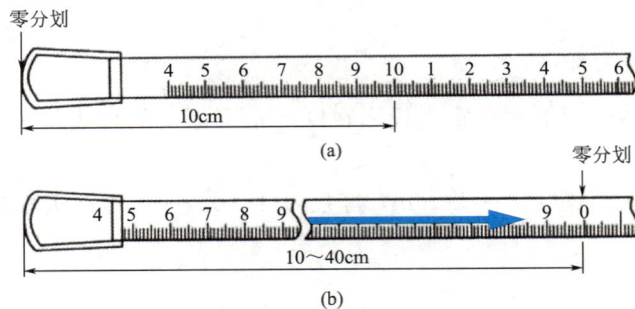

图 1.3-2 钢尺的分划

钢尺在工程测量中使用非常广泛。其优点是抗拉强度高，不易拉伸，量距精度较高；缺点是钢尺性脆，易折断，易生锈，使用时要避免扭折、防止受潮。

### 2. 辅助工具

钢尺量距的辅助工具有测钎、标杆、垂球，如图 1.3-3 所示。精密量距还需采用弹簧秤和温度计。

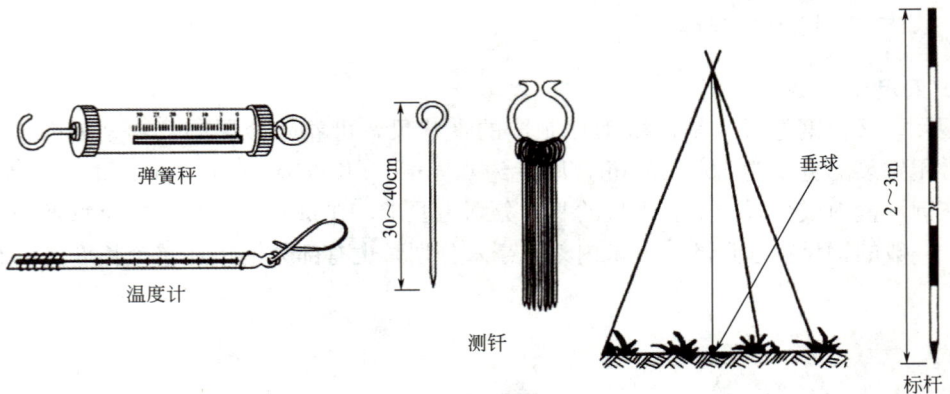

图 1.3-3 钢尺量距辅助工具

测钎：用于标定所量尺段的起止点，一般用钢筋制成，上部弯成小圆环，下部磨尖，直径 3～6mm，长度 30～40cm。钎上可用油漆涂成红、白相间的色段。通常 6 根或 11 根系成一组。一般在量距的过程中，两个目标点之间的距离会大于钢尺的最大长度，所以要分段进行量距，每一段就用测钎来标定。

标杆：多用木料或铝合金制成，直径约 3cm、全长有 2m、2.5m 及 3m 等几种规格。杆上用油漆涂成红、白相间的 20cm 色段，非常醒目，标杆下端装有尖头铁脚，便于插入地面，作为照准标志。

垂球：垂球用金属制成，上大下尖，呈圆锥形，上端中心系一细绳，悬吊后，垂球尖与细绳在同一垂线上。用于在不平坦地面丈量时将钢尺的端点垂直投影到地面。因为用钢尺量距量取的是水平距离，如果地面不平坦，则需抬平钢尺进行丈量，此时可用垂球来投点。

## 二、钢尺一般量距

### 1. 直线定线

当距离较长时，一般要分段丈量。为了使距离丈量不偏离直线方向，要在直线方向上设立若干分段点，插上标杆或测钎，这种使量距分段点位于待测量两点的连线方向上的测量过程称为直线定线。直线定线有两种方法：一是目估定线，二是仪器定线。

（1）目估定线。如图 1.3-4 所示，A 和 B 为待测的端点。定线时，先在 A、B 两点上竖立标杆，甲立于 A 点标杆后面 1～2m 处，用眼睛自 A 点标杆后面瞄准 B 点标杆。乙持另一标杆沿 BA 方向走到离 B 点大约一尺段长的 1 点附近，按照甲指挥手势左右移动标杆，直到标杆位于 AB 直线上为止，插下标杆（或测钎），定出 1 点。乙又带着标杆走到 2 点处，同法在 AB 直线上竖立标杆（或测钎），定出 2 点，依此类推。

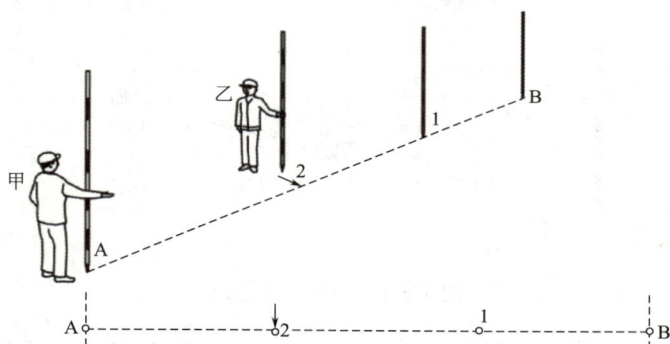

图 1.3-4　目估定线

（2）仪器定线。如图 1.3-5 所示，在 A 点上架设经纬仪（全站仪），用望远镜纵丝瞄准 B 点标志，固定照准部。将望远镜上下转动，指挥持标杆者左右移动，直至标杆与纵丝重合时即可定点。

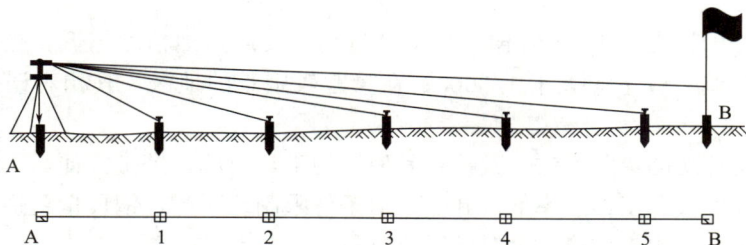

图 1.3-5　仪器定线

### 2. 平坦地面量距方法

丈量距离时一般需要三人，前、后尺各一人，记录一人。如图 1.3-6 所示，后尺手（甲）持钢尺的零端位于 A 点，前尺手（乙）持尺的末端并携带一束测钎，沿 AB 方向前进，至一尺段长处停下，将尺拉平。后尺手以尺的零点对准 A 点，两人同时将钢尺拉紧、拉平、拉稳后，前尺手喊"预备"，后尺手将钢尺零点准确对准 A 点，并喊"好"，前尺手随即将测钎对准钢尺末端刻画竖直插入地面（在坚硬地面处，可用铅笔在地面画线作标记），得 1 点。这样便完成了第一尺段的丈量工作。接着后尺手与前尺手共同举尺前进，后尺手走到 1 点时，即喊"停"。同法丈量第二尺段，然后后尺手拔起 1 点上的测钎。如此继续丈量下去，直至最后量出不足一整尺的余长 $q$。则 A、B 两点间的水平距离为：

$$D_{AB} = nl + q$$

式中  $n$——整尺段数；

$l$——钢尺长度；

$q$——不足一整尺的余长。

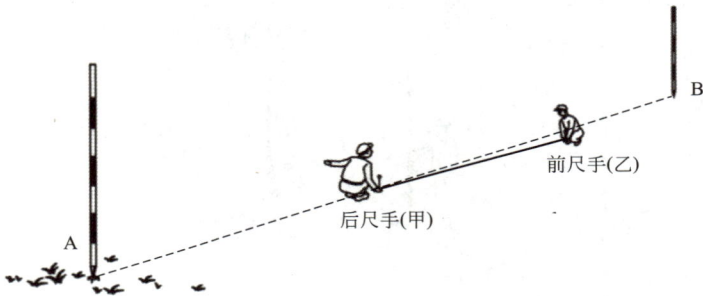

图 1.3-6  平坦地面量距

为了防止丈量错误和提高精度，一般还应由 B 点量至 A 点进行返测，返测时应重新进行定线。取往返测距离的平均值作为直线 AB 最终的水平距离。

$$D_{均} = (D_{往} + D_{返})/2$$

### 3. 量距精度评定

量距精度通常用相对误差 $K$ 来表示，化为分子为 1 的分数形式。

$$K = \frac{|D_{往} - D_{返}|}{D_{均}} = \frac{1}{M}$$

相对误差分母越大，则 $K$ 值越小，精度越高；反之，则精度越低。在平坦地区，钢尺量距的相对误差一般不应大于 1/3000；在量距较困难的地区，其相对误差也不应大于 1/1000。

钢尺量距是传统的量距方法，其特点是使用的工具简单，携带方便，具有一定的测量精度；但劳动强度大，工作效率低，并受地形条件限制。因此，钢尺量距适合地面坡度不大，测量距离短，测距工作量不大时的距离测量。

# 活动设计

## 一、活动条件

1. 安排活动场地——在空旷平坦场地为每组设置相距约 50m 的 A、B 两点。
2. 仪器室准备钢尺、标杆、线手套、记录板。
3. 学生自备 2H 铅笔。

## 二、活动组织

1. 每四人一组,其中一人担任后尺手,一人担任前尺手,一人担任定线员,一人担任记录员兼评价员。
2. 以组为单位共同完成距离往返丈量工作。
3. 距离丈量结束后评定量距精度,找教师汇报量距成果。
4. 教师汇总分析各组量距成果,请最快完成的小组分享心得,对出错的情况进行总结。

## 三、安全及注意事项

1. 钢尺量距时应佩戴线手套,以免被锋利的钢卷尺带划伤。
2. 钢尺性脆、易折断,要防止打结、扭曲、拖拉,严禁车碾、人踏。
3. 前、后尺手动作要配合,定线要直,尺子要拉紧,用力要均匀。

## 四、活动实施

| 序号 | 步骤 | 操作及说明 | 操作标准 |
|------|------|-----------|---------|
| 1 | 准备 | (1)到仪器室领取仪器及工具,清单如下:<br><br>钢尺×1,标杆×3,线手套×2,记录板×1。<br>(2)目视外观是否有脏污、脱漆、锈蚀、伤痕和变形等缺陷 | (1)清点仪器及工具数量。<br>(2)填写缺陷情况,并在领用单上签名。<br>(3)紧拿轻放,避免碰撞 |
| 2 | 往测 | (1)在 A、B 两点竖立标杆。<br> | |

| 序号 | 步骤 | 操作及说明 | 操作标准 |
|---|---|---|---|
| 2 | 往测 | （2）后尺手持钢尺的零端位于 A 点，前尺手持尺的末端沿 AB 方向前进，至一尺段长处停下，将尺拉平。<br><br>（3）后尺手以手势指挥前尺手将钢尺拉在 AB 直线方向上。<br>（4）两人同时将钢尺拉紧拉平后，前尺手喊"预备"，后尺手以尺的零点对准 A 点后喊"好"。<br>（5）前尺手在听到"好"后，随即用铅笔对准钢尺末端刻画在地面作标记，得 1 点。这样量取了第 1 个尺段长 $l$。<br>（6）前、后尺手共同举尺前进，后尺手走到 1 点时喊"停"，将尺的零点对准 1 点。<br>（7）前尺手将钢尺拉在 AB 直线上，两人同时将钢尺拉紧拉平后，记录员读取 B 点在钢尺上的刻度。该刻度即为余长值 $q$。<br>（8）计算距离 $D_{AB}=l+q$ | （1）钢尺拉在 AB 直线方向上。<br>（2）钢尺不可沿地面拖拉，以免磨损尺面。<br>（3）前、后尺手互相配合。<br>（4）读数认真仔细，不出错。<br>（5）记录实事求是，字体端正，不乱涂乱改 |
| 3 | 返测 | （1）后尺手持钢尺的零端位于 B 点，前尺手持尺的末端沿 BA 方向前进，至一尺段长处停下，将尺拉平。<br><br>（3）后尺手以手势指挥前尺手将钢尺拉在 BA 直线方向上。<br>（4）两人同时将钢尺拉紧拉平后，前尺手喊"预备"，后尺手以尺的零点对准 B 点后喊"好"。<br>（5）前尺手在听到"好"后，随即用铅笔对准钢尺末端刻画在地面作标记，得 1 点。这样量取了第 1 个尺段长 $l$。<br>（6）前、后尺手共同举尺前进，后尺手走到 1 点时喊"停"，将尺的零点对准 1 点。<br>（7）前尺手将钢尺拉在 BA 直线上，两人同时将钢尺拉紧拉平后，记录员读取 A 点在钢尺上的刻度。该刻度即为余长值 $q$。<br>（8）计算距离 $D_{BA}=l+q$ | （1）钢尺拉在 BA 直线方向上。<br>（2）钢尺不可沿地面拖拉，以免磨损尺面。<br>（3）前、后尺手互相配合。<br>（4）读数认真仔细，不出错。<br>（5）记录实事求是，字体端正，不乱涂乱改 |
| 4 | 评定精度 | （1）计算往返丈量较差：<br>$$\Delta D = D_{往} - D_{返}$$<br>（2）计算往返丈量平均值：<br>$$D_{均} = (D_{往} + D_{返})/2$$<br>（3）计算相对误差：<br>$$K = \frac{\Delta D}{D_{均}} = \frac{1}{D_{均}/\Delta D}$$ | （1）计算认真仔细，不出错。<br>（2）记录字体端正，不乱涂乱改 |

| 序号 | 步骤 | 操作及说明 | 操作标准 |
|---|---|---|---|
| 5 | 整理归还工具 | (1)钢尺擦拭干净卷回盒内。<br>(2)清点工具是否完整。<br>(3)归还工具,清理环境 | (1)爱护工具,紧拿轻放。<br>(2)工完场清,工具归还放回原位 |

## 五、活动记录

### 钢尺量距记录表

日期:　　　　　　　　　　　　钢尺编号:　　　　　　　　观测:

天气:　　　　　　　　　　　　地点:　　　　　　　　　　记录:

| 测线 | | 分段丈量长度(m) | | 总长度 $D$<br>(m) | 平均长度 $D_{均}$<br>(m) | 精度 $K$ | 备注 |
|---|---|---|---|---|---|---|---|
| | | 整尺段 $nl$ | 余长 $q$ | | | | |
| | 往 | | | | | | |
| | 返 | | | | | | |
| | | | | | | | |
| | | | | | | | |
| | | | | | | | |
| | | | | | | | |
| | | | | | | | |

说明: 1. 至少记录在测线完整的数据,如需重测可整站划去,另起一站填写。

2. 表格剩余部分可自行练习使用,在备注栏注明"自练数据"。

## 六、活动评价

| 评价内容 | 评价标准 | 评价结果<br>(是/否) |
|---|---|---|
| 活动完成情况 | 能认识钢尺的零点位置和刻度分划 | □是　□否 |
| | 能使用钢尺进行平坦地面距离丈量 | □是　□否 |
| | 能评定距离测量的精度 | □是　□否 |

## 七、课后作业

1. 钢尺抗拉强度　　　　　　(高/低),量距精度较　　　　　　(高/低)。

2. 钢尺精密量距时需要定线,一般量距时可不用定线。(□正确　□错误)

3. 用钢尺量距时,钢尺要拉紧、拉平、拉稳。(□正确　□错误)

4. 量距精度通常用　　　　　　(绝对误差/相对误差/往返较差)表示。

5. 完成下表中的计算内容。

| 测线 | | 分段丈量长度(m) | | 总长度 $D$ (m) | 平均长度 $D_{均}$ (m) | 精度 $K$ | 备注 |
|---|---|---|---|---|---|---|---|
| | | 整尺段 $nl$ | 余长 $q$ | | | | |
| A—B | 往 | 60 | 15.384 | | | | |
| | 返 | 60 | 15.393 | | | | |

# 职业能力 1-3-2　能用视距法测量水平距离和高差

## 核心概念

视距测量：利用望远镜内十字丝分划板上的视距丝在视距尺（或水准尺）上进行读数，根据几何光学和三角学原理，同时测定水平距离和高差的一种方法。

## 学习目标

1. 能了解视距测量的原理及测量方法。
2. 能理解视距测量公式中符号的含义。
3. 能用视距测量的方法测量水平距离和高差。

## 基本知识

### 一、视距测量的原理

#### 1. 视准轴水平时的视距测量原理

如图 1.3-7 所示，AB 为待测距离，在 A 点安置仪器，B 点竖立视距尺，设望远镜视线水平，瞄准 B 点的视距尺，此时视线与视距尺垂直。通过上下两个视距丝 $m$、$n$ 可以读取视距尺上 M、N 两点读数，读数之间的差值 $l$ 称为尺间隔或视距间隔。

设仪器中心到视距尺的平距为 $D$，望远镜物镜的焦距为 $f$，仪器中心到望远镜物镜的距离为 $\delta$，则：

$$D = d + f + \delta$$

由于 $\triangle FMN \sim \triangle FM'N'$，可得：

$$d = \frac{f}{p} l$$

故有：

$$D = \frac{f}{p} l + f + \delta$$

令 $K = \frac{f}{p}$，$C = f + \delta$，则有：

$$D = Kl + C$$

式中　$K$——视距乘常数，设计仪器时，通常使 $K = 100$；

$C$——视距加常数，设计仪器时，通常使 $C \approx 0$。

因此视线水平时的视距计算公式为：

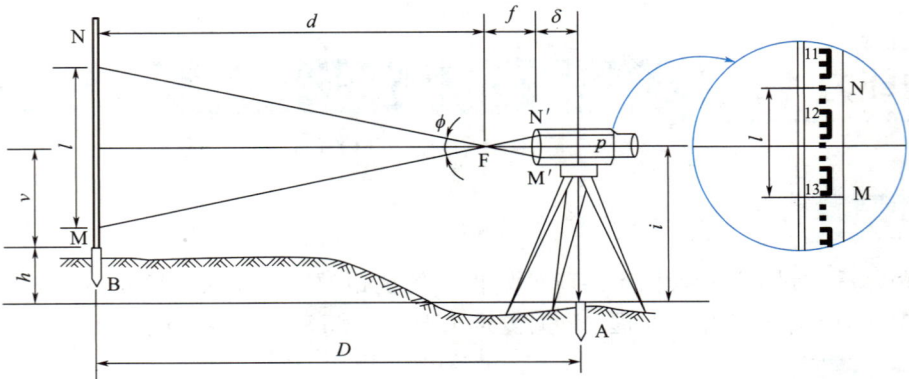

图 1.3-7　视准轴水平时的视距测量

$$D = Kl = 100l$$

测站点 A 到立尺点 B 之间的高差为：

$$h = i - v$$

式中　$i$——仪器高；

　　　$v$——十字丝中丝读数或上、下丝读数平均值。

**2. 视准轴倾斜时的视距测量原理**

在地面起伏较大的地区进行视距测量时，必须使视线倾斜才能读取视距间隔。由于视线不垂直于视距尺，故不能直接应用上述公式。

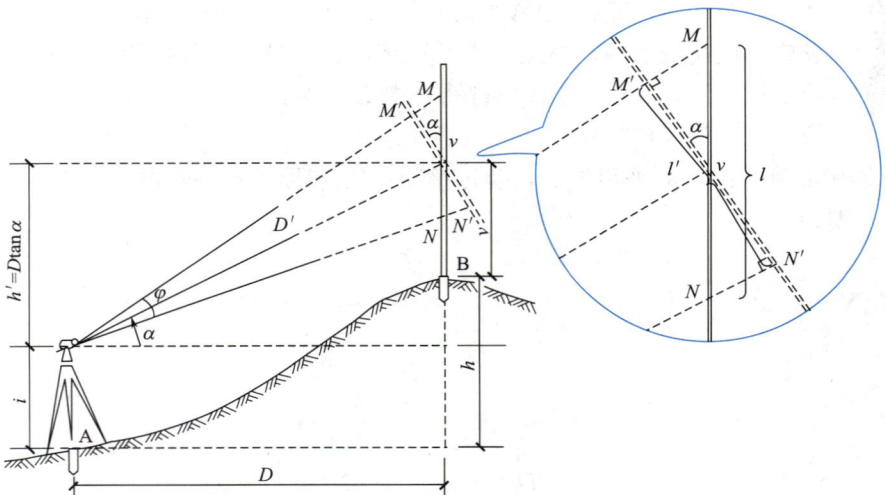

图 1.3-8　视准轴倾斜时的视距测量

设想将目标尺以中丝读数 $v$ 这一点为中心，转动一个 $\alpha$ 角，使目标尺与视准轴垂直，由图 1.3-8 可推算出视准轴倾斜时的视距测量计算公式：

$$D = Kl \cdot \cos^2\alpha$$

$$h = \frac{1}{2}Kl\sin2\alpha + i - v = D\tan\alpha + i - v$$

式中　$K$——视距常数；

　　　$\alpha$——垂直角；

　　　$i$——仪器高；

　　　$v$——目标高。

## 二、视距测量的方法

欲计算地面上两点间的距离和高差，在测站上应观测 $i$、$l$、$v$、$\alpha$ 四个量。所以，视距测量通常按下列基本步骤进行观测和计算。

1. 在 A 点安置经纬仪（全站仪），量取仪器高 $i$，在 B 点竖立水准尺。

2. 瞄准 B 点水准尺，分别读取上、下、中三丝读数，并算出尺间隔 $l$。

3. 打开竖盘自动补偿功能，读取竖盘读数，计算垂直角 $\alpha$。

4. 根据公式计算出水平距离和高差。

视距测量记录、计算见表 1.3-1。

视距测量记录表
表 1.3-1

日期：2023 年 8 月 20 日　　　仪器号：RTS902G-1H00002　　　观测：彭某某

天气：晴　　　　地点：校园　　　仪器高：1.459m　　　　　记录：赵某某

| 测站 | 测点 | 上丝读数<br>下丝读数<br>尺间隔 $l$(m) | 中丝读数<br>$v$(m) | 竖盘读数<br>$L(°'″)$ | 垂直角<br>$\alpha(°'″)$ | 水平距离<br>$D$(m) | 高差<br>$h$(m) | 备注 |
|---|---|---|---|---|---|---|---|---|
| A | B | 1.492<br>1.289<br>0.203 | 1.391 | 79 04 12 | +10 55 48 | 19.57 | +3.85 | |

## 活动设计

## 一、活动条件

1. 安排活动场地——为每组设置一个测站点，一个目标点。测站点点名为 P，目标点点名为 A（有实际点名的据实标注）。

2. 仪器室准备全站仪、水准尺、三脚架、记录板。

3. 学生自备 2H 铅笔。

## 二、活动组织

1. 每四人一组，其中一人担任观测员，一人担任记录员，一人担任立尺员，一人担任评价员。

2. 每组成员依次轮换操练。小组四人分别编为 1、2、3、4 号，首先 1 号观测、2 号记录、3 号立尺和 4 号评价，然后 2 号观测、3 号记录、4 号立尺和 1 号评价，以此类推。

3. 全部完成操作训练之后，相互比较所测结果是否一致，若距离相对误差超过 1/200，共同分析原因。

4. 教师汇总分析各组观测成果，请最快完成的小组分享心得，对出错的情况进行总结。

## 三、安全及注意事项

1. 打开、收拢三脚架时，注意手持位置及周边环境，谨防夹手伤人。
2. 仪器安置在测站上，当暂停操作时，必须有人守护在旁，确保仪器安全。
3. 瞄准目标务必消除视差，确保精度可靠。

## 四、活动实施

| 序号 | 步骤 | 操作及说明 | 操作标准 |
| --- | --- | --- | --- |
| 1 | 准备 | (1)到仪器室领取仪器及工具，清单如下：<br><br>全站仪×1，水准尺×1，三脚架×1，记录板×1。<br>(2)目视外观是否有脏污、脱漆、锈蚀、伤痕和变形等缺陷 | (1)清点仪器及工具数量。<br>(2)填写缺陷情况，并在领用单上签名。<br>(3)仪器及工具紧拿轻放，避免碰撞 |
| 2 | 安置仪器 | (1)在测站点 P 安置全站仪，量取仪器高 $i$（示例为1.459m），记录员记入表格。<br><br>(2)在目标点 A 竖立水准尺 | (1)脚架高度和跨度适宜，便于观测。<br>(2)水准尺竖直，并正对仪器。<br>(3)仪器取出后及时合上箱盖 |
| 3 | 视距测量 | (1)开机后按[F4]（设置）键进入"设置"模式菜单，选择"观测条件"，进入"倾斜改正"程序，设置为 XON。<br><br>观测条件　　　　　P1<br>1.测距模式：<br>2.倾斜改正：XONYOFF<br>3.两差改正：.14<br>4.竖角类型 天顶距<br>5.平角类型：HAR<br>(2)盘左位置精确瞄准 A 点水准尺，报读上、下、中三丝读数，记录员回读记入表格，计算尺间隔 $l$（示例为 0.203m）。<br> | (1)规范操作，爱护仪器，不骑马观测。<br>(2)瞄准目标时微动螺旋最后应为旋进方向。<br>(3)精准瞄准目标，消除视差。<br>(4)记录实事求是，字体端正，不乱涂乱改。<br>(5)计算认真仔细，不出错 |

续表

| 序号 | 步骤 | 操作及说明 | 操作标准 |
|---|---|---|---|
| 3 | 视距测量 | (3)报读显示窗"VA"的读数(示例为79°04′12″),记录员回读记入表格,计算半测回垂直角(示例为10°55′48″)。<br><br>测量　　　　　PSM　　0.0<br>　　　　　　　PPM　　0<br>SD<br>VA　　　79° 04′ 12″<br>HA　　　 0° 00′ 00″　P1<br>测距　　SHV1　SHV2　置零<br><br>(4)计算水平距离和高差(示例为19.57m和+3.85m) | (1)规范操作,爱护仪器,不骑马观测。<br>(2)瞄准目标时微动螺旋最后应为旋进方向。<br>(3)精准瞄准目标,消除视差。<br>(4)记录实事求是,字体端正,不乱涂乱改。<br>(5)计算认真仔细,不出错 |
| 4 | 结束观测<br>(轮换练习) | 仪器不动,依次轮换重新测量 | (1)每人观测一次。<br>(2)全部观测结束,计算相对误差 |
| 5 | 整理归还仪器 | (1)小组成员全部操练完成后,仪器装箱,脚架收拢。<br>(2)清点仪器及工具是否完整。<br>(3)归还仪器,清理环境 | (1)爱护仪器和工具,紧拿轻放。<br>(2)工完场清,仪器归还放回原位 |

## 五、活动记录

### 视距测量记录表

日期：　　　　　　　　　　　　　　仪器号：　　　　　　　　　观测：

天气：　　　　地点：　　　　　　　仪器高：　　　　　　　　　记录：

| 测站 | 测点 | 上丝读数<br>下丝读数<br>尺间隔 $l$(m) | 中丝读数<br>$v$(m) | 竖盘读数 $L$<br>(° ′ ″) | 垂直角 $\alpha$<br>(° ′ ″) | 水平距离 $D$<br>(m) | 高差 $h$<br>(m) | 备注 |
|---|---|---|---|---|---|---|---|---|
| | | | | | | | | |
| | | | | | | | | |
| | | | | | | | | |
| | | | | | | | | |
| | | | | | | | | |

说明：1. 至少记录一测回完整的数据,如需重测可整站划去,另起一站填写。

　　　2. 表格剩余部分可自行练习使用,在备注栏注明"自练数据"。

## 六、活动评价

| 评价内容 | 评价标准 | 评价结果<br>（是/否） |
|---|---|---|
| 活动完成情况 | 能了解视距测量的原理及测量方法 | □是　□否 |
| | 能理解视距测量公式中符号的含义 | □是　□否 |
| | 能用视距测量的方法测量距离 | □是　□否 |

## 七、课后作业

1. 视距测量的精度_____（高/低/相同）于钢尺量距的精度。

2. 水准仪不能用于视距测量。（□正确　□错误）

3. 当全站仪精确整平后，正镜和倒镜的倾角显示值之和应接近于_____（0°/90°/180°/270°）。

4. 视距测量不仅适用于视线水平的情况，也适用于视线倾斜的情况。（□正确　□错误）

5. 当用全站仪进行视距测量时，应当将仪器电子补偿功能打开。（□正确　□错误）

6. 完成下表中的计算内容。

| 测站 | 测点 | 上丝读数<br>下丝读数<br>尺间隔 $l$(m) | 中丝读数<br>$v$(m) | 竖盘读数 $L$<br>(°′″) | 垂直角 $\alpha$<br>(°′″) | 水平距离 $D$<br>(m) | 高差 $h$<br>(m) | 备注 |
|---|---|---|---|---|---|---|---|---|
| A | B | 1.883<br>0.991 | 1.437 | 95 17 20 | | | | 仪器高<br>1.558 |

注：望远镜水平，竖盘读数90°，上仰时读数变小。

# 职业能力 1-3-3　能用全站仪准确测量距离

## 核心概念

　　光电测距：即电磁波测距，它是以电磁波（光波、微波）为载波，传输光信号来测量距离的一种方法。光电测距具有测距方便、精度高、作业速度快、工作强度低、不受地形限制等优点。

## 学习目标

　　1. 能了解光电测距的基本原理。
　　2. 会设置棱镜常数和气象改正值。
　　3. 会切换斜距、平距和高差显示值。
　　4. 能使用全站仪进行距离测量。

## 基本知识

### 一、光电测距的基本原理

　　光电测距是通过测量光波在待测距离上往返一次所经历的时间来确定两点之间的距离。如图 1.3-9 所示，在 A 点安置光电测距仪，在 B 点安置棱镜，测距仪发射的调制光波（光速 $c$ 已知）到达棱镜后反射回测距仪，只要测出调制光波在待测距离 $D$ 上的往返传播时间 $t$，就可以按公式计算出 A、B 两点的距离 $D$。

1.3-3
光电测距
原理

$$D = \frac{1}{2}c \cdot t$$

式中　$c$——光波在空气中的传播速度，它与测量时的气压、温度和湿度有关；
　　　$t$——光波在 A、B 两点间的往返传播时间。

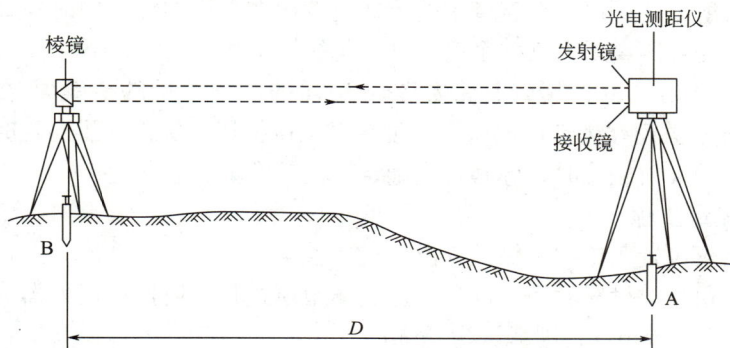

图 1.3-9　光电测距

由上式可知，测距的精度主要取决于时间 $t$ 的精度。根据测定时间的方式不同，光电测距可分为脉冲式测距和相位式测距两种。脉冲式测距是直接测定光波传播的时间，由于这种方式受到脉冲的宽度和电子计数器时间分辨率限制，所以测距精度不高，一般为 $1\sim5$m。相位式测距是利用测相电路直接测定光波从起点出发经终点反射回到起点时，因往返时间差引起的相位差来计算距离，该法测距精度较高，一般可达 $5\sim20$mm。目前短程测距仪大多采用相位法计时测距。

光波在空气中的传播速度与测量时的气象条件有关。全站仪进行距离测量时，必须输入相应的气象参数，进行气象改正，以消除气象条件对测距造成的影响。有的全站仪须手工输入观测时的温度和气压，仪器自动对测距结果进行温度和气压修正；有的全站仪内置温度和气压传感器，可以实时监测温度、气压的变化并调准测量结果。

光电测距中，只要温度精度达到 $1℃$，气压精度达到 $360$Pa，则可保证 $1$km 的距离测距误差约为 $1$mm。当气温 $t=35℃$，相对湿度为 $94\%$，则在 $1$km 距离上湿度影响的改正值约为 $2$mm。因此，在高温、高湿的气象条件下作业，对于高精度要求的测量成果，这一因素不能忽略。

## 二、全站仪距离测量方法

### 1. 仪器的标称精度

出厂合格的光电测距仪都有一个标称精度，一般以下式表示：

$$M_D=\pm(a+b\times D\times10^{-6})$$

1.3-4
全站仪
距离测量

式中　$a$——固定误差，mm；

$b$——比例误差系数；

$D$——实测距离，km。

每台仪器出厂前就给定了 $a$ 和 $b$ 的值，用以说明仪器的性能。光电测距精度一般是指经过加常数 $K$、乘常数 $R$ 改正后的观测值的精度。虽然加常数和乘常数分别属于固定误差和比例误差，但不是测距精度的表征，而是需要在观测值中加以改正的系统误差，故从某种意义上来说，与标称精度中的 $a$ 和 $b$ 是有区别的。当观测精度要求比较高的时候，应对仪器再行检验，以获得更加准确的加常数、乘常数改正值。

### 2. 棱镜常数的判定

与光电测距仪配套使用的反射棱镜是直角光学玻璃锥体。由于光在玻璃中的折射率大于在空气中的折射率，所以它在玻璃中的传播速度比在空气中慢，同时在玻璃中传播所用的超量时间会使测量距离增大某一个值，这就是棱镜常数。

不同生产厂家出产的棱镜，其常数是不一样的，较常见的棱镜常数为 $-30$mm 或 $0$mm。通常棱镜常数已在生产厂家所附的说明书上或棱镜上标出，供测距时使用。当使用与全站仪不配套的反射棱镜时，务必首先确定其棱镜常数。

### 3. 全站仪测量步骤

（1）在全站仪设置菜单中，输入气温、气压值。

（2）进入测距参数设置界面，选择合适的测距模式和反射器。反射器如选择棱镜，则默认棱镜常数为 $-30$mm，否则默认为 $0$mm。

（3）照准棱镜中心，点击"测距"键开始距离测量。

（4）显示测距结果。按切换键可分别显示斜距、平距和高差。

# 活动设计

## 一、活动条件

1. 安排活动场地——为每组设置一个测站点，一个目标点。测站点点名为 P，目标点点名为 A（有实际点名的据实标注）。
2. 仪器室准备全站仪、单棱镜组、三脚架、记录板。
3. 学生自备 2H 铅笔。

## 二、活动组织

1. 每四人一组，其中一人担任观测员，一人担任记录员，一人担任司镜员，一人担任评价员。
2. 每组成员依次轮换操练。小组四人分别编为 1、2、3、4 号，首先 1 号观测、2 号记录、3 号司镜和 4 号评价，然后 2 号观测、3 号记录、4 号司镜和 1 号评价，以此类推。
3. 全部完成操作训练之后，相互比较所测距离是否一致，对相差超过 5mm 的结果共同分析原因，指导其重测。小组所测距离全部一致后，找老师汇报观测成果。
4. 教师汇总分析各组观测成果，请最快完成的小组分享心得，对出错的情况进行总结。

## 三、安全及注意事项

1. 打开、收拢三脚架时，注意手持位置及周边环境，谨防夹手伤人。
2. 仪器安置在测站上，当暂停操作时，必须有人守护在旁，确保仪器安全。
3. 瞄准目标务必消除视差，确保精度可靠。

## 四、活动实施

| 序号 | 步骤 | 操作及说明 | 操作标准 |
|---|---|---|---|
| 1 | 准备 | （1）到仪器室领取仪器及工具,清单如下：<br><br>全站仪×1,单棱镜组×1,三脚架×2,记录板×1。<br>（2）目视外观是否有脏污、脱漆、锈蚀、伤痕和变形等缺陷 | （1）清点仪器及工具数量。<br>（2）填写缺陷情况,并在领用单上签名。<br>（3）仪器及工具紧拿轻放,避免碰撞 |

| 序号 | 步骤 | 操作及说明 | 操作标准 |
|---|---|---|---|
| 2 | 安置仪器 | 在测站点 P 安置全站仪,目标点 A 安置棱镜<br> | (1)脚架高度和跨度适宜,便于观测。<br>(2)棱镜安置好后须正对测站方向。<br>(3)仪器取出后及时合上箱盖 |
| 3 | 距离测量 | (1)开机后进入测量模式第3页。<br><br>(2)按[F1](EDM)键进入测距参数设置界面,选择单次精测、棱镜,输入棱镜常数—30。<br><br>(3)按[Func]键翻至第2页,输入温度和气压值,然后返回测量模式。<br><br>(4)精确瞄准 A 点棱镜中心,按[F1](测距)键开始测距。<br><br> | (1)规范操作,爱护仪器,不骑马观测。<br>(2)瞄准目标时微动螺旋最后应为旋进方向。<br>(3)精确瞄准棱镜中心,消除视差。<br>(4)键盘按钮轻按,不用蛮力。<br>(5)记录实事求是,字体端正,不乱涂乱改 |

续表

| 序号 | 步骤 | 操作及说明 | 操作标准 |
|---|---|---|---|
| 3 | 距离测量 | (5)一声短响后屏幕上显示出斜距、垂直读数值和水平读数值。<br><br>测量　　　　PSM　　-30<br>　　　　　　PPM　　　0<br>SD　　　　　8.818m<br>VA　　79°04′12″<br>HA　　　0°38′12″　P1<br>————＊——　　　　停<br><br>(6)按［F2］(SHV1)键可使距离值的显示在斜距(SD)、平距(HD)和高差(VD)之间切换<br><br>测量　　　　PSM　　-30<br>　　　　　　PPM　　　0<br>SD　　　　　8.818m<br>HD　　　　　7.214m<br>VD　　　　　1.232m　P1<br>测距　SHV1　SHV2　置零 | (1)规范操作,爱护仪器,不骑马观测。<br>(2)瞄准目标时微动螺旋最后应为旋进方向。<br>(3)精确瞄准棱镜中心,消除视差。<br>(4)键盘按钮轻按,不用蛮力。<br>(5)记录实事求是,字体端正,不乱涂乱改 |
| 4 | 结束观测<br>(轮换练习) | (1)仪器装箱,脚架收拢。<br>(2)依次轮换,重新测量 | (1)仪器在箱内摆放位置正确。<br>(2)观测距离互差不超过5mm |
| 5 | 整理归还仪器 | (1)小组成员全部操练完成后,仪器装箱,脚架收拢。<br>(2)清点仪器及工具是否完整。<br>(3)归还仪器,清理环境 | (1)爱护仪器和工具,紧拿轻放。<br>(2)工完场清,仪器归还放回原位 |

## 五、活动记录

### 全站仪距离测量记录表

日期：　　　　　　　　　　　　仪器号：　　　　　　　　　　　观测：

天气：　　　　　　　　　　　　地点：　　　　　　　　　　　　记录：

| 测站 | 测点 | 竖盘位置 | 竖盘读数<br>(°　′　″) | 垂直角<br>(°　′　″) | 倾斜距离<br>(m) | 水平距离<br>(m) | 高差<br>(m) | 备注 |
|---|---|---|---|---|---|---|---|---|
|  |  |  |  |  |  |  |  |  |
|  |  |  |  |  |  |  |  |  |
|  |  |  |  |  |  |  |  |  |
|  |  |  |  |  |  |  |  |  |
|  |  |  |  |  |  |  |  |  |
|  |  |  |  |  |  |  |  |  |
|  |  |  |  |  |  |  |  |  |
|  |  |  |  |  |  |  |  |  |
|  |  |  |  |  |  |  |  |  |

说明：1. 至少记录一测站完整的数据,如需重测可整站划去,另起一站填写。

　　　2. 表格剩余部分可自行练习使用,在备注栏注明"自练数据"。

## 六、活动评价

| 评价内容 | 评价标准 | 评价结果<br>（是/否） |
|---|---|---|
| 活动完成情况 | 能了解光电测距的基本原理 | □是　□否 |
| | 会设置棱镜常数和气象改正值 | □是　□否 |
| | 会切换斜距、平距和高差显示值 | □是　□否 |
| | 能使用全站仪进行距离测量 | □是　□否 |

## 七、课后作业

1. 光电测距时需要测定气象条件，对距离进行气象修正。（□正确　□错误）

2. 按测定光波传播时间方式的不同，光电测距可分为_____和_____。

3. 全站仪与棱镜配合测量距离时，需要正确设置棱镜参数。（□正确　□错误）

4. 不同厂家生产的棱镜，其棱镜常数统一为－30mm。（□正确　□错误）

5. 全站仪测量距离时直接测的是沿测线方向的水平距离。（□正确　□错误）

6. 按测程不同，光电测距仪可分为短程、中程和远程三种。请查阅资料，简述这三种测距仪的区别和用途。

## 任务拓展3：衡量精度的标准

### 一、中误差

我国统一采用中误差作为衡量精度的标准。中误差在统计学中叫标准差，用 $m$ 表示，其计算公式为：

$$m = \pm \sqrt{\frac{[\Delta\Delta]}{n}}$$

$$[\Delta\Delta] = \Delta_1^2 + \Delta_2^2 + \cdots + \Delta_n^2$$

式中　$\Delta$——真误差；

　　　$n$——观测值的个数。

对于真误差 $\Delta$，衡量的是某个观测值的精度；对于中误差 $m$，衡量的是一组观测值的精度。中误差 $m$ 越小，说明误差的分布越密集，各观测值之间的差异小，观测的精度高；反之，中误差 $m$ 越大，说明误差的分布越离散，各观测值间的差异大，观测的精度低。

根据偶然误差的第四个特性，当观测次数无限增加时，其偶然误差的算术平均值趋近于零，也就是说测量的算术平均值就趋近于未知量的真值。但是在实际测量工作中，观测次数总是有限的，通常取测量的算术平均值作为最后结果，它比所有的观测值都可靠，故把算术平均值称为"最可靠值"或"最或然值"。未知量的算术平均值与观测值之差称为观测值的改正数，用 $v$ 表示。

在实际工作中，由于真值是一个未知量，所以中误差的计算不用真误差，而用观测值的改正数。

$$m = \pm\sqrt{\frac{[vv]}{n}}$$

$$[vv] = v_1^2 + v_2^2 + \cdots + v_n^2$$

式中　$v$ ——观测值的改正数；

　　　$n$ ——观测值的个数。

用观测值的改正数计算中误差的公式，称为白塞尔公式。

## 二、相对误差

在距离测量过程中，误差的大小和距离的长短有关，对于这种情况，仅用中误差还不能完全表达测量结果的精度，必须采用相对误差。相对误差可分为相对中误差和相对真误差，用 $K$ 表示。

（1）相对中误差

$$K = \frac{|m|}{\overline{D}} = \frac{1}{N}$$

式中　$m$ ——观测值的中误差；

　　　$\overline{D}$ ——观测值的算术平均值。

（2）相对真误差

$$K = \frac{|D_{往} - D_{返}|}{\overline{D}} = \frac{|\Delta D|}{\overline{D}} = \frac{1}{N}$$

式中　$D_{往}$——往测距离；

　　　$D_{返}$——返测距离；

　　　$\overline{D}$ ——往返测平均值；

　　　$\Delta D$ ——往返测较差。

相对误差通常用分子为 1 的分式表示，分母 $N$ 越大，观测精度则越高。

## 三、允许误差

由偶然误差的第一个特性可知，在一定的观测条件下，偶然误差的绝对值不会超过一定的限值。根据大量的实践和误差理论统计证明，在一系列同精度的观测误差中，偶然误差的绝对值大于一倍中误差的出现个数约占总数的 32%；绝对值大于两倍中误差的出现个数约占总数的 4.5%；绝对值大于三倍中误差的出现个数约占总数的 0.27%。因此，在测量工作中，通常取 2～3 倍中误差作为偶然误差的容许值，称为允许误差。

如果偶然误差的绝对值超过了三倍中误差，可认为该观测结果不可靠，应舍去不用或重测。现行作业规范中，为了严格要求，确保测量成果质量，常以 2 倍中误差作为允许误差。

# 工作任务1-4

## 坐标测量

思维导图

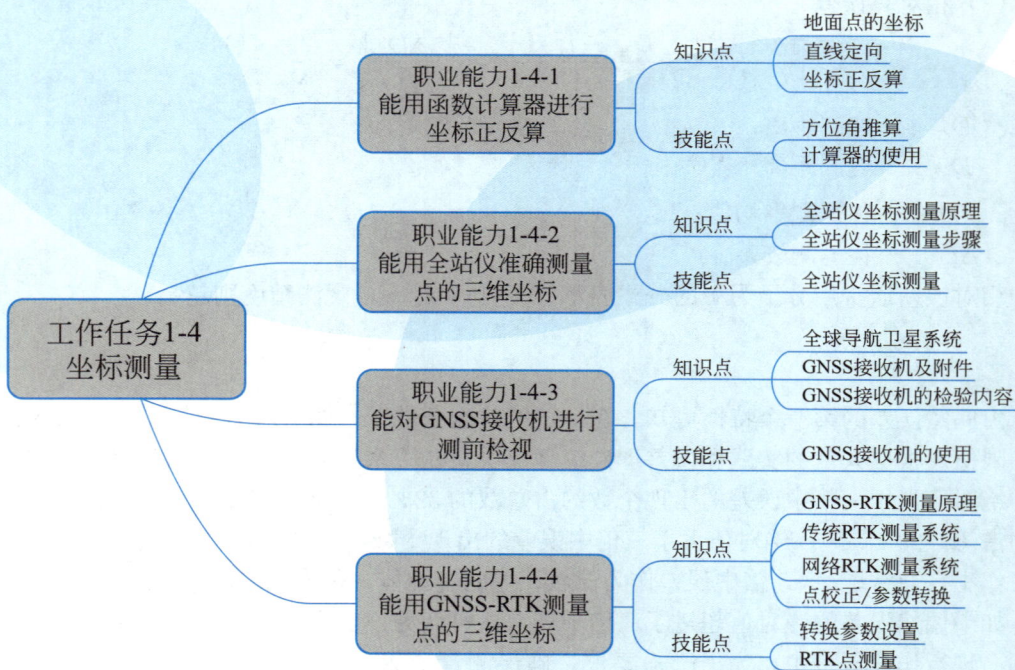

工作任务1-4
坐标测量

职业能力1-4-1
能用函数计算器进行
坐标正反算

知识点
- 地面点的坐标
- 直线定向
- 坐标正反算

技能点
- 方位角推算
- 计算器的使用

职业能力1-4-2
能用全站仪准确测量
点的三维坐标

知识点
- 全站仪坐标测量原理
- 全站仪坐标测量步骤

技能点
- 全站仪坐标测量

职业能力1-4-3
能对GNSS接收机进行
测前检视

知识点
- 全球导航卫星系统
- GNSS接收机及附件
- GNSS接收机的检验内容

技能点
- GNSS接收机的使用

职业能力1-4-4
能用GNSS-RTK测量
点的三维坐标

知识点
- GNSS-RTK测量原理
- 传统RTK测量系统
- 网络RTK测量系统
- 点校正/参数转换

技能点
- 转换参数设置
- RTK点测量

## 思政元素

### 工欲善其事，必先利其器——责任意识、家国情怀

测量仪器在经过一段时间的使用后，它的参数可能会发生变化，特别是一些稳定性较差的仪器。在不同的时间段，相同的人员、方法、环境条件等，所测量得到的结果也会大不相同。那么为了确认仪器在使用一段时间（一般是一年，据实际情况而定）之后，还能否保持应有的测量能力，就需要对其进行检验校准。对于测量人员而言，仪器既是我们的得力助手，又是我们的朋友。我们不但要会利用仪器实现测量的精度和速度，更要像对待朋友一样精心呵护它。因为它的好坏直接影响测量成果的精准度，进而也影响整个工程的质量。所以检校仪器不仅是对仪器的检查，更是对工作，对自己，甚至是对国家和人民负责态度的体现。

### 预习笔记

# 职业能力 1-4-1 能用函数计算器进行坐标正反算

## 核心概念

1. 方位角：通过测站的标准方向与测线间顺时针方向的水平夹角。
2. 象限角：直线与坐标纵轴所夹的锐角。
3. 坐标正算：根据直线起点的坐标、直线长度及其坐标方位角计算直线终点的坐标。
4. 坐标反算：根据已知两点坐标，计算两点间的水平距离和两点所成直线的坐标方位角。

## 学习目标

1. 能理解平面直角坐标系的概念。
2. 能叙述方位角、象限角的概念。
3. 能画图表示直线的方位角和象限角。
4. 能理解坐标增量的含义及其计算原理。
5. 能用函数计算器进行坐标正反算。

## 基本知识

### 一、地面点的坐标

1.4-1
地面点的坐标

测量工作的实质是确定地面点的空间位置，而地面点的空间位置须由 3 个参数来确定，即该点在大地水准面上的投影位置和该点的高程。地面点在大地水准面上的投影位置，可用地理坐标（经度 $\lambda$、纬度 $\phi$）和平面直角坐标（$x$、$y$）表示。由于地理坐标是球面坐标，不便于直接进行各种计算，在工程上为了使用方便，通常采用平面直角坐标系来表示地面点位。

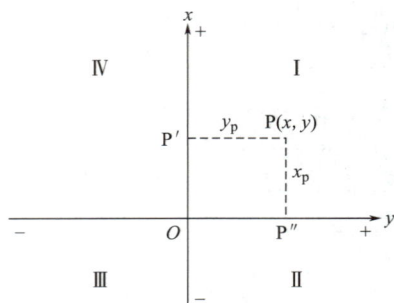

平面直角坐标系是由平面内两条相互垂直的直线组成的坐标系，如图 1.4-1 所示。以南北方向的直线作为坐标系的纵轴，即 $x$ 轴。以东西方向的直线作为坐标系的横轴，即 $y$ 轴。纵、横坐标轴的交点 $O$ 为坐标原点。平面上一点 P 的位置是以该点到纵、横坐标轴的垂直距离来表示。坐标系规定由坐标原点向北为正，向南为负，向东为正，向西为负。坐标轴将整个坐标系分为四个象限，象限的顺序是从北东象限开始，以顺时针方向排列为 Ⅰ（北东）、Ⅱ（南东）、Ⅲ（南西）、Ⅳ（北西）象限。

图 1.4-1　平面直角坐标系

测量上使用的平面直角坐标系与数学上的笛卡儿坐标系有所不同。测量上将南北方向的坐标轴定义为 $x$ 轴（纵轴），东西方向的坐标轴定义为 $y$ 轴（横轴），规定的象限顺序也与数学上的象限顺序相反，并规定所有直线的方向都是以纵坐标轴北端顺时针方向度量的。这样，所有的数学三角函数公式均可使用，同时又便于测量中的方向和坐标计算，如图 1.4-2 所示。

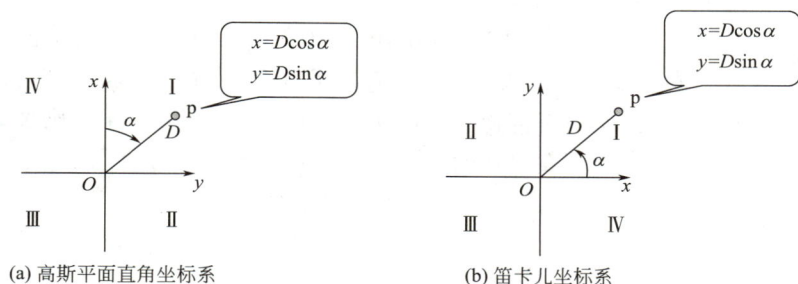

(a) 高斯平面直角坐标系　　　　　　　　(b) 笛卡儿坐标系

**图 1.4-2　平面直角坐标系异同**

地球椭球面是一个不可展开的曲面，必须通过投影的方法将地球椭球面的点位换算到平面上。地图投影的方法有很多，我国采用的是高斯投影法。利用高斯投影法建立的平面直角坐标系，称为高斯平面直角坐标系。在广大区域内确定点的平面位置，一般采用高斯平面直角坐标系，规定中央子午线的投影为高斯平面直角坐标系的纵轴，赤道的投影为高斯平面直角坐标系的横轴。当测区面积较小时（一般半径不大于 10km 的范围内），可以把该测区的表面当作平面看待，以正射投影的原理投影到水平面上，建立一个独立平面直角坐标系。独立平面直角坐标系在测区的西南角选一点作为坐标原点，以通过原点的真南北方向（子午线方向）为纵坐标轴，以通过原点的东西方向（垂直于子午线方向）为横坐标轴。

## 二、直线定向

在测量工作中，常常需要确定控制点的平面位置或两点间的平面位置的相对关系，除要测定两点间的距离外，还需要确定两点所连直线的方向。一条直线的方向是根据某一标准方向来确定的，确定一条直线与某一标准方向的关系称为直线定向。

### 1. 标准方向

测量工作中所用的标准方向有三种：

（1）真子午线方向。通过地球表面某点的真子午线的切线方向称为该点的真子午线方向，其北端指示方向称真北方向。真子午线方向可采用天文测量方法或用陀螺经纬仪来测定。

（2）磁子午线方向。磁针在地球磁场的作用下，自由静止时所指的方向称为磁子午线方向，其北端所指方向称磁北方向。磁子午线方向可用罗盘仪测定。

（3）坐标纵轴方向。通过地球表面某点与其所在的平面直角坐标系的坐标纵轴平行的直线称为该点的坐标纵轴方向。坐标纵轴向北为正，其所指的方向称轴北方向。坐标纵轴方向是测量工作中最常用的标准方向。

### 2. 直线方向的表示方法

（1）方位角

测量工作中，常采用方位角表示直线的方向。从直线起点的标准方向北端起，顺时针方向量至该直线的水平夹角，称为该直线的方位角。方位角取值范围是 $0° \sim 360°$。如果以坐标纵轴方向为标准方向，则其方位角称为坐标方位角，用 $\alpha$ 表示。如图 1.4-3 所示，$\alpha_{12}$ 表示直线 12 的坐标方位角。

一条直线有正、反两个方向。直线的两端可以按正、反方位角进行定向。如图 1.4-4 所示，1、2 为直线的两个端点，$\alpha_{12}$ 表示 12 方向的坐标方位角，$\alpha_{21}$ 表示 21 方向的坐标方位角。$\alpha_{12}$ 与 $\alpha_{21}$ 互为正、反坐标方位角。若以 $\alpha_{12}$ 为该直线的正方位角，则称 $\alpha_{21}$ 为该直线的反方位角。从图 1.4-4 中不难看出，同一条直线的正、反坐标方位角相差 $180°$。即：

$$\alpha_{12} = \alpha_{21} \pm 180°$$

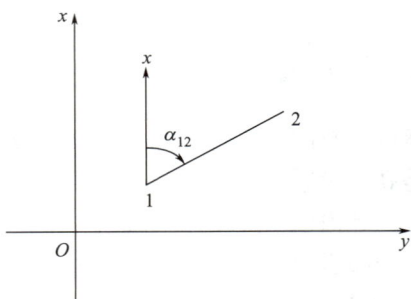

图 1.4-3　坐标方位角　　　　　　　图 1.4-4　正、反坐标方位角

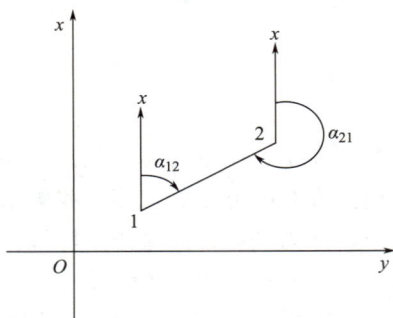

因坐标方位角的取值范围为 $0° \sim 360°$，所以当 $\alpha_{21} < 180°$ 时选用"＋"，当 $\alpha_{21} > 180°$ 时选用"－"。

在实际工作中并不需要测定每条直线的坐标方位角，而是通过与已知坐标方位角的直线连测后，推算出各直线的坐标方位角。如图 1.4-5 所示，已知直线 12 的坐标方位角 $\alpha_{12}$，观测了水平角 $\beta_2$ 和 $\beta_3$，要求推算直线 23 和直线 34 的坐标方位角。

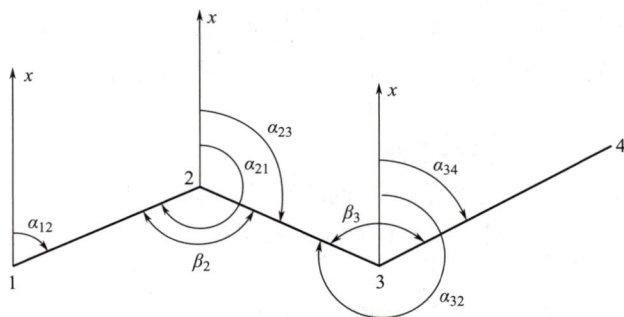

图 1.4-5　坐标方位角的推算

由图 1.4-5 可以看出：

$$\alpha_{23} = \alpha_{21} - \beta_2 = \alpha_{12} + 180° - \beta_2$$
$$\alpha_{34} = \alpha_{32} + \beta_3 = \alpha_{23} + 180° + \beta_3$$

因 $\beta_2$ 在推算路线前进方向的右侧，该转折角称为右角；$\beta_3$ 在左侧，称为左角。从而可归纳出推算坐标方位角的一般公式为：

$$\alpha_{前} = \alpha_{后} + 180° - \beta_{右}$$

或

$$\alpha_{前} = \alpha_{后} + 180° + \beta_{左}$$

计算中，如果结果 $\alpha_{前} > 360°$，应减去 360°；如果 $\alpha_{前} < 0°$，则应加上 360°。

（2）象限角

从标准方向线的北端或南端，顺时针或逆时针量至某直线的锐角，称为该直线的象限角，用 $R$ 表示。象限角取值范围是 0°～90°，在角值前加上直线所指的象限名称表示为象限角，例如第一象限直线的象限角 50° 表示为北东 50°。

如图 1.4-6 所示，直线 1、2、3、4 的象限角分别为北东 $R_{O1}$、南东 $R_{O2}$、南西 $R_{O3}$、北西 $R_{O4}$。象限角 $R$ 与坐标方位角 $\alpha$ 的关系见表 1.4-1。

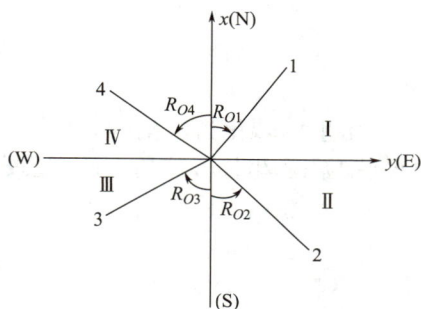

1.4-3
方位角与
象限角的
关系

**图 1.4-6　象限角**

**象限角与坐标方位角的关系**　　　　　　　表 1.4-1

| 象限及名称 | 已知象限角，求方位角 | 已知方位角，求象限角 |
|---|---|---|
| Ⅰ北东 | $\alpha = R$ | $R = \alpha$ |
| Ⅱ南东 | $\alpha = 180° - R$ | $R = 180° - \alpha$ |
| Ⅲ南西 | $\alpha = 180° + R$ | $R = \alpha - 180°$ |
| Ⅳ北西 | $\alpha = 360° - R$ | $R = 360° - \alpha$ |

## 三、坐标正反算

1.4-4
坐标正反算

### 1. 坐标正算

坐标正算，在数学中即将极坐标转化为直角坐标。如图 1.4-7 所示，已知 1 点的坐标（$x_1$，$y_1$），12 边的水平距离 $D_{12}$ 和坐标方位角 $\alpha_{12}$，即可计算 2 点的坐标。计算公式为：

$$\Delta x_{12} = D_{12} \cdot \cos\alpha_{12}$$

$$\Delta y_{12} = D_{12} \cdot \sin\alpha_{12}$$

$\Delta x_{12}$、$\Delta y_{12}$ 为 1、2 两点坐标之差，称为坐标增量。由此可继续计算得 2 点的坐标：

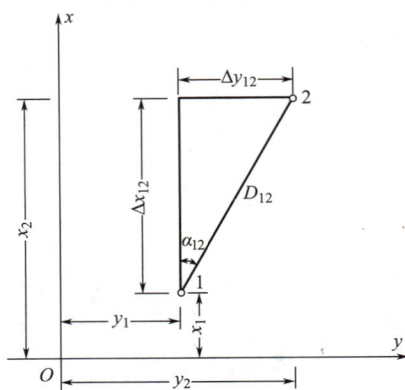

**图 1.4-7　直角坐标与极坐标的关系**

$$x_2 = x_1 + \Delta x_{12}$$
$$y_2 = y_1 + \Delta y_{12}$$

### 2. 坐标反算

坐标反算，在数学中即将直角坐标转化为极坐标。如图 1.4-7 所示，已知 1、2 两点的坐标，可计算 1、2 两点的水平距离和坐标方位角。计算公式为：

$$\Delta x_{12} = x_2 - x_1$$
$$\Delta y_{12} = y_2 - y_1$$
$$D_{12} = \sqrt{\Delta x_{12}^2 + \Delta y_{12}^2}$$
$$R_{12} = \arctan \left| \frac{\Delta y_{12}}{\Delta x_{12}} \right|$$

式中　$R_{12}$——直线 12 的象限角，换算方位角时，需根据 $\Delta x_{12}$ 和 $\Delta y_{12}$ 的正负判断直线所在的象限，然后按前述象限角与坐标方位角的关系进行换算。

坐标正算与坐标反算，可以利用计算器内置的极坐标和直角坐标相互转换功能快速计算。不同品牌的计算器，其转换的操作方式不相同，具体可参考计算器的使用说明书。下面以最为常见的卡西欧计算器为例介绍计算器的操作方法。

坐标正算示例，如图 1.4-8 所示。

$\boxed{\text{REC}}\ \boxed{(}\ \boxed{\text{距离值}}\ \boxed{,}\ \boxed{\text{方位角}}\ \boxed{)}\ \boxed{\text{EXE}}$

**示例 1：** 将极坐标 (2, 30°) 变换为直角坐标

$\boxed{\text{LINE}}\ \boxed{\text{Deg}}$

$\boxed{\text{SHIFT}}\ \boxed{-}\ (\text{Rec})\boxed{2}\boxed{,}$
$\boxed{3}\boxed{0}\boxed{)}\ \boxed{\text{EXE}}$

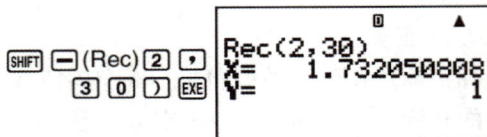

**图 1.4-8　坐标正算示例**

坐标反算示例，如图 1.4-9 所示。

POL（ X坐标增量 , Y坐标增量 ） EXE

**示例2**：将直角坐标 $(\sqrt{2}, \sqrt{2})$ 变换为极坐标

LINE Deg

SHIFT ＋ (Pol) √ 2 ） ▼ √ 2 ） ） EXE

```
Pol(√(2),√(2))
r=          2
θ=         45
```

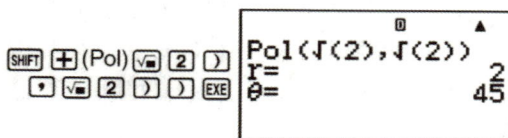

**图 1.4-9　坐标反算示例**

# 活动设计

## 一、活动条件

多媒体教室、投影、函数计算器。

## 二、活动组织

1. 每四人一组，组长负责组织本组成员讨论探究。
2. 每组选派一名代表拍摄计算器计算过程，上传课程平台。
3. 其他组同学通过平台对计算过程进行点评。

## 三、活动实施

| 序号 | 步骤 | 操作及说明 | 操作标准 |
|---|---|---|---|
| 1 | 准备 | （1）已知 A 点坐标(1000,1000)，方位角 $\alpha_{AB} = 35°17'36''$，水平距离 $D_{AB} = 200.416$，计算 B 点的坐标。<br>（2）已知 A 点坐标(32.528,620.436)和 B 点坐标(27.860,611.598)，计算 $\alpha_{AB}$ 和 $D_{AB}$ | （1）熟悉计算器的功能。<br>（2）理解坐标正反算的含义 |
| 2 | 计算 | （1）小组成员各自完成计算任务。<br>（2）组长组织核对计算结果是否一致。如不一致，找出计算错误的原因。<br>（3）选一组员拍摄计算器操作过程 | （1）计算器按键准确不出错。<br>（2）拍摄取景能同时反映按键动作和显示结果 |
| 3 | 上传 | 每组将拍摄的操作视频上传至课程讨论区 | 讨论区上传视频有简要说明 |
| 4 | 点评 | 其他组通过平台对视频进行评价和交流 | （1）评价依据充分、客观公正。<br>（2）交流直面问题，观点鲜明 |

## 四、活动评价

| 评价内容 | 评价标准 | 评价结果(是/否) |
|---|---|---|
| 活动完成情况 | 能理解坐标增量的含义及其计算原理 | □是　□否 |
| | 能使用函数计算器进行坐标正反算 | □是　□否 |

### 五、课后作业

1. 通过计算器 POL 功能键进行计算，所得 $\theta$ 角值为 $-70°$，则该方位角应为_____。

2. 卡西欧计算器上的 REC 功能键，能将极坐标变换为直角坐标。（□正确　□错误）

3. 要进行坐标反算，可通过卡西欧计算器上的 POL 功能键快速完成。（□正确 □错误）

4. 坐标增量 $\Delta x_{12} > 0$，$\Delta y_{12} < 0$，直线 12 应该属于第_____象限的直线。

5. 坐标增量 $\Delta x_{12} < 0$，$\Delta y_{12} > 0$，直线 12 应该属于第_____象限的直线。

# 职业能力 1-4-2　能用全站仪准确测量点的三维坐标

## 核心概念

三维坐标：指地面点的平面投影位置（$x$，$y$）和高程 $H$。全站仪坐标测量功能可以通过直接观测的水平角、垂直角、斜距，计算测站点与目标点之间的坐标增量和高差，加到测站点已知坐标和已知高程上，最后显示目标点的三维坐标。

## 学习目标

1. 能根据坐标测量原理设置测量参数。
2. 能解释全站仪后视定向的作用。
3. 能叙述全站仪坐标测量的操作步骤。
4. 能用全站仪采集并存储点的三维坐标。

## 基本知识

### 一、全站仪坐标测量原理

如图 1.4-10 所示，已知 A、B 两点的三维坐标，全站仪在一个测站上可测得水平角 $\beta$、垂直角 $\tau$ 和倾斜距离 $S$，则待测点 1 的坐标可按以下步骤计算：

（1）反算 BA 边方位角 $\alpha_{BA}$：

$$\alpha_{BA} = \arctan \frac{E_A - E_B}{N_A - N_B}$$

（2）推算 B1 边方位角 $\alpha_{B1}$：

$$\alpha_{B1} = \alpha_{BA} + \beta$$

（3）计算坐标增量 $\Delta N_{B1}$、$\Delta E_{B1}$ 和高差 $\Delta Z_{B1}$：

$$\Delta N_{B1} = S \cdot \cos\tau \cdot \cos\alpha_{B1}$$
$$\Delta E_{B1} = S \cdot \cos\tau \cdot \sin\alpha_{B1}$$
$$\Delta Z_{B1} = S \cdot \sin\tau + i - v$$

式中　$i$——全站仪的仪器高；

$v$——目标点棱镜高，可用钢卷尺量取。

（4）计算待测点 1 的三维坐标：

$$N_1 = N_B + \Delta N_{B1} = N_B + S \cdot \cos\tau \cdot \cos\alpha_{B1}$$
$$E_1 = E_B + \Delta E_{B1} = E_B + S \cdot \cos\tau \cdot \sin\alpha_{B1}$$
$$Z_1 = Z_B + \Delta Z_{B1} = Z_B + S \cdot \sin\tau + i - v$$

从上述计算公式中可以看出，目标点的平面位置与仪器高和棱镜高无关，高程位置与

1.4-5
坐标测量
的原理

方位角无关。因此，在实际测量工作中，可根据测量的具体要求只输入必要的参数，以提高工作的效率。

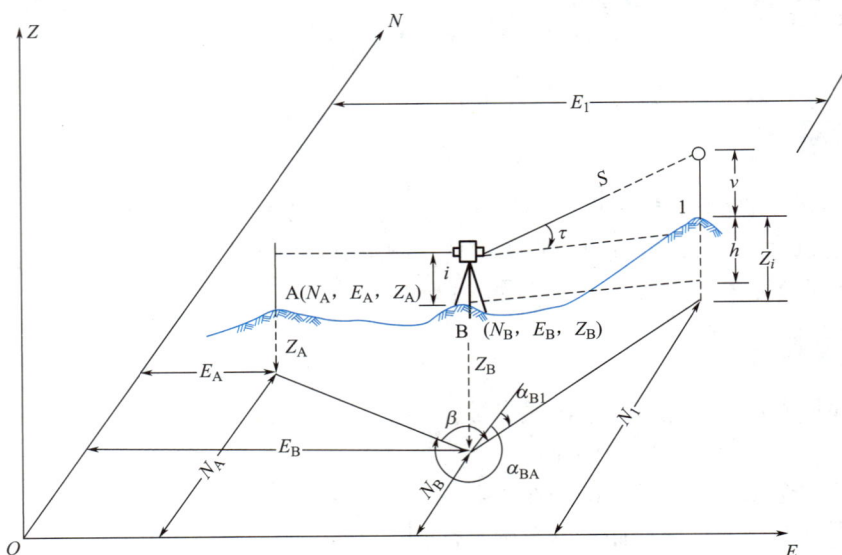

图 1.4-10　全站仪坐标测量原理

## 二、全站仪坐标测量步骤

1.4-6
全站仪坐标测量的步骤

全站仪坐标测量实际上是利用全站仪测量角度和距离，先输入测站点坐标、仪器高、目标高和后视方位角，再通过全站仪内置的坐标测量程序推算出目标点的坐标。因此，坐标测量必须先输入测站点坐标和后视点坐标或已知方位角。相对于传统的三大测量基本工作，直接测定点的三维坐标极大地简化了野外测量和内业计算工作。

坐标测量时要先进入坐标测量模式，具体操作步骤如下。

### 1. 测量准备

在测站点安置全站仪，目标点安置棱镜，分别量取仪器高和目标高。

### 2. 输入测站数据

进入坐标测量模式，输入测站点的三维坐标、仪器高和目标高，根据棱镜类型设置测距参数。

### 3. 设置后视方位角

设置后视方位角有两种方式，一是已知后视方位角，二是已知后视点坐标。如果已知条件是第二种方式，应选择根据后视坐标定向，在输入后视点的坐标后，仪器可计算并设置后视点方向的方位角。如果已知条件是第一种方式，则应选择根据角度定向，直接输入已知的后视方位角，然后照准后视点，通过按键操作确认，仪器即可完成后视方位角的设置。

### 4. 开始测量

瞄准目标点棱镜中心，按动测量键便可显示目标点的三维坐标值。

需要说明的是：全站仪中显示的 $N$、$E$、$Z$ 即 $X$、$Y$、$H$，如果只需测量目标点的平

面坐标 $X$、$Y$，测量时可不用输入仪器高和棱镜高。

# 活动设计

## 一、活动条件

1. 安排活动场地——为每组设置两个已知点，一个待测点。提前测出待测点的三维坐标值。

2. 仪器室准备全站仪、单棱镜组、三脚架、记录板。

3. 学生自备 2H 铅笔。

## 二、活动组织

1. 每四人一组，其中一人担任观测员，一人担任记录员兼评价员，两人担任司镜员。

2. 每组成员依次轮换操练。小组四人分别编为 1、2、3、4 号，首先 1 号观测、2 号记录、3 号和 4 号司镜，然后 2 号观测、3 号记录、4 号和 1 号司镜，以此类推。

3. 全部完成操作训练之后，相互比较所测坐标值是否一致，对相差超过 10mm 的结果共同分析原因，指导其重测。小组所测坐标值全部一致后，找老师核对结果是否正确。

4. 教师汇总分析各组观测成果，请最快完成的小组分享心得，对出错的情况进行总结，提出正确测量的要点和常见错误的应对措施。

## 三、安全及注意事项

1. 打开、收拢三脚架时，注意手持位置及周边环境，谨防夹手伤人。

2. 仪器安置在测站上，当暂停操作时，必须有人守护在旁，确保仪器安全。

3. 瞄准目标务必消除视差，确保精度可靠。

## 四、活动实施

| 序号 | 步骤 | 操作及说明 | 操作标准 |
|---|---|---|---|
| 1 | 准备 | (1)到仪器室领取仪器及工具,清单如下:<br><br>全站仪×1,单棱镜组×2,三脚架×3,记录板×1。<br>(2)目视外观是否有脏污、脱漆、锈蚀、伤痕和变形等缺陷 | (1)清点仪器及工具数量。<br>(2)填写缺陷情况,并在领用单上签名。<br>(3)仪器及工具紧拿轻放,避免碰撞 |

续表

| 序号 | 步骤 | 操作及说明 | 操作标准 |
|---|---|---|---|
| 2 | 安置仪器 | (1)选定一个已知点 P 作为测站点安置全站仪,另一已知点 A 和待测点 B 安置棱镜。<br><br><br><br><br>(2)量取仪器高和目标点棱镜高 | (1)脚架高度和跨度适宜,便于观测。<br>(2)棱镜安置好后须正对测站方向。<br>(3)仪器取出后及时合上箱盖。<br>(4)仪器高、棱镜高位置判断准确,读数至毫米 |
| 3 | 输入测站数据 | (1)进入测量模式第 2 页,按[F1](坐标)键,进入"坐标测量"界面。<br><br>测量　　　PSM　　0.0<br>　　　　　PPM　　0<br>SD　　　　1.818m<br>VA　　167° 16′ 08″<br>HA　　123° 36′ 18″　P2<br>坐标　程序　锁定　设角<br><br>坐标测量<br>1.测站定向<br>2.测量<br>3.EDM<br>4.文件选取<br><br>(2)选取"测站定向"—"测站坐标",输入点名 P、仪器高、测站坐标,按[F4](OK)键确认输入的测站点数据<br><br>点　▮<br>仪器高　　　　0.000m<br>N0:　　　　　0.000m<br>E0:　　　　　0.000m<br>Z0:　　　　　0.000m<br>调取　后交　记录　OK<br><br>点　P<br>仪器高　　　　1.520m<br>N0:　　　147.712m<br>E0:　　　415.745m<br>Z0: 4.364　　　　m<br>调取　后交　记录　OK | (1)键盘按钮轻按轻放。<br>(2)输入数据时要回读,一个人报数,一个人输入。<br>(3)输入数据准确不出错 |
| 4 | 设置后视方向 | (1)在"坐标测量"界面选取"后视定向",选择"坐标"并输入已知点 A 的坐标值,按[F4](OK)键确认输入的后视点数据。<br><br>坐标测量<br>1.测站坐标<br>2.后视定向 | (1)键盘按钮轻按轻放。规范操作,爱护仪器,不骑马观测。<br>(2)输入数据时要回读,一个人报数,一个人输入。<br>(3)输入数据准确不出错。<br>(4)瞄准目标时微动螺旋最后应为旋进方向。<br>(5)精准瞄准目标,消除视差 |

| 序号 | 步骤 | 操作及说明 | 操作标准 |
|---|---|---|---|
| 4 | 设置后视方向 | 后视定向<br>1.角度定向<br>2.坐标<br><br>点　A<br>目标高　　　　1.600m<br>NBS:　　　478.724m<br>EBS:　　　145.391m<br>ZBS: 3.478　　　m<br>调取　　　　　　　　O K<br><br>(2)盘左位置瞄准目标点 A,按[F4](OK)键设置后视方位角<br><br>盘左:坚舟左望进<br>超左侧<br>目标点A<br><br>方位角　167°16′08″<br>目标高　　　　1.600m<br>点　　　　A<br>测量　　　　记录　　O K | (1)键盘按钮轻按轻放。规范操作,爱护仪器,不骑马观测。<br>(2)输入数据时要回读,一个人报数,一个人输入。<br>(3)输入数据准确不出错。<br>(4)瞄准目标时微动螺旋最后应为旋进方向。<br>(5)精准瞄准目标,消除视差 |
| 5 | 设置测距参数 | (1)进入"坐标测量"—"EDM"测距参数设置界面。<br><br>坐标测量<br>1.测站定向<br>2.测量<br>3.EDM<br>4.文件选取<br><br>(2)选择单次精测、棱镜,输入棱镜常数。<br><br>EDM　　　　　　　　P1<br>测距模式 :单次精测<br>反射器　:棱镜<br>棱镜常数 : -30<br><br>(3)按[Func]键翻至第 2 页,输入温度值和气压值,然后返回测量模式<br><br>EDM　　　　　　　　P2<br>温度　　　: 15 ℃<br>气压　　　:1013hPa<br>大气改正 :　　0<br>0.PPM | (1)键盘按钮轻按轻放。<br>(2)输入的棱镜常数与棱镜匹配 |

| 序号 | 步骤 | 操作及说明 | 操作标准 |
|---|---|---|---|
| 6 | 开始测量 | (1)顺时针转动照准部,瞄准目标点 B 棱镜中心。<br><br>目标点A<br>目标点B<br><br>(2)选取"测量"开始坐标测量,在显示窗显示出所测点的坐标值。<br><br>坐标测量<br>1.测站定向<br>2.测量<br>3.EDM<br>4.文件选取<br><br>N　　　604.246m<br>E　　　840.698m<br>Z　　　　3.793m<br>VA　167° 16′ 08″<br>HA　123° 36′ 18″<br>观测　标高　　　记录<br><br>(3)观测前或观测后,按[F2](标高)键可输入棱镜高,待测点的 $Z$ 坐标随之更新 | (1)规范操作,爱护仪器,不骑马观测。<br>(2)瞄准目标时微动螺旋最后应为旋进方向。<br>(3)精准瞄准目标,消除视差。<br>(4)键盘按钮轻按轻放。<br>(5)输入的棱镜高与待测点的棱镜高相一致 |
| 7 | 结束观测<br>(轮换练习) | (1)仪器装箱,脚架收拢。<br>(2)依次轮换,重新测量 | (1)每人分别观测、记录 1 次。<br>(2)观测值互差不超过 10mm |
| 8 | 整理归还仪器 | (1)小组成员全部操练完成后,仪器装箱,脚架收拢。<br>(2)清点仪器及工具是否完整。<br>(3)归还仪器,清理环境 | (1)爱护仪器和工具,紧拿轻放。<br>(2)工完场清,仪器归还放回原位 |

## 五、活动记录

### 坐标测量记录表

日期：　　　　　　　　　　　仪器号：　　　　　　　　　　　观测：

天气：　　　　　　　　　　　地点：　　　　　　　　　　　记录：

| 点名 | $x$(m) | $y$(m) | $H$(m) | 坐标方位角<br>(° ′ ″) | 备注 |
|---|---|---|---|---|---|
|  |  |  |  |  | 已知点 |
|  |  |  |  |  | 待测点 |
|  |  |  |  |  |  |
|  |  |  |  |  |  |
|  |  |  |  |  |  |
|  |  |  |  |  |  |
|  |  |  |  |  |  |

说明：1. 至少记录一站一个待测点完整的数据，如需重测可整站划去，另起一站填写。

　　　2. 表格剩余部分可自行练习使用，在备注栏注明"自练数据"。

## 六、活动评价

| 评价内容 | 评价标准 | 评价结果<br>（是/否） |
|---|---|---|
| 活动完成情况 | 能根据坐标测量原理设置测量参数 | □是　□否 |
|  | 能解释全站仪后视定向的作用 | □是　□否 |
|  | 能叙述全站仪坐标测量的操作步骤 | □是　□否 |
|  | 能用全站仪采集并存储点的三维坐标 | □是　□否 |

## 七、课后作业

1. 全站仪坐标测量只能采用坐标确定后视方向。（□正确　□错误）

2. 采用全站仪进行坐标测量时，盘左、盘右位置均可进行测量。（□正确　□错误）

3. 全站仪坐标测量，不仅能测量点的平面位置，还能测量高程。（□正确　□错误）

4. 全站仪坐标测量时可不用设置测距参数。（□正确　□错误）

5. 全站仪坐标测量应先进行后视定向，再输入测站数据。（□正确　□错误）

6. 全站仪坐标测量只需要平面坐标时，可不输入仪器高和棱镜高。（□正确　□错误）

7. 小张同学用全站仪进行坐标测量，得到 1 点的三维坐标值为（1221.350，899.887，102.336）。观测结束后，他整理数据发现自己在输入目标点棱镜高时，误将 1.505m 输成了 1.550m。请分析该错误对 1 点的三维坐标值有何影响？正确的值应该是多少？

8. 自主到仪器室借领全站仪，练习坐标测量，并将望远镜瞄准目标的视窗影像和记录表格拍照上传至课程平台讨论区。

## 职业能力 1-4-3　能对 GNSS 接收机进行测前检视

### 核心概念

GNSS 接收机：即全球导航卫星系统接收机，用于接收导航卫星信号，从而测量获得地面点的空间位置、三维运动速度并精确授时的专用仪器。

### 学习目标

1. 能指出 GNSS 接收机每个部件的名称及作用。
2. 能完成 GNSS 接收机主机和手簿的连接，能完成主机和对中杆、三脚架等的组装。
3. 能完成工程的新建和坐标系统、投影参数设置。

### 基本知识

#### 一、全球导航卫星系统

全球导航卫星系统，简称 GNSS（Global Navigation Satellite System），泛指所有的导航卫星系统，包括全球的、区域的和增强的，如美国的全球定位系统（GPS）、俄罗斯的格洛纳斯导航卫星系统（GLONASS）、欧盟的伽利略导航卫星系统（Galileo）和中国的北斗导航卫星系统（BDS）。除此之外还有增强系统和区域系统，增强系统有美国的广域增强系统（WAAS）、欧洲的静地导航重叠系统（EGNOS）、日本的多功能运输卫星增强系统（MSAS）等，区域系统有印度区域卫星导航系统（IRNSS）、日本的准天顶卫星系统（QZSS）等。从功能角度讲，GNSS 是能在地球表面或近地空间的任何地点为用户提供全天候的三维坐标和速度以及时间信息的空基无线电导航定位系统。如图 1.4-11 所示，GPS、GLONASS、Galileo、BDS 被称为全球四大导航卫星系统。

1.4-7
GNSS卫星
定位的
原理

图 1.4-11　全球四大导航卫星系统

## 二、GNSS 接收机及附件

GNSS 核心是 GNSS 接收机，它用于接收 GNSS 卫星发射的无线电信号，获取必要的导航定位信息和观测信息，并经数据处理以完成各种导航、定位以及授时任务。本书以南方创享测量系统为例进行介绍。

GNSS 测量系统主要由主机、手簿、配件三大部分组成，如图 1.4-12 所示。

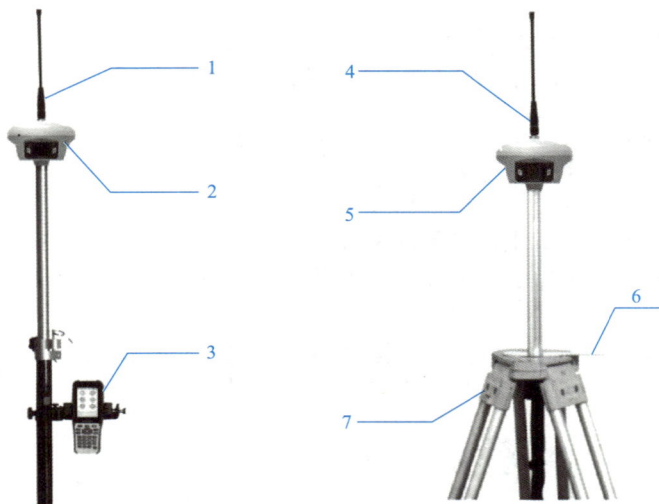

**图 1.4-12　GNSS 测量系统示意图**

1—UHF 接收天线；2—移动站主机；3—手簿；4—UHF 发射天线；5—基准站主机；6—测高片；7—三脚架

### 1. 主机

（1）主机构造及部件名称

主机呈圆柱形，直径 153mm，高 131.5mm。采用触摸屏和双按键的组合设计，操作更为简单。其正面、背面结构如图 1.4-13 所示，主要包括 UHF 天线接口、触摸显示屏、按键区、SIM 卡卡槽和双电池仓等。

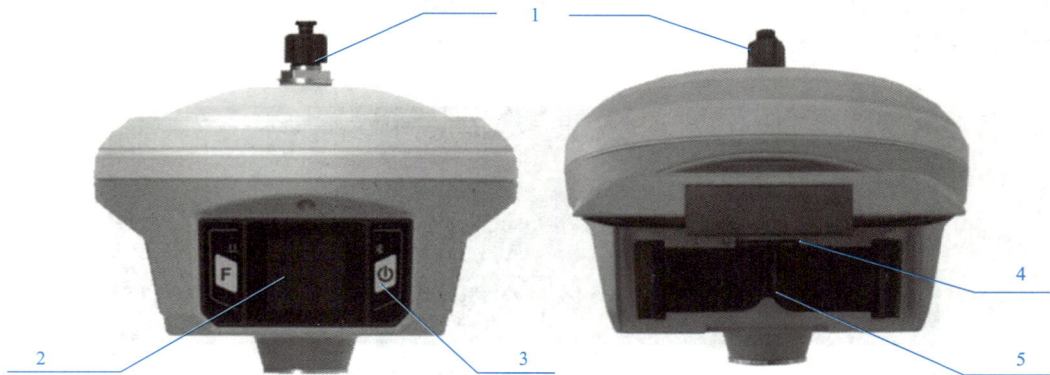

**图 1.4-13　主机正面（左）、背面（右）示意图**

1—UHF 天线接口；2—触摸显示屏；3—按键区；4—SIM 卡卡槽；5—双电池仓

机身底部具备常用的接口，如图 1.4-14 所示。七针数据口是 USB 传输接口，具备 OTG 功能，可外接 U 盘。五针接口作为电源接口使用，可外接移动电源、大电瓶等供电设备；作为串口输出接口使用，可以通过串口软件查看主机输出数据、调试主机。GPRS 天线接口用于安装网络信号天线。连接螺孔用于固定主机于基座或对中杆。主机机号用于申请注册码，和手簿蓝牙识别主机及对应连接。

**图 1.4-14　主机底部示意图**

1—七针数据口；2—五针接口；3—GPRS 天线接口；4—扬声器；5—主机机号；6—连接螺孔；7—卡扣

（2）按键和指示灯

指示灯位于液晶屏的左右侧，从左至右依次为数据发射/接收灯、蓝牙灯，按键位于液晶屏的左右侧，F 为功能键/切换键，○为确认键、关机键。具体信息见表 1.4-2。

主机按键名称功能列表　　　　　　　　　　　　　　　　表 1.4-2

| 按键 | 名称 | 功能 |
|---|---|---|
| ⏻ | 电源键/确认键 | 开机、关机、确定修改项目、选择修改内容 |
| F | 功能键/切换键 | 翻页、选择修改项目、返回上级接口 |
| ✳ | 蓝牙灯 | 蓝牙接通时 BT 灯长亮 |
| ⬆⬆ | 数据指示灯 | 电台模式：按接收间隔或发射间隔闪烁<br>网络模式：<br>（1）网络拨号、Wi-Fi 连接时快闪（10Hz）；<br>（2）拨号成功后按接收间隔或发射间隔闪烁 |

（3）主机设置

打开电源后可进入程序主界面，主界面分为坐标显示、卫星图显示两种，如图 1.4-15

所示。主机设置界面包含以下选项：设置工作模式、设置数据链、系统配置。按功能键可右移选择框，按确认键可确定所选模式。液晶显示分为主界面、一级菜单、二级菜单，在一级菜单和二级菜单中，向上滑动为返回主界面。在主界面向下滑动可以选择关机、重启、恢复默认设置、系统自检，左右滑动为选择，点击屏幕为确认。在二级菜单中向下滑动屏幕为确认。

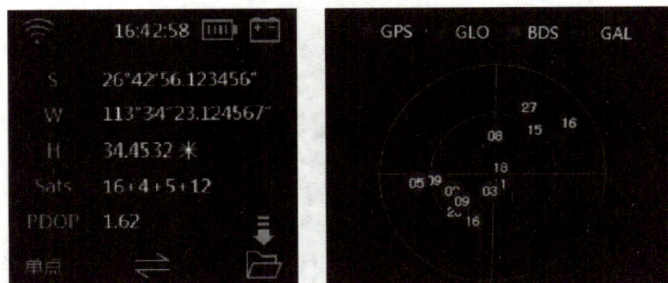

图 1.4-15　主机程序主界面

进入主界面右滑屏幕，可选择设置静态模式、基准站模式和移动站模式。设置完工作模式后选择确定，返回主界面，按功能键右移选择框，按电源键确定所选模式，进入设置数据链界面，选择确定即进入基准站/移动站模式设置界面。按功能键选择系统配置信息，再按电源键进入系统配置信息，包括打开智能语音、配置无线网络、省电模式、其他配置、系统信息，按功能键右移选择框，按电源键确定进入所选选项。

## 2. 手簿

测量系统通常配有工业级三防手簿，用于对主机进行控制。手簿实为一部智能手机，采用 Android 操作系统，可以安装专业测量软件，为测量工作提供强力支持。其外观形状如图 1.4-16 所示。

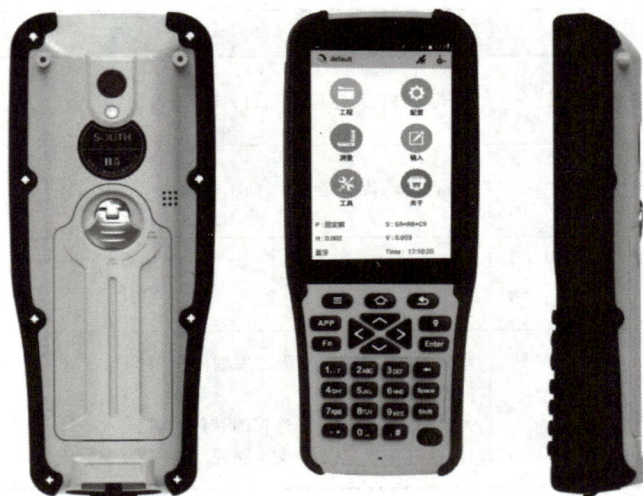

图 1.4-16　手簿

**3. 配件**

测量系统的配件包括仪器箱、电池及移动电源、差分天线、数据线、移动站对中杆、手簿托架、连接器、测高片和卷尺等。

### 三、GNSS 接收机的检验内容

**1. 一般检视**

（1）开箱前应检查仪器箱有无损坏，主机箱密封是否良好；开箱后检查各部件是否齐全，应记清各部件的放置方式，以便以后正确无误地装箱。

（2）接收机、天线、数据链设备及手簿均应保持外观良好，检查有无碰伤、划痕、脱漆和腐蚀，部件接合处是否有缝隙，紧固部分是否有松动现象。

（3）检查天线型号与主机是否匹配，数据链类型和接口与接收机是否匹配，参考站与流动站数据链设备是否匹配，手簿控制器接口与接收机接口是否匹配。

**2. 通电检验**

GNSS 接收机正确连接后，通电检查各部分电源指示灯、接收卫星状态、参考站数据链发射状态、流动站数据链接收状态及指标是否正常。检查自测试系统的工作状况是否正常，是否能够进行卫星的捕获与跟踪、卫星星历及测距数据的采集等。

## 活动设计

### 一、活动条件

1. 安排活动场地——室外空旷区域，硬质地面、土质地面均可。
2. 仪器室准备 GNSS 接收机、三脚架/对中杆、手簿、记录板。
3. 学生自备 2H 铅笔。

### 二、活动组织

1. 每四人一组，其中一人担任观测员，一人担任记录员，一人担任评价员，另外一人辅助。
2. 每组成员依次轮换操练。小组四人分别编为 1、2、3、4 号，首先 1 号观测、2 号记录、3 号评价、4 号辅助，然后 2 号观测、3 号记录、4 号评价、1 号辅助，以此类推。
3. 完成操作训练之后，师生及时点评纠错。
4. 教师重申 GNSS 接收机操作步骤和标准，列举可能发生的情形，培养学生举一反三的能力。

### 三、安全及注意事项

1. 雷雨天请勿使用天线和对中杆，防止因雷击造成意外伤害。
2. 对中杆尖部容易伤人，使用时注意安全。

## 四、活动实施

| 序号 | 步骤 | 操作及说明 | 操作标准 |
|------|------|-----------|----------|
| 1 | 准备 | (1)到仪器室领取仪器及工具,清单如下:<br><br>GNSS接收机×1,三脚架或对中杆×1,手簿×1,记录板×1。<br>(2)目视外观是否有脏污、脱漆、锈蚀、伤痕和变形等缺陷 | (1)清点仪器及工具数量。<br>(2)检查主机、手簿电量是否充足。<br>(3)填写缺陷情况,并在领用单上签名。<br>(4)仪器及工具紧拿轻放,避免碰撞 |
| 2 | 安置仪器 | (1)打开GNSS接收机,将其固定在三脚架架头和碳纤对中杆上面。<br>(2)安装好手簿托架和手簿<br> | (1)检查对中杆固定螺旋是否滑丝、杆尖是否松动。<br>(2)仪器取出后及时合上箱盖 |
| 3 | 设置工作模式 | (1)打开电源后在程序主界面按功能键进入设置界面。<br><br>(2)右滑屏幕,选择"设置工作模式",可选择静态模式、基准站模式、移动站模式<br> | (1)在一级菜单和二级菜单中,向上滑动返回主界面。<br>(2)在主界面向下滑动可选择关机、重启、恢复默认设置、系统自检,左右滑动为选择,点击屏幕为确认。<br>(3)在二级菜单中向下滑动屏幕为确认 |

续表

| 序号 | 步骤 | 操作及说明 | 操作标准 |
|---|---|---|---|
| 4 | 设置数据链<br>(基准站/移动站) | (1)程序主界面选择"设置数据链",即进入数据链设置界面。<br><br>(2)按功能键右移选择框,按电源键确定所选模式 | (1)通信协议一般使用默认值,如有改动,移动站、基准站都需改成一致。<br>(2)外接模块在使用外接电台时选择。<br>(3)双发射仅适用于基准站,蓝牙数据链仅适用于移动站 |
| 5 | 蓝牙连接 | (1)蓝牙触碰连接:将手簿背部贴近主机,手簿将自动完成蓝牙配对工作。<br><br>(2)蓝牙管理器连接:打开手簿上的软件,点击"配置"—"仪器连接"—"蓝牙"。<br><br>点击"扫描"按钮,搜索附近的蓝牙设备。选中要连接的设备,点击"连接"即可连接上蓝牙<br> | (1)手簿 NFC 模块要贴近主机。<br>(2)动作协调轻柔,爱护仪器。<br>(3)熟悉设备的类型和机号 |

| 序号 | 步骤 | 操作及说明 | 操作标准 |
|---|---|---|---|
| 6 | 坐标系统和投影参数设置 | (1)打开手簿软件,点击"工程"按钮,在弹出的对话框选择"新建工程"。<br><br><br><br>(2)输入所要建立工程的名称,确定后弹出坐标系统设置界面。<br><br><br><br>(3)按需输入坐标系统名称和目标椭球,设置投影参数为高斯投影,输入测区当地的中央子午线。<br><br> | (1)中央子午线须与测区一致。<br>(2)目标椭球和投影参数要根据项目要求设置 |

续表

| 序号 | 步骤 | 操作及说明 | 操作标准 |
|---|---|---|---|
| 6 | 坐标系统和投影参数设置 | <br>(4)设置好相关参数后,点击"确定",参数应用到当前工程;点击"另存为",参数还会保存到坐标系统管理库,以便下次直接选中套用<br> | (1)中央子午线须与测区一致。<br>(2)目标椭球和投影参数要根据项目要求设置 |
| 7 | 整理归还仪器 | (1)小组成员全部操练完成后,仪器装箱,脚架/对中杆收拢。<br>(2)清点仪器及工具是否完整。<br>(3)归还仪器,清理环境 | (1)爱护仪器和工具,紧拿轻放。<br>(2)工完场清,仪器归还放回原位 |

## 五、活动记录

小组编号: _____ , 仪器型号: _____ , 仪器编号: _____ , 记录者: _____ 。

### GNSS 接收机检视记录

| 检验项目 | 检视结果 | 备注 |
|---|---|---|
| 脚架/对中杆固定螺旋是否滑丝 | □是　□否 | |
| 脚架/对中杆脚尖是否松动 | □是　□否 | |
| 仪器外观是否有损伤 | □是　□否 | |
| 主机/手簿按键功能是否正常 | □是　□否 | |
| 主机/手簿屏幕触摸功能是否灵敏 | □是　□否 | |
| 主机数据指示灯是否正常闪烁 | □是　□否 | |

## 六、活动评价

| 评价内容 | 评价标准 | 评价结果（是/否） |
|---|---|---|
| 活动完成情况 | 能区分 GNSS 接收机的类型及精度指标 | □是　□否 |
| | 能指出 GNSS 接收机每个部件的名称及作用 | □是　□否 |
| | 能熟练设置 GNSS 接收机的工作模式 | □是　□否 |
| | 能成功连接 GNSS 接收机与手簿 | □是　□否 |

## 七、课后作业

1. 中国自主建设运行的全球卫星导航系统是_____（GPS/BDS/GLONASS/Galileo）。

2. 北斗卫星导航系统能为_____（中国/亚洲/非洲/全球）用户提供全天候、全天时、高精度的定位、导航和授时服务。

3. GNSS 接收机按照用途可分为_____、_____、_____三种。

4. 主机底部的五针接口既是外接电源口，也是串口输出口。（□正确　□错误）

5. GNSS 接收机通常来说可以设置为_____、_____、_____三种模式。

6. 下图所示测量系统各部件的名称为：1_____；2_____；3_____；4_____；5_____；6_____；7_____。

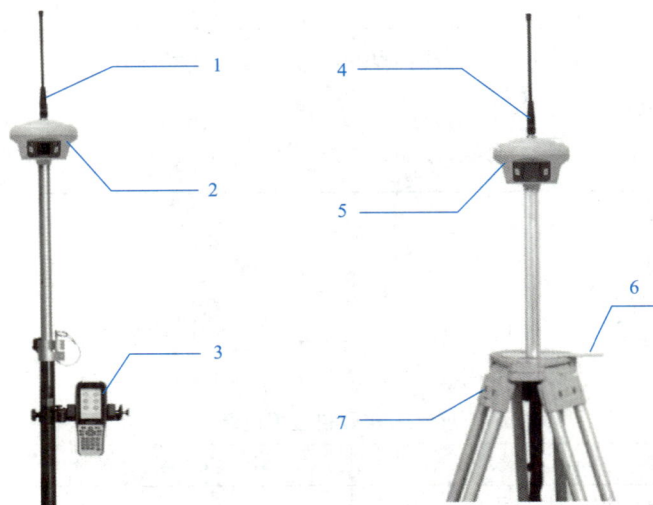

# 职业能力 1-4-4　能用 GNSS-RTK 测量点的三维坐标

## 核心概念

RTK：实时载波相位差分（Real Time Kinematic），是一种基于载波相位观测值的实时动态定位技术，它能够实时提供测站点在指定坐标系中的三维定位结果，并达到厘米级甚至毫米级定位精度。

## 学习目标

1. 能理解 GNSS-RTK 测量原理。
2. 能完成传统 RTK 测量系统基准站和流动站的配置。
3. 能完成网络 RTK 测量系统的 CORS 账号登录并获得固定解。
4. 能完成源坐标系到目标坐标系间的坐标转换。

## 基本知识

### 一、GNSS-RTK 测量原理

对于距离不太远的相邻测站间，它们共有 GNSS 测量误差，如卫星星历误差、大气延迟（电离层延迟和对流层延迟）误差和卫星钟差。这些误差对两个测站的影响大体相同，测站间测量误差总体上具有很好的空间相关性。假如在一个已知点上安置 GNSS 接收机，称该接收机为基准站接收机，它与用户 GNSS 接收机（流动站接收机）一同进行观测，如果基准站接收机能将上述测量误差改正数通过数据通信链发送给附近工作的流动站接收机，则流动站接收机的定位结果通过应用上述改正数后，其定位精度将得到大幅度提高。RTK 定位的基本原理为：在基准站上安置一台 GNSS 接收机，另一台或几台 GNSS 接收机置于载体（称为流动站）上，基准站和流动站同时接收同一组 GNSS 卫星发射的信号。基准站所获得的观测值与已知位置信息进行比较，得到 GNSS 差分改正值，将这个改正值及时通过电台以无线电数据链的形式传递给流动站 GNSS 接收机；流动站 GNSS 接收机通过无线电接收基准站发射的信息，将载波相位观测值进行实时差分处理，得到基准站和流动站坐标差 $\Delta X$，$\Delta Y$，$\Delta Z$；此坐标差加上基准站坐标得到流动站每个点的 GNSS 坐标基准下的坐标；通过坐标转换参数得出流动站每个点的平面坐标 $x$、$y$ 和高程 $h$ 及相应的精度（图 1.4-17）。

RTK 是一种差分 GNSS 测量技术，它通过载波相位原理进行测量，通过差分技术消除或减弱基准站和流动站间共有误差，有效提高了 GNSS 测量结果的精度，同时将测量结果实时显示给用户，极大地提高了测量工作的效率。但 RTK 技术受到基准站和用户间距离的限制，关键技术是基准站 GNSS 接收机在数据传输时如何保证高可靠性和抗干扰性。

1.4-8
GNSS-RTK
测量原理

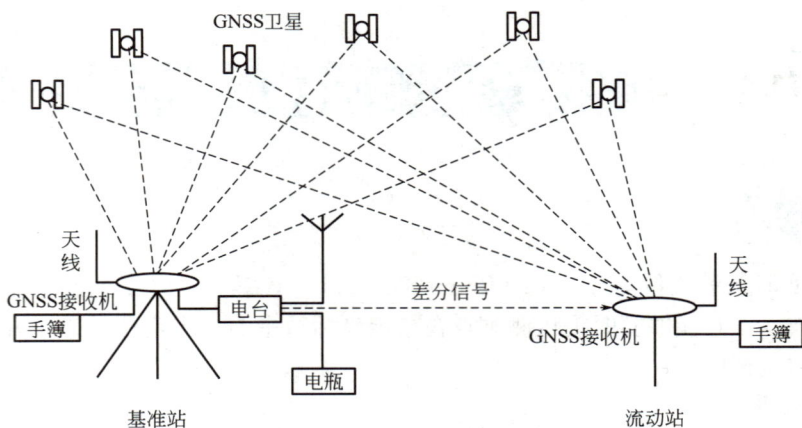

**图 1.4-17　GNSS-RTK 测量原理**

为解决作业距离的问题，根据作业范围，可以采用单站差分技术、局域差分技术和广域差分技术。采用单站差分技术的 RTK 测量系统称为传统 RTK 测量系统，采用局域或广域差分技术的 RTK 测量系统称为网络 RTK 测量系统。传统 RTK 测量系统结构和算法简单，成本低，技术也非常成熟，主要适用于小范围的差分定位工作。网络 RTK 测量系统结构和算法非常复杂，建设成本高，主要适用于较大区域的测量定位，如一个城市、一个省或一个国家甚至全球范围。

## 二、传统 RTK 测量系统

传统 RTK 测量系统作业时需要两台或以上的 GNSS 接收机实施动态测量，其中一台 GNSS 接收机被指定为基准站，另外一台或多台 GNSS 接收机为流动站，如图 1.4-18 所示。

(a) 流动站　　　　(b) 基准站

**图 1.4-18　传统 RTK 测量系统示意图**

（1）基准站。在一定的观测时间内一台或者几台 GNSS 接收机分别在一个或几个测站上一直保持跟踪卫星，其余 GNSS 接收机在这些测站周围流动作业，这些固定的测站叫作基准站。基准站通过数据链将其观测值和测站坐标信息一起传送给流动站。

（2）流动站。在基准站周围一定范围内作业，不仅通过数据链接收来自基准站的数据，还要采集 GNSS 观测数据，并在系统内组成差分观测值进行实时处理，实时提供三维坐标。这些测站叫作流动站。可处于静止状态，也可处于运动状态。

（3）数据链。RTK 系统中基准站和流动站的 GNSS 接收机通过数据链进行通信联系，数据链的作用是把基准站上采集的载波相位观测值及站坐标等信息实时地传递给流动站。数据链由调制解调器和电台组成，通常可与接收机一起成套购买。

传统 RTK 测量系统存在着一定的局限性：用户需要架设本地的基准站；定位精度随离基准站距离的增长而逐渐降低；误差随距离的增加而增加使流动站和基准站的距离受到限制，流动站离基准站的距离一般小于 15km；可靠性和可行性随距离增加逐渐降低；传统 RTK 测量系统数据传输方式和定位解算模式很难实现数据和解的实时质量控制。

### 三、网络 RTK 测量系统

传统 RTK 测量系统仅局限于通信电台有效广播范围内，随着流动站与基准站间距离的增长，各类系统误差残差迅速增大，导致无法正确确定整周模糊度参数，得到固定解，且精度随着距离的增大而降低。为了解决传统 RTK 测量系统较容易受卫星状况、天气状况、数据链传输状况影响，网络 RTK 测量系统应运而生。网络 RTK 测量系统是在传统 RTK 测量系统、计算机技术、通信网络技术等基础上发展起来的一种实时动态定位技术，是对传统 RTK 测量系统的改进。网络 RTK 测量系统的意义在于它能克服传统 RTK 测量系统的局限性，扩展作业距离和应用范围，保证定位结果的可靠性和精度。网络 RTK 测量系统的原理是在一定区域建立一个或多个基准站，对该地区构成网状覆盖，并以一个或多个基准站为基准，计算和传送改正信息，对该地区的卫星定位信息进行实时改正的定位方式。

利用网络 RTK 测量系统建立的连续运行参考站系统（Continuously Operating Reference Station System，简称 CORS 系统）是为了满足 GNSS 精密定位应用而产生的。利用多基准站网络实时动态定位技术建立的连续运行卫星定位服务系统，是全球导航卫星系统技术发展的产物。CORS 系统是由一个或若干个固定的连续运行 GNSS 基准站组成的，将卫星导航定位技术、现代计算机管理技术、数字通信技术和互联网技术集于一体的多方位、深度结合的系统。CORS 系统的出现，解决了传统 RTK 测量系统测量基线短且相关误差难以确定的局限性。目前，很多国家纷纷建立起长年连续跟踪 GNSS 卫星的基准站，以满足本国 GNSS 大地测量定位技术等各种需求。我国各个地区也建立了 CORS 系统，以满足生产和科研的要求。

### 四、点校正/参数转换

GNSS-RTK 接收机直接得到的数据是在 WGS-84 坐标系中的数据，而我国目前普遍使用的是 2000 国家大地坐标系及各种独立地方坐标系，因此需要将测出的 WGS-84 坐标系转换到项目使用的目标坐标系，这个过程叫作点校正。

　　如果基准站置于已知点上且收集到准确的坐标转换参数，可直接输入。如果没有坐标转换参数，点校正根据测区情况可以使用七参数校正、四参数校正或者三参数校正（单校正）。

　　七参数校正需至少已知三个控制点的三维地方坐标和相对独立的 WGS-84 坐标，已知点最好均匀分布在整个测区的边缘，能控制整个区域。例如，如果用三个已知点进行点校正，则这三个点组成的三角形要尽量接近正三角形；如果是四点，就要接近正方形。一定要避免所有已知点的分布接近一条直线，否则会严重影响测量精度，特别是高程精度。

　　如果测量任务只需要水平坐标，不需要高程，可以使用两个点进行校正，即四参数校正；但如果要检核已知点的水平残差，至少需要三个点。需要高程时，也可以进行四参数校正，另加高程拟合进行测量。

　　如果既需要水平坐标，又需要高程，建议最好用三个点进行点校正，但如果要检核点的水平残差和高程残差，那么至少需要四个点进行校正，如果测区范围很小，地势平坦，测区中间有已知点，可以使用三参数校正，但必须检核测量残差，因此至少需要两个已知点。点校正后，进行检核，方法如下：

　　（1）检查水平残差和垂直残差的数值。一般残差应该在 2cm 以内，如果超过 2cm，则说明存在粗差或者参与校正的点不在一个系统下，应检查输入的已知点，或者更换使用的已知点。

　　（2）查看转换参数值。一般三个坐标轴的转换参数值小于 3°，坐标转换的尺度变化量应接近数值 1。

　　（3）测量检核已知当地坐标。求取坐标转换参数后，测量检核已知当地坐标。若进行坐标转换后这个差值在 2cm 内，则说明坐标转换正确。

## 活动设计

### 一、活动条件

　　1. 安排活动场地——为每组设置三个已知点（提供平面坐标和高程），两个用于计算坐标转换参数，第三个用于检核；另外提供若干待测点。

　　2. 仪器室准备 GNSS 接收机、对中杆、手簿、记录板。

　　3. 学生自备 2H 铅笔。

### 二、活动组织

　　1. 每四人一组，其中一人担任观测员，一人担任记录员，一人担任评价员，另外一人辅助。

　　2. 每组成员依次轮换操练。小组四人分别编为 1、2、3、4 号，首先 1 号观测、2 号记录、3 号评价、4 号辅助，然后 2 号观测、3 号记录、4 号评价、1 号辅助，以此类推。

　　3. 完成操作训练之后，将测得的检核点坐标与其真值比较，若坐标转换后差值超过 2cm 则分析原因，指导其重测。若坐标转换后差值在 2cm 以内，则继续观测待测点坐标并填表。

4. 教师重申 GNSS-RTK 测量操作步骤和标准，列举可能发生的情形，培养学生举一反三的能力。

## 三、安全及注意事项

1. 雷雨天请勿使用天线和对中杆，防止因雷击造成意外伤害。
2. 对中杆尖部容易伤人，使用时注意安全。
3. 不宜在成片水域、隐蔽地带、强电磁干扰源附近测量。

## 四、活动实施

| 序号 | 步骤 | 操作及说明 | 操作标准 |
|---|---|---|---|
| 1 | 准备 | (1)到仪器室领取仪器及工具，清单如下：<br><br>GNSS 接收机×1，对中杆×1，手簿×1，记录板×1。<br>(2)目视外观是否有脏污、脱漆、锈蚀、伤痕和变形等缺陷 | (1)清点仪器及工具数量。<br>(2)检查主机、手簿电量是否充足。<br>(3)填写缺陷情况，并在领用单上签名。<br>(4)仪器及工具紧拿轻放，避免碰撞 |
| 2 | 连接仪器 | (1)取出 GNSS 接收机，将其固定在对中杆上面。<br>(2)安装好手簿托架和手簿。<br>(3)打开主机、手簿电源，将手簿背部贴近主机，完成蓝牙触碰连接<br> | (1)检查对中杆固定螺旋是否滑丝、杆尖是否松动。<br>(2)仪器取出后及时合上箱盖。<br>(3)手簿背部 NFC 模块要贴近主机 |
| 3 | 参数设置 | (1)打开手簿上的软件，点击"工程"按钮。<br>(2)在弹出的对话框选择"新建工程"，输入所要建立工程的名称，确定后弹出坐标系统设置界面。<br>(3)输入坐标系统名称"CGCS2000"，选择目标椭球"CGCS2000"，设置投影参数为高斯投影，输入测区当地的中央子午线。<br>(4)设置好相关参数后，点击"确定"，参数应用到当前工程；点击"另存为"，参数还会保存到坐标系统管理库，以便下次直接选中套用 | (1)中央子午线须与测区一致。<br>(2)目标椭球和投影参数要根据项目要求设置 |

续表

| 序号 | 步骤 | 操作及说明 | 操作标准 |
|---|---|---|---|
| 4 | 仪器设置 | （1）点击"配置"—"仪器设置"—"移动站设置"，将主机工作模式切换为移动站。<br><br>（2）在数据链下拉菜单中选择"手机网络"，进入数据链设置界面。<br><br>（3）点击"增加"，新建网络数据链参数，输入网络CORS相应的 IP、端口、账户和密码。 | （1）数据链选择"手机网络"则要求手簿连接无线网络或手簿本身带有 SIM 卡并能正常上网。<br>（2）数据链也可选择"接收机移动网络"，同样，接收机主机本身带有 SIM 卡并能正常上网。<br>（3）NTRIP 对应移动站模式。<br>（4）解状态为"固定解"，才表明 CORS 账号登录并初始化成功 |

续表

| 序号 | 步骤 | 操作及说明 | 操作标准 |
|---|---|---|---|
| 4 | 仪器设置 | (4)点击"接入点",手动输入或者自动刷新获取需要使用的接入点,确定后保存数据链设置。<br><br>接入点<br>刷新接入点<br>RTCM23<br>RTD<br>CMR<br>RTCM30<br>RTCM32-MSM<br>DDDDD<br>[RTCM23]<br>[RTCM30]<br>[CMR]<br>[RTD]<br>[RTCM32X MSM]<br><br>工程之星<br>✓ 启动连接<br>✓ SIM卡检查<br>✓ 注册网络<br>✓ 连接网络<br>✓ 登录服务器<br>登录成功<br><br>(5)回到"模板参数管理"界面,选中保存的数据链设置,点击"连接",连接成功后可以在主界面状态栏看到解状态及主机情况 | (1)数据链选择"手机网络"则要求手簿连接无线网络或手簿本身带有 SIM 卡并能正常上网。<br>(2)数据链也可选择"接收机移动网络",同样,接收机主机本身带有 SIM 卡并能正常上网。<br>(3) NTRIP 对应移动站模式。<br>(4)解状态为"固定解",才表明 CORS 账号登录并初始化成功 |
| 5 | 求转换参数 | (1)点击主界面"输入"按钮,选择"求转换参数",再点击右上角的设置按钮,将"坐标转换方法"改为"一步法",高程拟合方法改为"自动判断",确定后开始四参数＋高程拟合设置。<br><br>求转换参数　匹配 ⚙<br>共0条　第0页/共0页<br>名称　北坐标　东坐标<br><br>坐标管理库<br>道路设计<br>CORS转换设置<br>求转换参数<br>校正向导<br><br>您的转换参数资料表暂无数据消收<br><br>导入　导出　应用　计算　添加<br><br>(2)点击"添加"按钮,输入两个已知点的平面坐标和高程,到实地点位安置仪器,点击"定位获取"获得大地坐标。 | (1)输入已知坐标要认真仔细,不出错。<br>(2)获取大地坐标时,仪器安置点要与已知坐标点一致。<br>(3)要准确设置仪器高 |

| 序号 | 步骤 | 操作及说明 | 操作标准 |
|---|---|---|---|
| 5 | 求转换参数 | （3）点击"计算"按钮，显示四参数和高程拟合计算结果，点击"确定"。<br><br>（4）点击"应用"按钮，将参数应用到工程中 | （1）输入已知坐标要认真仔细，不出错。<br>（2）获取大地坐标时，仪器安置点要与已知坐标点一致。<br>（3）要准确设置仪器高 |

| 序号 | 步骤 | 操作及说明 | 操作标准 |
|---|---|---|---|
| 6 | 点测量 | (1)点击主界面"测量"按钮,选择"点测量"进入测量显示界面,点击下面四个显示按钮,左边会出现选择框,选择需要显示的内容。<br><br>(2)点击"保存"按钮,输入点名、天线高,确定后即可保存当前测量点的坐标。继续存点时,点名将自动累加。点击"平滑"按钮,可选择平滑次数,确定后可连续采集得平均值。<br><br>(3)测量检核点和待测点坐标 | (1)测量时对中杆要竖直,并保持气泡居中。<br>(2)测量过程中需要随时关注主机是否处于固定解状态。<br>(3)天线高设置值与量取方式要相一致。<br>(4)测得的检核点坐标与其真值比较,差值在 2cm 以内说明坐标转换正确,否则应查找原因重新进行点校正。<br>(5)点校正完成后,测量待测点的坐标 |
| 7 | 结束观测(轮换练习) | (1)仪器装箱,对中杆收拢。<br>(2)依次轮换,重新测量 | |
| 8 | 整理归还仪器 | (1)小组成员全部操练完成后,仪器装箱,脚架收拢。<br>(2)清点仪器及工具是否完整。<br>(3)归还仪器,清理环境 | (1)爱护仪器和工具,紧拿轻放。<br>(2)工完场清,仪器归还放回原位 |

## 五、活动记录

小组编号:_____;仪器名称:_____;仪器编号:_____;记录者:_____。

**坐标转换记录表**

| 序号 | 点名 | 控制点地方坐标 | | | 控制点大地坐标 | | |
|---|---|---|---|---|---|---|---|
| | | $x$ | $y$ | $h$ | $B$ | $L$ | $H$ |
| | | | | | | | |
| | | | | | | | |
| 转换精度 | | 水平精度： | | | 垂直精度： | | |

**点测量记录表**

| 序号 | 点名 | 检核点测得地方坐标 | | | 检核点已知地方坐标 | | |
|---|---|---|---|---|---|---|---|
| | | $x$ | $y$ | $h$ | $x$ | $y$ | $h$ |
| 1 | 检核点 | | | | | | |
| 转换残差 | | | | | | | （不超过 2cm） |

| 序号 | 点名 | 待测点地方平面坐标 | | |
|---|---|---|---|---|
| | | $x$ | $y$ | $h$ |
| 1 | | | | |
| 2 | | | | |
| 3 | | | | |
| 4 | | | | |
| 5 | | | | |
| 6 | | | | |

## 六、活动评价

| 评价内容 | 评价标准 | 评价结果（是/否） |
|---|---|---|
| 活动完成情况 | 能设置 CORS 服务器并成功登录 | □是　□否 |
| | 熟悉点校正/坐标转换完整流程 | □是　□否 |
| | 点校正/坐标转换误差在 2cm 以内 | □是　□否 |

## 七、课后作业

1. GNSS 定位的实质是把卫星视为动态的已知点，进行空间距离_____（侧方交会/前方交会/后方交会），确定用户接收机天线相位中心所在的位置。

2. 为了修正 GNSS 接收机的计时误差，至少应同时观测_____（2/3/4/5）颗卫星。

3. 网络 RTK 技术能扩展 RTK 的作业距离和应用范围，保证定位结果的可靠性和精度。（□正确　□错误）

4. 使用网络 CORS 系统进行 RTK 测量，用户不需架设参考站。（□正确　□错误）

5. 多基站 CORS 与网络 CORS 相比，其投资成本更经济划算。（□正确　□错误）

6. 自主到仪器室借领 GNSS 接收机，练习仪器的连接和转换参数设置，并拍照上传至课程平台讨论区。

## 任务拓展 4：高斯投影

由于地球是一个不可展平的曲面，运用任何数学方法进行平面转换都会产生误差和变形，为按照不同的需求缩小误差，就产生了各种投影方法。常用的投影方法有墨卡托投影（正轴等角圆柱投影）、高斯-克吕格投影、斜轴等面积方位投影、双标准纬线等角圆锥投影、等差分纬线多圆锥投影、正轴方位投影等。我国采用的是高斯-克吕格投影。

高斯-克吕格投影是由德国数学家、物理学家、天文学家高斯于 19 世纪 20 年代最先设计，后经德国大地测量学家克吕格于 1912 年对投影公式加以补充完善，故称为高斯-克吕格投影，简称高斯投影。

高斯投影就是假设一个椭圆柱横套在地球椭球体外并与椭球面上的某一条子午线相切，这条相切的子午线称为中央子午线。假想在椭球体中心放置一个光源，通过光线将椭球面上一定范围内的物象映射到椭圆柱的内表面上，然后将椭圆柱面沿一条母线剪开并展成平面，即获得投影后的平面图形，如图 1.4-19 所示。该投影的经纬线图形有以下特点：

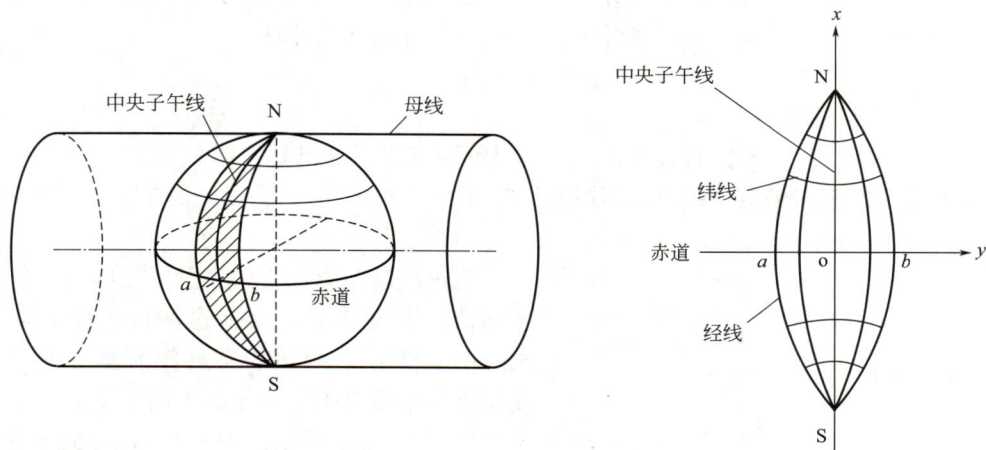

**图 1.4-19　高斯投影**

① 投影后的中央子午线为直线，无长度变化。其余的经线投影为凹向中央子午线的对称曲线，长度较球面上的对应经线略长。

② 赤道的投影也为一直线，并与中央子午线正交。其余的纬线投影为凸向赤道的对称曲线。

③ 经纬线投影后仍然保持相互垂直的关系，说明投影后的角度无变形。

高斯投影没有角度变形，但有长度变形和面积变形，离中央子午线越远，变形就越大，为了对变形加以控制，测量中采用限制投影区域的办法，即将投影区域限制在中央子午线两侧一定的范围，这就是所谓的分带投影，如图 1.4-20（a）所示。投影带一般分为

6°带和 3°带两种，如图 1.4-20（b）所示。

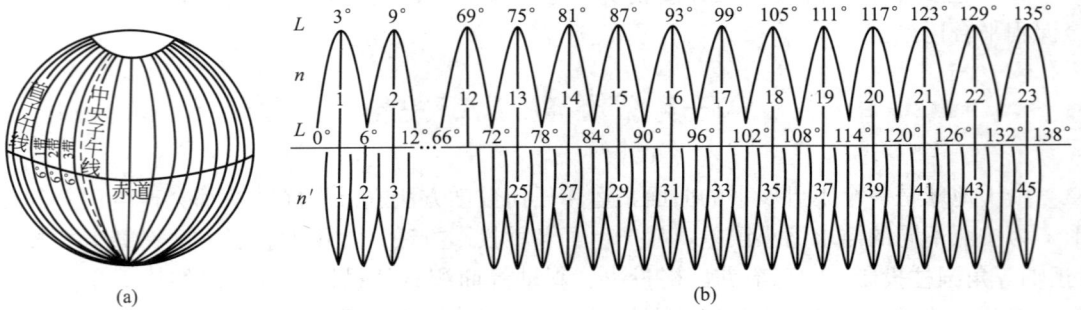

图 1.4-20　分带投影

6°带投影是从英国格林尼治本初子午线开始，自西向东，每隔经差 6°分为一带，将地球分成 60 个带，其编号分别为 1、2、… 60。每带的中央子午线经度可用下式计算：

$$\lambda_0 = 6N - 3$$

式中　$N$——6°带的带号。

6°带的最大变形在赤道与投影带最外一条经线的交点上，长度变形为 0.14％，面积变形为 0.27％。

3°投影带是在 6°带的基础上划分的。每 3°为一带，共 120 带，其中央子午线在奇数带时与 6°带中央子午线重合，每带的中央子午线经度可用下式计算：

$$\lambda_0' = 3n$$

式中　$n$——3°带的带号。

3°带的边缘最大长度变形为 0.04％，最大面积变形为 0.14％。

我国领土位于东经 72°～136°，共包括了 11 个 6°投影带，即 13～23 带；22 个 3°投影带，即 24～45 带。

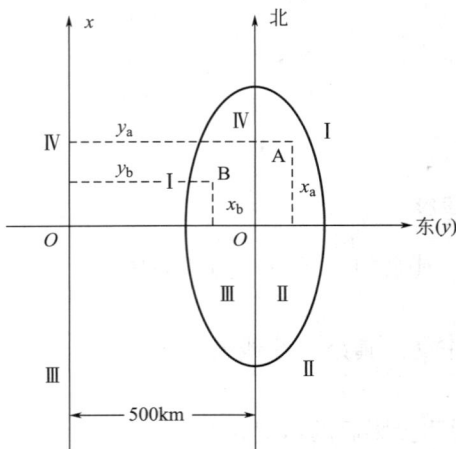

图 1.4-21　高斯平面直角坐标系

通过高斯投影，将中央子午线的投影作为纵坐标轴，用 $x$ 表示，将赤道的投影作为横坐标轴，用 $y$ 表示，两轴的交点作为坐标原点，由此构成的平面直角坐标系称为高斯平面直角坐标系，如图 1.4-21 所示。每一个投影带都有一个独立的高斯平面直角坐标系，区分各高斯平面直角坐标系则利用相应投影带的带号。

由于我国位于北半球，所以在我国范围内，所有点的 $x$ 坐标均为正值，而 $y$ 坐标则有正有负，这对计算和使用均不方便，为了使 $y$ 坐标都为正值，统一规定将纵坐标 $x$ 轴向西平移 500km（半个投影带的最大宽度不超过 500km），并在 $y$ 坐标前加上投影带的带号。

控制测量

模块
2

# 工作任务 2-1

## 高程控制测量

**思维导图**

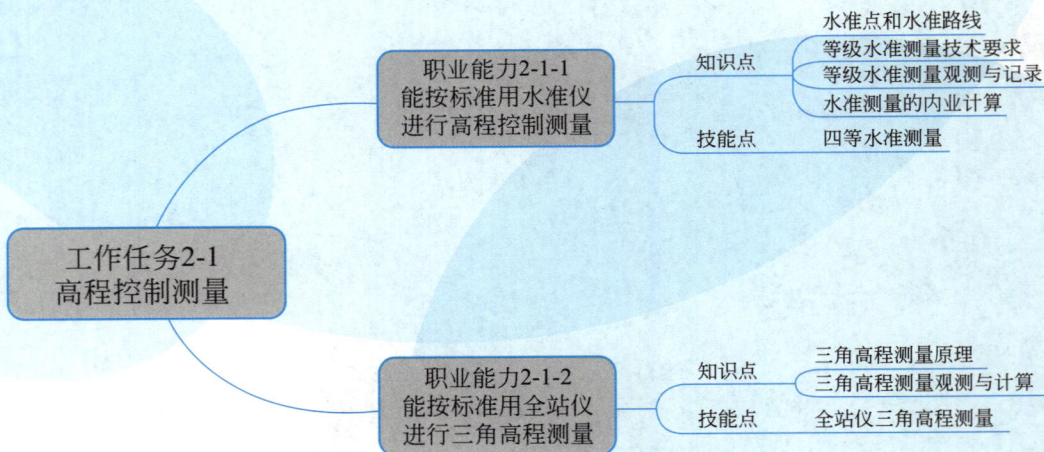

**思 政 元 素**

**2020 年珠峰高程测量——追求卓越、科技报国、不屈不挠、勇于攀登**

2020 年 5 月 27 日，当中国测量登山队队员将测量觇标矗立在珠穆朗玛峰峰顶时，举国沸腾，中国人继 1975 年、2005 年之后，又一次将测量觇标带上地球之巅。作为观察地壳运动和气候变化的"晴雨表"，珠峰始终在运动，精确获得珠峰高度是人类的不懈追求。珠峰地区海拔高、极寒缺氧，地质环境复杂，要获得精准的珠峰高程是一项极具挑战性、极其复杂、极具难度的综合性工作。本次珠峰高程测量任务由自然资源部第一大地测量队（简称"国测一大队"）担任，我国自主研发的北斗卫星导航系统和一批国产现代测量设备纷纷亮相，5G 信号首次覆盖珠峰峰顶，为精确获得珠峰高度提供技术赋能。测量登山队队员克服高寒缺氧、风雪交加等困难三次冲顶，终于将五星红旗插上地球之巅。纵然测量任务充满危险与艰辛，但中国测量登山队队员始终保持着一往无前的英雄气概、勇攀高峰的科学精神、为国争光的坚定信念，这就是中国精神！8848.86m，这是珠峰最新的高程，新的数字将写进教科书。通往峰顶的路，每一步都用尽洪荒之力，我们应该学习测量登山队队员不屈不挠、勇于攀登的拼搏精神！

**预习笔记**

## 职业能力 2-1-1 能按标准用水准仪进行高程控制测量

### 核心概念

高程控制测量：确定控制点高程值的测量工作，称为高程控制测量。高程控制测量精度等级分为二、三、四、五等。各等级高程控制宜采用水准测量，四等及以下也可采用电磁波测距三角高程测量，五等还可采用卫星定位高程测量。

### 学习目标

1. 能描述单一水准路线的形式及其闭合差理论值。
2. 能理解不同等级水准测量技术要求的内涵。
3. 能描述不同等级水准测量的观测程序和技术要求。
4. 能进行水准测量的内业成果计算。

---

## 基本知识

2.1-1
水准点和
水准路线

### 一、水准点和水准路线

#### 1. 水准点

水准点（Benchmark，简称 BM）是在高程控制网中用水准测量的方法测定其高程的控制点。水准点一般分为永久性和临时性两大类。

永久性水准点的标石一般用混凝土预制而成，顶面嵌入半球形的金属标志，表示该水准点的点位，图 2.1-1 所示为建筑工地上常用的永久性水准点。国家等级的永久性水准点如图 2.1-2 和图 2.1-3 所示。临时性水准点可选在地面突出的坚硬岩石或房屋勒脚、台阶上，用红漆做标记；也可用大木桩打入地下，桩顶上钉一半球形钉子作为标志，如图 2.1-4 所示。

图 2.1-1　混凝土水准标志

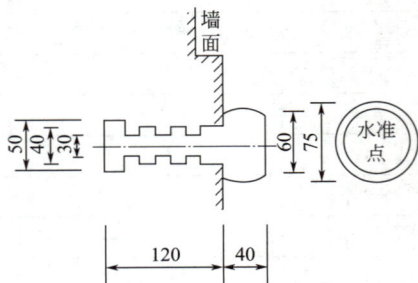

图 2.1-2　国家等级墙面水准标志

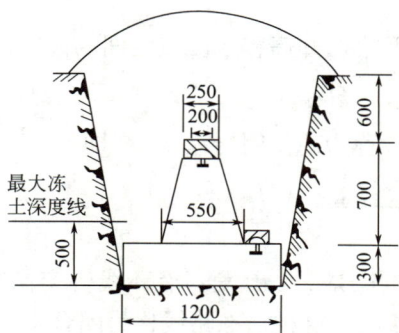

图 2.1-3　国家等级混凝土水准标志　　　　图 2.1-4　临时性水准标志

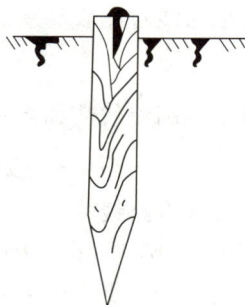

为便于寻找，所有水准点都应绘制点之记，一般应在埋石之后立即绘制。点之记要注明水准点的编号、等级、与周围地物的位置关系，如图 2.1-5 所示。

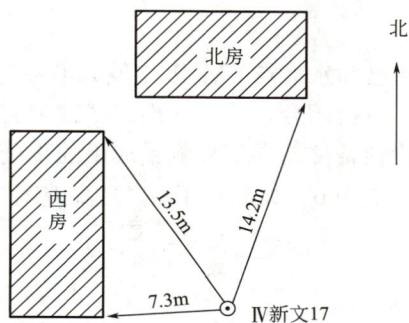

图 2.1-5　点之记

## 2. 水准路线

水准测量路线的布设分为单一水准路线和水准网。单一水准路线的形式有三种，即附合水准路线、闭合水准路线和支水准路线，如图 2.1-6 所示。水准网由若干条单一水准路线相互连接构成，单一水准路线相互连接的交点称为结点。

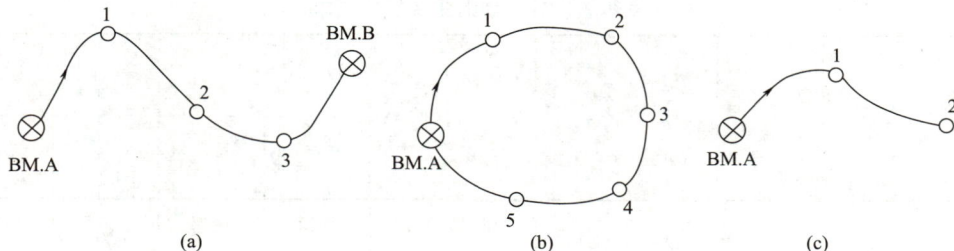

图 2.1-6　单一水准路线

（1）附合水准路线

如图 2.1-6（a）所示，BM. A 和 BM. B 为已知高程点，1、2、3 为待定高程点。从水准点 BM. A 出发，沿各个待定高程点进行水准测量，最后附合到另一已知水准点 BM. B，这种水准路线称为附合水准路线。

附合水准路线各测段高差的代数和应等于两个已知高程水准点之间的高差，即：

$$\sum h_{理} = H_{终} - H_{始}$$

各测段观测高差代数和与其理论值的差值，称为高差闭合差 $f_h$，即：

$$f_h = \sum h_{测} - \sum h_{理} = \sum h_{测} - (H_{终} - H_{始})$$

（2）闭合水准路线

如图 2.1-6（b）所示，由已知高程的水准点 BM.A 出发，沿环线待定高程点 1、2、3、4、5 进行水准测量，最后回到原水准点 BM.A，这种水准路线称为闭合水准路线。

闭合水准路线上各测段高差的代数和应等于 0，即：

$$\sum h_{理} = 0$$

如果不等于 0，则高差闭合差为：

$$f_h = \sum h_{测}$$

（3）支水准路线

如图 2.1-6（c）所示，由已知水准点 BM.A 出发，沿各待定高程点进行水准测量，既不附合到其他水准点上，也不自行闭合，这种水准路线称为支水准路线。

支水准路线本身不具备检核条件，要检核测量成果的正确性，需进行往返测，往测高差与返测高差的代数和理论上应为 0。如不等于 0，则高差闭合差为：

$$f_h = \sum h_{往} + \sum h_{返}$$

## 二、等级水准测量技术要求

为了统一工程测量的技术要求，使工程测量成果满足质量可靠、安全适用的要求，《工程测量标准》GB 50026—2020 规定，各等级高程控制宜采用水准测量，并对水准测量作了明确的规定。

### 1. 各等级水准测量的主要技术要求

各等级水准测量的主要技术要求应符合表 2.1-1 的规定。

各等级水准测量的主要技术要求　　　　　　　　　　表 2.1-1

| 等级 | 每千米高差全中误差（mm） | 路线长度(km) | 水准仪级别 | 水准尺 | 观测次数 | | 往返较差、附合或环线闭合差 | |
|---|---|---|---|---|---|---|---|---|
| | | | | | 与已知点联测 | 附合或环线 | 平地(mm) | 山地(mm) |
| 二等 | 2 | — | DS1、DSZ1 | 条码因瓦、线条式因瓦 | 往返各一次 | 往返各一次 | $4\sqrt{L}$ | — |
| 三等 | 6 | ≤50 | DS1、DSZ1 | 条码因瓦、线条式因瓦 | 往返各一次 | 往一次 | $12\sqrt{L}$ | $4\sqrt{n}$ |
| | | | DS3、DSZ3 | 条码式玻璃钢、双面 | 往返各一次 | 往返各一次 | | |

| 等级 | 每千米高差全中误差（mm） | 路线长度(km) | 水准仪级别 | 水准尺 | 观测次数 | | 往返较差、附合或环线闭合差 | |
|---|---|---|---|---|---|---|---|---|
| | | | | | 与已知点联测 | 附合或环线 | 平地（mm） | 山地（mm） |
| 四等 | 10 | ≤16 | DS3、DSZ3 | 条码式玻璃钢、双面 | 往返各一次 | 往一次 | $20\sqrt{L}$ | $6\sqrt{n}$ |
| 五等 | 15 | — | DS3、DSZ3 | 条码式玻璃钢、单面 | 往返各一次 | 往一次 | $30\sqrt{L}$ | — |
| 图根 | 20 | ≤5 | DS10 | 单面 | — | 往一次 | $40\sqrt{L}$ | $12\sqrt{n}$ |

注：1. $L$ 为往返测段、附合或环线的水准路线长度（km），$n$ 为测站数；

2. DSZ1 级数字水准仪若与条码式玻璃钢水准尺配套，精度降低为 DSZ3 级；

3. 图根水准路线布设成支线时，要求往返观测各一次，路线长度不应大于 2.5km；

4. 水准仪的 $i$ 角，DS1、DSZ1 级不应超过 15″，DS3、DSZ3 级不应超过 20″。

### 2. 等级水准观测的主要技术要求

（1）数字水准仪观测的主要技术要求应符合表 2.1-2 的规定。

数字水准仪观测的主要技术要求　　　　　　　　　表 2.1-2

| 等级 | 水准仪级别 | 水准尺类别 | 视线长度（m） | 前后视的距离较差（m） | 前后视的距离较差累积(m) | 视线离地面最低高度(m) | 测站两次观测的高差较差(mm) | 数字水准仪重复测量次数 |
|---|---|---|---|---|---|---|---|---|
| 二等 | DSZ1 | 条码式因瓦尺 | 50 | 1.5 | 3.0 | 0.55 | 0.7 | 2 |
| 三等 | DSZ1 | 条码式因瓦尺 | 100 | 2.0 | 5.0 | 0.45 | 1.5 | 2 |
| 四等 | DSZ1 | 条码式因瓦尺 | 100 | 3.0 | 10.0 | 0.35 | 3.0 | 2 |
| 四等 | DSZ1 | 条码式玻璃钢尺 | 100 | 3.0 | 10.0 | 0.35 | 5.0 | 2 |
| 五等 | DSZ3 | 条码式玻璃钢尺 | 100 | 近似相等 | — | — | — | — |

（2）光学水准仪观测的主要技术要求应符合表 2.1-3 的规定。

光学水准仪观测的主要技术要求　　　　　　　　　表 2.1-3

| 等级 | 水准仪级别 | 视线长度(m) | 前后视距差（m） | 任一测站上前后视距差累积(m) | 视线离地面最低高度(m) | 基、辅分划或黑、红面读数较差(mm) | 基、辅分划或黑、红面所测高差较差(mm) |
|---|---|---|---|---|---|---|---|
| 二等 | DS1、DSZ1 | 50 | 1.0 | 3.0 | 0.5 | 0.5 | 0.7 |
| 三等 | DS1、DSZ1 | 100 | 3.0 | 6.0 | 0.3 | 1.0 | 1.5 |
| 三等 | DS3、DSZ3 | 75 | 3.0 | 6.0 | 0.3 | 2.0 | 3.0 |

| 等级 | 水准仪级别 | 视线长度(m) | 前后视距差(m) | 任一测站上前后视距差累积(m) | 视线离地面最低高度(m) | 基、辅分划或黑、红面读数较差(mm) | 基、辅分划或黑、红面所测高差较差(mm) |
|---|---|---|---|---|---|---|---|
| 四等 | DS3、DSZ3 | 100 | 5.0 | 10.0 | 0.2 | 3.0 | 5.0 |
| 五等 | DS3、DSZ3 | 100 | 近似相等 | — | — | — | — |
| 图根 | DSZ10 | 100 | 近似相等 | — | — | — | — |

注：二等水准视线长度小于20m时，视线高度不应低于0.3m。

### 三、等级水准测量观测与记录

按照水准测量的等级要求不同，其外业观测程序与记录内容也不相同。

#### 1. 五等、图根水准测量观测与记录

（1）施测程序

如图2.1-7所示，已知高程控制点 BM.A、BM.B 和待定水准点 M、N 组成一条附合水准路线，其外业施测程序如下。

后尺手在 BM.A 点上竖立一把水准尺（后视尺），前尺手在前方合适位置选定转点 TP.1，安放尺垫并踩紧后竖立另一把水准尺（前视尺）。观测员在与 BM.A 和 TP.1 两点距离大致相等（视线不超过100m）处安置自动安平水准仪，将仪器粗平后，先瞄准已知点 BM.A 上的水准尺，消除视差后报读中丝读数1632，记录员回读，确认无误后将读数记入第1站后视读数栏内；接着，观测员转动望远镜，瞄准转点 TP.1 上的水准尺，报读中丝读数1271，记录员回读，确认无误后将读数记入第1站前视读数栏内，并计算出第1站观测高差 $h_1$。此为第1个测站的工作。

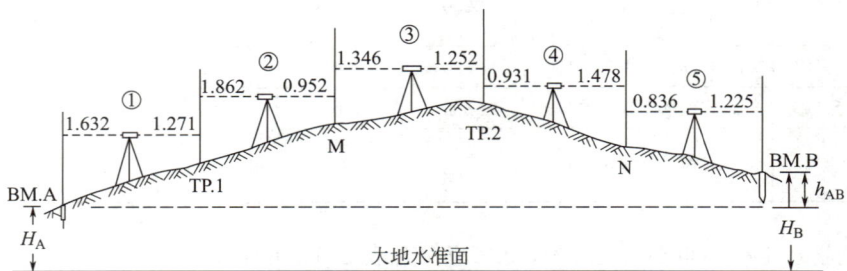

**图 2.1-7 五等（图根）水准测量外业观测**

继续观测时，观测员把仪器迁站到距 TP.1 和 M 大致相等处，前尺手将转点 TP.1 上的水准尺尺面转向仪器（位置不动），后尺手把 BM.A 点上的水准尺移到待定点 M 上，同法进行观测、记录和计算，得到第2站观测高差 $h_2$，完成第2测站的工作。依次类推，最后测到 BM.B 点，完成第5测站的工作。

在上述观测过程中，转点 TP.1、TP.2 仅起传递高程的作用，不必设置固定标志，无须算出高程。为了提高测量精度，避免点位移动和土质松软引起的水准尺下沉，转点处应

放置尺垫，将水准尺立于尺垫圆球顶部。

（2）记录与计算

五等、图根水准测量记录手簿见表 2.1-4。

**五等、图根水准测量记录手簿（样表）**　　　　表 2.1-4

日期：2023 年 8 月 20 日　　　　仪器号：DSZ1-970270　　　　观测：彭某某

天气：晴　　　　地点：校园　　　　记录：赵某某

| 测站 | 点号 | 水准尺读数 | | 高差（m） | 备注 |
|---|---|---|---|---|---|
| | | 后视 | 前视 | | |
| 1 | BM. A | 1632 | | +0.361 | |
| | TP. 1 | | 1271 | | |
| 2 | TP. 1 | 1862 | | +0.910 | |
| | M | | 0952 | | |
| 3 | M | 1346 | | +0.094 | |
| | TP. 2 | | 1252 | | |
| 4 | TP. 2 | 0931 | | −0.547 | |
| | N | | 1478 | | |
| 5 | N | 0836 | | −0.389 | |
| | BM. B | | 1225 | | |
| 计算检核 | $\sum$ | 6607 | 6178 | +0.429 | |
| | | $\sum a - \sum b = +0.429$ | | $\sum h = +0.429$ | |

### 2. 三、四等水准测量观测与记录

（1）施测程序

四等水准测量在测站上的观测程序为：

1）照准后视尺的黑面，分别读取上、下丝和中丝读数；

2）照准后视尺的红面，读取中丝读数；

3）照准前视尺的黑面，分别读取上、下丝和中丝读数；

4）照准前视尺的红面，读取中丝读数。

以上的观测顺序称为"后—后—前—前（黑—红—黑—红）"。在后视和前视读数时，均先读黑面再读红面，读黑面时读三丝读数，读红面时只读中丝读数。

三等水准测量在测站上的观测程序与四等水准测量大体上相同，只是观测顺序规定为：后—前—前—后（黑—黑—红—红）。

（2）记录与计算

三、四等水准测量记录表格式见表 2.1-5，括号内数字表示观测和计算的顺序，同时也说明有关数字在表格内应填写的位置。

2.1-2 四等水准测站的观测程序

### 三、四等水准测量记录表（样表）  表2.1-5

日期：2023年8月20日  仪器号：DSZ1-970270  观测：彭某某

天气：晴  地点：校园  记录：赵某某

| 测站编号 | 测点编号 | 后尺 上丝／下丝 后视距 视距差 | 前尺 上丝／下丝 前视距 累积差 | 方向及尺号 | 水准尺读数 黑面 | 水准尺读数 红面 | K＋黑减红（mm） | 高差中数（m） | 备注 |
|---|---|---|---|---|---|---|---|---|---|
| | | (1) | (5) | 后 | (3) | (4) | (13) | | |
| | | (2) | (6) | 前 | (7) | (8) | (14) | | |
| | | (9) | (10) | 后一前 | (15) | (16) | (17) | (18) | |
| | | (11) | (12) | | | | | | |
| 1 | BM.1 \| TP.1 | 1891 | 0758 | 后47 | 1708 | 6395 | 0 | | K1＝4687 K2＝4787 |
| | | 1525 | 0390 | 前48 | 0574 | 5361 | 0 | | |
| | | 36.6 | 36.8 | 后一前 | ＋1134 | ＋1034 | 0 | ＋1.134 | |
| | | －0.2 | －0.2 | | | | | | |
| 2 | TP.1 \| TP.2 | 2746 | 0867 | 后48 | 2530 | 7319 | －2 | | |
| | | 2313 | 0425 | 前47 | 0646 | 5333 | 0 | | |
| | | 43.3 | 44.2 | 后一前 | ＋1884 | ＋1986 | －2 | ＋1.885 | |
| | | －0.9 | －1.1 | | | | | | |
| 3 | TP.2 \| TP.3 | 2043 | 0849 | 后47 | 1773 | 6459 | ＋1 | | |
| | | 1502 | 0318 | 前48 | 0584 | 5372 | －1 | | |
| | | 54.1 | 53.1 | 后一前 | ＋1189 | ＋1087 | ＋2 | ＋1.188 | |
| | | ＋1.0 | －0.1 | | | | | | |
| 4 | TP.3 \| BM.2 | 1167 | 1677 | 后48 | 0911 | 5696 | ＋2 | | K2＝4787 K1＝4687 |
| | | 0655 | 1155 | 前47 | 1416 | 6102 | ＋1 | | |
| | | 51.2 | 52.2 | 后一前 | －0505 | －0406 | ＋1 | －0.506 | |
| | | －1.0 | －1.1 | | | | | | |
| 检核 | | $\sum(9)=185.2$ $-\sum(10)=186.3$ $-1.1$ 末站(12)＝－1.1 总视距＝$\sum(9)+\sum(10)$ ＝371.5 | | | 总高差＝$\sum(18)=3.701$ $[\sum(15)+\sum(16)]/2=3.7015$ $\sum[(3)+(4)]=32.791$ $-\sum[(7)+(8)]=25.388$ ＝7.403 $7.403×1/2=3.7015$ | | | | |

1）测站上的计算和检核

① 视距部分

后视距离（9）＝（1）－（2），前视距离（10）＝（5）－（6）。

前、后视距在表中以米为单位填写，上、下丝读数记录单位为米时，视距结果应为（上丝－下丝）×100；上、下丝读数记录单位为毫米时，视距结果应为（上丝－下丝）÷10。

前、后视距差（11）＝（9）－（10），四等不得超过5m，三等不得超过3m；前、后视距累积差（12）＝本站（11）＋上站（12），四等不得超过10m，三等不得超过6m。

视距差和累积差任一项超过限值，都应该调整仪器位置，重新观测。

② 高差部分

后视黑红面读数差（13）＝（3）＋$K$－（4），前视黑红面读数差（14）＝（7）＋$K$－（8）。

$K$ 为相应水准尺黑红两面的常数差，一对双面水准尺的常数差应分别为 4687 和 4787。四等水准测量黑红面读数差不得超过 3mm，三等不得超过 2mm。

黑面高差（15）＝（3）－（7），红面高差（16）＝（4）－（8）。

平均高差（18）＝[（15）＋（16）±100]/2，按照"4 舍 6 入，单进双舍"的取位规则取位至 1mm。

③ 检核计算

黑红两面的高差之差（17）＝（15）－（16）±100，同时也应等于（13）－（14）。其中，当后、前视尺分别为 4787、4687 时，用＋100；后、前视尺分别为 4687、4787 时，用－100。四等水准测量两面高差之差不得超过 5mm，三等不得超过 3mm。

平均高差（18）＝[（15）＋（16）±100]/2，同时应等于（15）－（17）/2。

2）总的计算和检核

在记录手簿每页末或者每一测段完成后，应作如下检核：

① 视距计算检核

$$末站（12）＝\sum（9）－\sum（10）$$
$$总视距＝\sum（9）＋\sum（10）$$

② 高差的计算和检核

当测站数为偶数时，总高差＝$\sum$（18）＝[$\sum$（15）＋$\sum$（16）]/2。

当测站数为奇数时，总高差＝$\sum$（18）＝[$\sum$（15）＋$\sum$（16）±100]/2。

### 3. 二等水准测量观测与记录

（1）施测程序

二等水准测量无论是与已知点联测，还是进行附合或环线观测，均需往返各观测一次。当使用数字水准仪进行观测时，奇数站应采用"后—前—前—后"的观测顺序，偶数站应采用"前—后—后—前"的观测顺序。当使用光学水准仪进行观测时，往测奇数站观测顺序应为"后—前—前—后"，偶数站应为"前—后—后—前"；返测奇数站应为"前—后—后—前"，偶数站应为"后—前—前—后"。

（2）记录与计算

采用数字水准仪进行二等水准测量记录表格式见表 2.1-6。

**二等水准测量记录表（样表）**　　　　　　　　　表 2.1-6

日期：2023 年 8 月 20 日　　　　仪器号：DSZ1-970270　　　　观测：彭某某

天气：晴　　　　　　　　　　地点：校园　　　　　　　　　记录：赵某某

| 测站编号 | 后距 | 前距 | 方向及尺号 | 标尺读数 | | 两次读数之差 | 备注 |
|---|---|---|---|---|---|---|---|
| | 视距差 | 累积视距差 | | 第一次读数 | 第二次读数 | | |
| 1 | 31.5 | 31.6 | 后 A1 | 153969 | 153958 | ＋11 | |
| | | | 前 | 139269 | 139260 | ＋9 | |
| | −0.1 | −0.1 | 后－前 | ＋14700 | ＋14698 | ＋2 | |
| | | | $h$ | ＋0.14699 | | | |

| 测站编号 | 后距 视距差 | 前距 累积视距差 | 方向及尺号 | 标尺读数 第一次读数 | 标尺读数 第二次读数 | 两次读数之差 | 备注 |
|---|---|---|---|---|---|---|---|
| 2 | 36.9 | 37.2 | 后 | 137400 | 13 227411 | −11 | 测错 |
|  |  |  | 前 | 114414 | 114400 | +14 |  |
|  | −0.3 | −0.4 | 后−前 | +22986 | +23011 | −25 |  |
|  |  |  | h | +0.22998 |  |  |  |
| 3 | 41.5 | 41.4 | 后 | 113916 | 143906 | +10 |  |
|  |  |  | 前 | 109272 | 139260 | +12 |  |
|  | +0.1 | −0.3 | 后−前 | +4644 | +4646 | −2 |  |
|  |  |  | h | +0.04645 |  |  |  |
| 4 | 46.9 | 46.5 | 后 | 139411 | 139400 | +11 |  |
|  |  |  | 前 B1 | 144150 | 144140 | +10 |  |
|  | +0.4 | +0.1 | 后−前 | −4739 | −4740 | +1 |  |
|  |  |  | h | −0.04740 |  |  |  |
| 5 | 23.5 | 24.4 | 后 B1 | 135306 | 135815 | −9 | 超限 |
|  |  |  | 前 | 134615 | 134506 | +109 |  |
|  | −0.9 | −0.8 | 后−前 | +691 | +1309 |  |  |
|  |  |  | h |  |  |  |  |
| 5 | 23.4 | 24.5 | 后 B1 | 142306 | 142315 | −9 | 重测 |
|  |  |  | 前 | 137615 | 137606 | +9 |  |
|  | −1.1 | −1.9 | 后−前 | +4691 | +4709 | −18 |  |
|  |  |  | h | +0.04700 |  |  |  |

#### 4. 等级水准测量注意事项

（1）数据记录由记录员用铅笔当场准确无误地填写到相应栏内，要求记录规范完整、符合记录规定、计算准确，且不得使用计算器；观测数据必须原始真实，不得连环涂改，严禁弄虚作假。

（2）观测记录的错误数字与文字应单横线正规划去，在其上方写上正确的数字与文字，并在备注栏注明原因："测错"或"记错"，计算错误不必注明原因。

（3）因测站观测误差超限，在本站检查发现后可立即重测，重测必须变换仪器高。若迁站后才发现，应退回到本测段的起点重测。超限成果应当规范划去，并在备注栏中注明"超限"，重测成果在备注栏中注明"重测"。

（4）测量过程中，无论何种原因使尺垫移动或翻动，均应退回到本测段的起点重测。

（5）每测站的记录和计算全部完成后方可迁站，不得前后水准尺和仪器同时平移搬迁。

（6）仪器迁站过程中，观测者必须保持水准仪竖直状态或手托仪器，不得肩扛仪器。

## 四、水准测量的内业计算

2.1-3
成果处理
与计算

水准测量的外业测量数据，如经检核无误，满足了规定等级精度要求，就可以进行内业计算。内业计算的主要内容是调整高差闭合差，最后计算出各待定点的高程。以下分别介绍各种水准路线的内业计算方法。

### 1. 附合水准路线的内业计算

如图 2.1-8 所示为一附合水准路线的相关外业测量数据，已知水准点 A 的高程为 65.376m，水准点 B 的高程为 68.623m。现以此为例介绍附合水准路线的内业计算步骤。

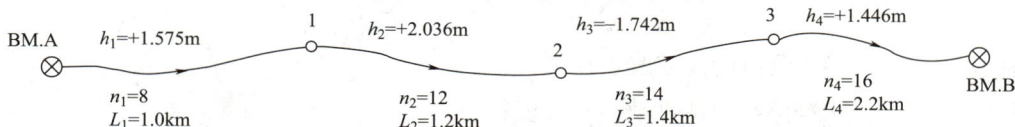

图 2.1-8　附合水准路线测量示例

（1）填写观测数据和已知数据

将点号、测段长度、测站数、实测高差及已知水准点 A、B 的高程填入附合水准路线成果计算表中有关各栏内，见表 2.1-7 第 1、2、3、4、7 列。

附合水准路线成果计算表（样表）　　　　表 2.1-7

| 点号 | 距离（km） | 测站数 | 实测高差（m） | 改正数（mm） | 改正后高差（m） | 高程（m） | 备注 |
|---|---|---|---|---|---|---|---|
| 1 | 2 | 3 | 4 | 5 | 6 | 7 | 8 |
| BM. A | | | | | | 65.376 | |
| | 1.0 | 8 | +1.575 | −12 | +1.563 | | |
| 1 | | | | | | 66.939 | |
| | 1.2 | 12 | +2.036 | −14 | +2.022 | | |
| 2 | | | | | | 68.961 | |
| | 1.4 | 14 | −1.742 | −16 | −1.758 | | |
| 3 | | | | | | 67.203 | |
| | 2.2 | 16 | +1.446 | −26 | +1.420 | | |
| BM. B | | | | | | 68.623 | |
| $\sum$ | 5.8 | 50 | +3.315 | −68 | +3.247 | | |
| 辅助计算 | $f_h = +3.315 - (68.623 - 65.376) = +0.068\text{m} = +68\text{mm}$<br>$f_{h容} = \pm40\sqrt{L} = \pm40\sqrt{5.8} = \pm96\text{mm}$　　$|f_h| < |f_{h容}|$　　成果合格 | | | | | | |

（2）闭合差的计算

$$f_h = \sum h_{测} - (H_{终} - H_{始}) = +3.315 - (68.623 - 65.376) = +0.068\text{m} = +68\text{mm}$$

根据水准路线的测站数及路线长度，计算每公里测站数：

$$\frac{\sum n}{\sum L} = \frac{50}{5.8} = 8.6 < 16$$

故高差闭合差容许值采用平地计算公式，平地图根水准测量高差闭合差容许值为：

$$f_{h容} = \pm 40 \sqrt{L} = \pm 40 \sqrt{5.8} = \pm 96 \text{mm}$$

因 $|f_h| < |f_{h容}|$，故成果合格。

（3）闭合差的调整

一般认为，高差闭合差的产生与水准路线的长度或水准路线的测站数成正比。因此，调整高差闭合差的原则和方法是按与测站数或测段长度成正比例的原则，将高差闭合差反号分配到各相应测段上，得到高差改正数，即：

$$v_i = -\frac{f_h}{\sum n} n_i \ 或 \ v_i = -\frac{f_h}{\sum L} L_i$$

式中　　$v_i$——第 $i$ 测段的高差改正数；

$\sum n$、$\sum L$——水准路线总测站数、总长度；

$n_i$、$L_i$——第 $i$ 测段的测站数、测段长度。

本例中，各测段改正数为：

$$v_1 = -\frac{f_h}{\sum L} L_1 = -\frac{68}{5.8} \times 1.0 = -12 \text{mm}$$

$$v_2 = -\frac{f_h}{\sum L} L_2 = -\frac{68}{5.8} \times 1.2 = -14 \text{mm}$$

$$v_3 = -\frac{f_h}{\sum L} L_3 = -\frac{68}{5.8} \times 1.4 = -16 \text{mm}$$

$$v_4 = -\frac{f_h}{\sum L} L_4 = -\frac{68}{5.8} \times 2.2 = -26 \text{mm}$$

各测段改正数计算完成后，将各改正数相加，其总和应与高差闭合差大小相等、符号相反，以此进行检核，并达到消除闭合差的目的，即：

$$\sum v = -f_h$$

在实际计算中，由于进位凑整误差的存在，可能会出现改正数的总和大小不等于闭合差的情况，即出现按前述原则调整，闭合差不够调整或有剩余的现象。有剩余时，将余数改在距离最长或测站数最多的测段；不够时，在距离最短或测站数最少的测段调整少一些，强制改正数的总和大小与闭合差相等，达到消除闭合差的目的。

（4）计算改正后高差

各测段改正后高差等于各测段观测高差加上相应的改正数，即：

$$\overline{h}_i = h_i + v_i$$

式中　　$\overline{h}_i$——第 $i$ 测段的改正后高差。

本例中，各测段改正后高差为：

$$\overline{h}_1 = h_1 + v_1 = +1.575 + (-0.012) = +1.563 \text{m}$$
$$\overline{h}_2 = h_2 + v_2 = +2.306 + (-0.014) = +2.022 \text{m}$$
$$\overline{h}_3 = h_3 + v_3 = -1.742 + (-0.016) = -1.758 \text{m}$$
$$\overline{h}_4 = h_4 + v_4 = +1.446 + (-0.026) = +1.420 \text{m}$$

改正后高差计算以后，也应求其总和，检核其是否等于线路观测高差代数和的理论值，即

$$\sum \bar{h} = H_B - H_A$$

（5）计算待定点高程

根据已知水准点 A 的高程和各测段改正后高差，即可依次推算出各待定点的高程，即

$$H_1 = H_A + \bar{h}_1 = 65.376 + 1.563 = 66.939 \text{m}$$

$$H_2 = H_1 + \bar{h}_2 = 66.939 + 2.022 = 68.961 \text{m}$$

$$H_3 = H_2 + \bar{h}_3 = 68.961 + (-1.758) = 67.203 \text{m}$$

计算检核：$H_{B(推算)} = H_3 + \bar{h}_4 = 67.203 + 1.420 = 68.623 \text{m} = H_{B(已知)}$。

### 2. 闭合水准路线的成果计算

闭合水准路线的成果计算步骤与附合水准路线大致相同，不同的是由于水准路线形状不一样，其高差闭合差计算公式不同。闭合水准路线观测高差总和理论值应为 0，故高差闭合差计算公式为：

$$f_h = \sum h_{测}$$

### 3. 支水准路线的成果计算

如图 2.1-9 所示支水准路线，已知水准点 A 的高程为 186.500m，往、返测站共 16 站。

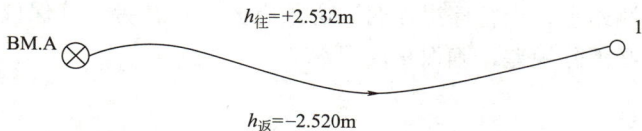

**图 2.1-9　支水准路线测量示例**

其高差闭合差为：

$$f_h = \sum h_{往} + \sum h_{返} = +2.532 + (-2.520) = +0.012 \text{m} = +12 \text{mm}$$

图根水准高差闭合差容许值为：

$$f_{h容} = \pm 12 \sqrt{n} = \pm 12 \sqrt{16} = \pm 48 \text{mm}$$

$|f_h| < |f_{h容}|$，说明符合普通水准测量的精度要求，可取往测和返测高差绝对值的平均值作为 A、1 两点间的高差，其符号与往测高差符号相同，即

$$\bar{h}_{A1} = (h_{往} - h_{返})/2 = (+2.532 + 2.520)/2 = +2.526 \text{m}$$

待测点 1 的高程为：

$$H_1 = H_A + \bar{h}_{A1} = 186.500 + 2.526 = 189.026 \text{m}$$

## 活 动 设 计

### 一、活动条件

1. 安排活动场地——为每组设置一个高程控制点，三个待定水准点，组成一条闭合水准路线，路线长度 1km 左右。已知高程控制点点名标为 A，待定水准点点名分别标为

M、N、P（有实际点名的据实标注）。提前测出高程控制点的高程值。

2. 仪器室准备自动安平水准仪、双面尺、三脚架、尺垫、记录板。

3. 学生自备 2H 铅笔。

## 二、活动组织

1. 每四人一组，其中一人担任观测员，一人担任记录员兼评价员，两人担任立尺员。

2. 每组成员依次观测一个测段。小组四人分别编为 1、2、3、4 号，首先 1 号观测、2 号记录、3 号和 4 号立尺，进行第一测段的测量；然后 2 号观测、3 号记录、4 号和 1 号立尺，进行第二测段的测量；以此类推，直至四个测段均完成，最后回到已知高程点。

3. 全部完成操作训练之后，计算观测路线高差闭合差，如超过四等观测精度的允许值，共同分析原因后进行重测；达到四等观测精度要求，进行内业计算，并找教师核对待定水准点高程值是否正确。

4. 教师汇总分析各组观测成果，请最快完成的小组分享心得，对出错的情况进行总结，提出正确测量的要点和常见错误的应对措施。

## 三、安全及注意事项

1. 打开、收拢三脚架时，注意手持位置及周边环境，谨防夹手伤人。

2. 仪器安置在测站上，当暂停操作时，必须有人守护在旁，确保仪器安全。

3. 瞄准目标务必消除视差，确保精度可靠。

## 四、活动实施

| 序号 | 步骤 | 操作及说明 | 操作标准 |
|---|---|---|---|
| 1 | 准备 | (1)到仪器室领取仪器及工具,清单如下:<br><br>水准仪×1,三脚架×1,双面尺×2,记录板×1。<br>(2)目视外观是否有脏污、脱漆、锈蚀、伤痕和变形等缺陷。<br>(3)熟悉测量路线和四等水准要求,找老师领取 A 点已知高程 | (1)清点仪器及工具数量。<br>(2)确认两把双面尺是否是一对。<br>(3)填写缺陷情况,并在领用单上签名。<br>(4)仪器及工具紧拿轻放,避免碰撞 |
| 2 | 检测 $i$ 角 | (1)采用近远距离法或等距法,检测所领仪器的 $i$ 角。<br>(2)若 $i$ 角不超过 20″,开始测量;若超过 20″,到仪器室换领仪器 | (1)消除视差,确保读数精确。<br>(2) $i$ 角计算准确不出错 |
| 3 | 第 1 测段 | (1)根据已知高程点 A 和待定点 M,确定需设置的转点数量和位置。<br> | |

续表

| 序号 | 步骤 | 操作及说明 | 操作标准 |
|---|---|---|---|
| 3 | 第1测段 | (2)第1测站观测：<br>①3号立尺员在 A 点竖立水准尺,4 号立尺员在 TP.1 点摆放尺垫,将水准尺竖立在尺垫上,1 号观测员在两点中间安置水准仪。用十字丝上、下丝估读前、后视距离,若视距差不超过 5m,粗平仪器准备测量。否则,调整仪器直至视距差不超过 5m 为止。<br>②瞄准 A 点水准尺黑面,报读上、下丝读数和中丝读数,2号记录员回读后记入表格,并立即计算出后视距离。<br>③A 点立尺员将红面对准仪器,观测员瞄准后报读红面中丝读数,记录员回读后记入表格,并立即计算出 A 点黑红面读数差。<br>④转动望远镜,瞄准 TP.1 点水准尺黑面,报读上、下丝读数和中丝读数,记录员回读后记入表格,并立即计算出前视距离、视距差和累积差。<br>⑤TP.1 点立尺员将红面对准仪器,观测员瞄准后报读红面中丝读数,记录员回读后记入表格,并立即计算出 TP.1 点黑红面读数差。<br>⑥记录员计算黑面高差、红面高差、高差检核值和高差中数。<br>(3)TP.1 点不动,A 点立尺员将尺垫摆放到 TP.2 点并竖立水准尺,观测员,记录员在 TP.1 和 TP.2 两点间同法完成第 2 测站的观测、记录与计算。<br>(4)TP.2 点不动,TP.1 点立尺员将尺垫摆放到 TP.3 点并竖立水准尺,观测员,记录员在 TP.2 和 TP.3 两点间同法完成第 3 测站的观测、记录与计算。<br>(5)TP.3 点不动,TP.2 点立尺员将水准尺竖立到 M 点,观测员,记录员在 TP.3 和 M 两点间同法完成第 4 测站的观测、记录与计算 | (1)每测段必须是偶数测站。<br>(2)视线长度不得超过 100m。<br>(3)任意一点黑红面读数差不得超过 3mm。<br>(4)任意一站前后视距差不得超过 5m,累积差不得超过 10m。<br>(5)高差检核值不得超过 5mm。<br>(6)转点的尺垫应踩紧,已知点和待定点不得摆放尺垫 |
| 4 | 第2测段 | (1)根据待定点 M 和 N,确定需设置的转点数量和位置。<br>(2)2 号担任观测员,3 号担任记录员,1 号、4 号担任立尺员,按相同的观测程序和要求从 M 点测至 N 点,完成第 2测段的观测 | (1)每测段必须是偶数测站。<br>(2)转点的尺垫应踩紧,已知点和待定点不得摆放尺垫 |
| 5 | 第3测段 | (1)根据待定点 N 和 P,确定需设置的转点数量和位置。<br>(2)3 号担任观测员,4 号担任记录员,1 号、2 号担任立尺员,按相同的观测程序和要求从 N 点测至 P 点,完成第 3 测段的观测 | (1)每测段必须是偶数测站。<br>(2)转点的尺垫应踩紧,已知点和待定点不得摆放尺垫 |
| 6 | 第4测段 | (1)根据待定点 P 和已知点 A,确定需设置的转点数量和位置。<br>(2)4 号担任观测员,1 号担任记录员,2 号、3 号担任立尺员,按相同的观测程序和要求从 P 点测至 A 点,完成第 4 测段的观测 | (1)每测段必须是偶数测站。<br>(2)转点的尺垫应踩紧,已知点和待定点不得摆放尺垫 |
| 7 | 结束观测 | (1)检查各测站计算是否有误。<br>(2)计算闭合路线的高差闭合差,若超限,查找错误原因并重测 | (1)各测站数据交叉检查。<br>(2)高差闭合差不得超过 $\pm 20\sqrt{L}$ (mm),$L$ 不足 1km 时按 1km 计 |

| 序号 | 步骤 | 操作及说明 | 操作标准 |
|---|---|---|---|
| 8 | 整理归还仪器 | (1)仪器装箱,脚架收拢。<br>(2)清点仪器及工具是否完整。<br>(3)归还仪器,清理环境 | (1)爱护仪器和工具,紧拿轻放。<br>(2)工完场清,仪器归还放回原位 |
| 9 | 内业计算 | (1)整理核对外业观测数据。<br>(2)计算各测段视线长度和观测高差,填入内业计算表。<br>(3)计算高差闭合差,判断观测是否满足四等精度要求。<br>(4)计算各测段观测高差改正数和改正后高差。<br>(5)计算待定点的高程值 | (1)记录书写整齐规范,不乱涂乱改。<br>(2)每个计算过程均应按要求进行检核 |

## 五、活动记录

### 四等水准测量记录表

日期：　　　　　　　　　　　　仪器号：　　　　　　　　　　　　观测：

天气：　　　　　　　　　　　　地点：　　　　　　　　　　　　记录：

| 测站编号 | 测点编号 | 后尺 上丝 / 下丝 | 前尺 上丝 / 下丝 | 方向及尺号 | 水准尺读数 | | K+黑减红（mm） | 高差中数（m） | 备注 |
|---|---|---|---|---|---|---|---|---|---|
| | | 后视距 | 前视距 | | 黑面 | 红面 | | | |
| | | 视距差 | 累积差 | | | | | | |
| | | | | 后 | | | | | |
| | | | | 前 | | | | | |
| | | | | 后－前 | | | | | |
| | | | | | | | | | |
| | | | | 后 | | | | | |
| | | | | 前 | | | | | |
| | | | | 后－前 | | | | | |
| | | | | | | | | | |
| | | | | 后 | | | | | |
| | | | | 前 | | | | | |
| | | | | 后－前 | | | | | |
| | | | | | | | | | |
| | | | | 后 | | | | | |
| | | | | 前 | | | | | |
| | | | | 后－前 | | | | | |
| | | | | | | | | | |

续表

| 测站编号 | 测点编号 | 后尺 上丝 下丝 | 前尺 上丝 下丝 | 方向及尺号 | 水准尺读数 | | K+黑减红（mm） | 高差中数（m） | 备注 |
|---|---|---|---|---|---|---|---|---|---|
| | | 后视距 | 前视距 | | 黑面 | 红面 | | | |
| | | 视距差 | 累积差 | | | | | | |
| | | | | 后 | | | | | |
| | | | | 前 | | | | | |
| | | | | 后一前 | | | | | |
| | | | | 后 | | | | | |
| | | | | 前 | | | | | |
| | | | | 后一前 | | | | | |
| | | | | 后 | | | | | |
| | | | | 前 | | | | | |
| | | | | 后一前 | | | | | |
| | | | | 后 | | | | | |
| | | | | 前 | | | | | |
| | | | | 后一前 | | | | | |
| | | | | 后 | | | | | |
| | | | | 前 | | | | | |
| | | | | 后一前 | | | | | |
| | | | | 后 | | | | | |
| | | | | 前 | | | | | |
| | | | | 后一前 | | | | | |
| | | | | 后 | | | | | |
| | | | | 前 | | | | | |
| | | | | 后一前 | | | | | |

续表

| 测站编号 | 测点编号 | 后尺 上丝 下丝 | 前尺 上丝 下丝 | 方向及尺号 | 水准尺读数 | | K＋黑减红（mm） | 高差中数（m） | 备注 |
|---|---|---|---|---|---|---|---|---|---|
| | | 后视距 | 前视距 | | 黑面 | 红面 | | | |
| | | 视距差 | 累积差 | | | | | | |
| | | | | 后 | | | | | |
| | | | | 前 | | | | | |
| | | | | 后—前 | | | | | |
| | | | | 后 | | | | | |
| | | | | 前 | | | | | |
| | | | | 后—前 | | | | | |
| | | | | 后 | | | | | |
| | | | | 前 | | | | | |
| | | | | 后—前 | | | | | |
| | | | | 后 | | | | | |
| | | | | 前 | | | | | |
| | | | | 后—前 | | | | | |
| | | | | 后 | | | | | |
| | | | | 前 | | | | | |
| | | | | 后—前 | | | | | |

### 水准测量内业计算表

| 点号 | 距离（km） | 实测高差（m） | 改正数（mm） | 改正后高差（m） | 高程（m） | 备注 |
|---|---|---|---|---|---|---|
| | | | | | | |
| | | | | | | |
| | | | | | | |
| | | | | | | |
| | | | | | | |
| | | | | | | |

续表

| 点号 | 距离<br>(km) | 实测高差<br>(m) | 改正数<br>(mm) | 改正后高差<br>(m) | 高程<br>(m) | 备注 |
|---|---|---|---|---|---|---|
| 辅助<br>计算 | | | | | | |

## 六、活动评价

| 评价内容 | 评价标准 | 评价结果<br>(是/否) |
|---|---|---|
| 活动完成情况 | 能描述单一水准路线的形式及其闭合差理论值 | □是　□否 |
| | 能理解不同等级水准测量技术要求的内涵 | □是　□否 |
| | 能描述不同等级水准测量的观测程序和技术要求 | □是　□否 |
| | 能进行水准测量的内业成果计算 | □是　□否 |

## 七、课后作业

1. 双面水准尺的黑面是从 0 开始注记，而红面（　　）刻划。

A. 两根都是从 4687 开始

B. 两根都是从 4787 开始

C. 一根从 4677 开始，另一根从 4787 开始

D. 一根从 4687 开始，另一根从 4787 开始

2. 水准路线闭合差调整是对高差进行改正，方法是将高差闭合差按与测站数或路线长度成（　　）的关系求得高差改正数。

A. 正比例并同号　　　　　　　　B. 反比例并反号

C. 正比例并反号　　　　　　　　D. 反比例并同号

3. 从一个已知的水准点出发，沿途经过各点，最后附合到另外一个已知的水准点上，这样的水准路线是（　　）。

A. 支导线　　　　　　　　　　　B. 闭合水准路线

C. 支水准路线　　　　　　　　　D. 附合水准路线

4. 三、四等水准测量时要求每测段测站数为偶数站，主要目的是消除（　　）。

A. $i$ 角误差　　　　B. 标尺零点差　　　　C. 读数误差　　　　D. 视差

5. 四等水准测量属于（　　）。

A. 高程控制测量　　　B. 平面控制测量　　　C. 碎部测量　　　　D. 施工测量

6. 水准测量时，尺垫应放置在（　　）上。

A. 水准点　　　　　　　　　　　B. 转点

C. 土质松软的水准点　　　　　　D. 需要立尺的所有点

7. 一闭合水准路线测量 6 测站完成，观测高差总和为 —12mm，其中两相邻水准点间 2 个测站完成，则其高差改正数为（　　）mm。

A. +4　　　　　　B. −4　　　　　　C. +2　　　　　　D. −2

8. 下列关于测量记录的要求，叙述错误的是（　　　）。

A. 测量记录应保证原始真实，不得擦拭涂改

B. 测量记录应做到内容完整，应填项目不能空缺

C. 为保证测量记录表格的清洁，应先在稿纸上记录，确保无误后再填写

D. 在测量记录时，记错或算错的数字，只能用细斜线划去，并在错数上方写正确数字

9. 三等水准测量实施时，在测站上的观测顺序应该为（　　　）。

A. 后后前前　黑红黑红　　　　　　　　B. 后后前后　黑黑红红

C. 后后前前　黑黑红红　　　　　　　　D. 后后前后　黑红黑红

10. 四等水准测量闭合差限差计算公式 $f_h = \pm 20\sqrt{L}$，式中 $L$ 的单位为（　　　）。

A. m　　　　　　B. cm　　　　　　C. mm　　　　　　D. km

11. 某测量小队用 DSZ3 水准仪完成了附合水准路线外业单程施测，经整理计算得到水准路线长度是 1.8km，实测闭合差是 +6mm。请依据《工程测量标准》GB 50026—2020，分析该观测可满足什么等级。

12. 完成下表中改正数、改正后高差、高程值的计算及辅助计算。

| 点号 | 距离<br>(km) | 实测高差<br>(m) | 改正数<br>(mm) | 改正后高差<br>(m) | 高程<br>(m) | 备注 |
|---|---|---|---|---|---|---|
| A |  |  |  |  | 57.967 |  |
|  | 0.7 | +4.363 |  |  |  |  |
| 1 |  |  |  |  |  |  |
|  | 1.3 | +2.413 |  |  |  |  |
| 2 |  |  |  |  |  |  |
|  | 0.9 | −3.121 |  |  |  |  |
| 3 |  |  |  |  |  |  |
|  | 0.5 | +1.263 |  |  |  |  |
| 4 |  |  |  |  |  |  |
|  | 0.6 | +2.716 |  |  |  |  |
| 5 |  |  |  |  |  |  |
|  | 0.8 | −3.715 |  |  |  |  |
| B |  |  |  |  | 61.819 |  |
| Σ |  |  |  |  |  |  |
| 辅助<br>计算 |  |  |  |  |  |  |

13. 自主到仪器室借领水准仪，练习四等水准测量，并将望远镜瞄准目标的视窗影像和记录表格拍照上传至课程平台讨论区。

# 职业能力 2-1-2　能按标准用全站仪进行三角高程测量

## 核心概念

三角高程测量：根据已知点高程及两点间的垂直角和距离确定所求点高程的方法。

## 学习目标

1. 能理解三角高程测量原理。
2. 能说出三角高程测量公式符号的含义。
3. 能按照标准要求完成两点的对向观测。
4. 能完成三角高程测量高差的计算。

## 基本知识

### 一、三角高程测量原理

三角高程测量是根据测站点到观测目标点间的水平距离和垂直角，运用三角函数公式计算两点间的高差，来推算未知点高程的方法，是一种间接测定高程的方法。

如图 2.1-10 所示，在 A 点安置全站仪，量取仪器高 $i_A$；在 B 点安置棱镜，量取棱镜高 $v_B$；用望远镜十字丝精确瞄准棱镜中心，测定垂直角 $\alpha$，倾斜距离 $D'_{AB}$ 或水平距离 $D_{AB}$，则 A、B 两点间的高差计算公式为：

$$h_{AB} = D'_{AB}\sin\alpha + i_A - v_B \ 或 \ h_{AB} = D_{AB}\tan\alpha + i_A - v_B$$

则 B 点高程为：

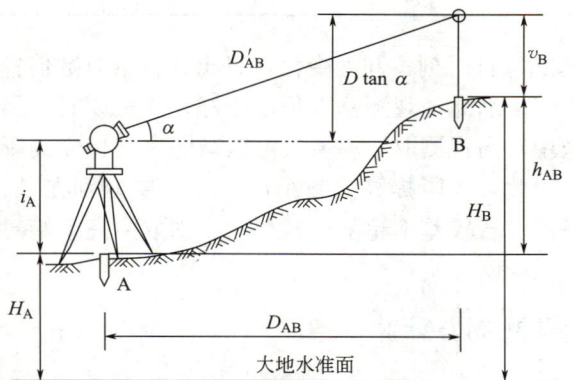

图 2.1-10　三角高程测量原理

$$H_B = H_A + h_{AB}$$

这种在已知点设站观测未知点的方法叫作直觇。如果在未知点设站观测已知点，称为反觇，此时高差计算公式为：

$$h_{BA} = D_{BA} \tan\alpha_{BA} + i_B - v_A$$

则 B 点高程为：

$$H_B = H_A - h_{BA}$$

以上公式适用于 A、B 两点距离较近，可以将水准面近似看成水平面的情况。当地面两点的距离较远时，就必须考虑地球曲率及大气折光的影响。地球曲率对高差的影响称为地球曲率差，简称球差。大气折光引起视线呈弧线所导致的差异，简称为气差。球差和气差合称为两差，两差的综合改正叫两差改正，有时也叫球气差改正。球差与气差均与两点间的距离有关，且气差总小于球差。实际工作中，通常将全国性或地区性的大气折光系数 $k$ 值近似当作常数来对待，我国目前一般采用 $k = 0.14$，此值对大多数地区都适用。两差改正数 $f$（单位 mm）可以按照下式进行计算：

$$f = \frac{D^2}{2R} \cdot (1-k)$$

式中　$R$——地球平均半径，一般取 6371，km；

　　　$D$——实测水平距离，m；

　　　$k$——大气折光系数，一般地区取 0.14。

按照上述公式，可计算出常用距离所对应的两差改正数，以方便计算时直接改正，见表 2.1-8。

两差改正数表 （$k = 0.14$）　　　　　　　　表 2.1-8

| 距离（m） | 100 | 170 | 200 | 250 | 300 | 350 | 400 | 450 | 500 | 550 |
|---|---|---|---|---|---|---|---|---|---|---|
| 改正数（mm） | 1 | 2 | 3 | 4 | 5 | 8 | 11 | 14 | 17 | 20 |
| 距离（m） | 600 | 650 | 700 | 750 | 800 | 850 | 900 | 950 | 975 | 1000 |
| 改正数（mm） | 24 | 29 | 33 | 38 | 43 | 49 | 55 | 61 | 64 | 67 |

大气折光系数 $k$ 值随每日时刻不同而变化，日出、日落时数值较大，且变化较快；中午前后数值最小，且稳定。因此，观测垂直角时最好在 9～15 时，尽量避免在日出后和日落前 2 小时内观测。采用对向观测取平均值，可以减弱大气折光的影响，同时可以抵消地球曲率对高差的影响。因此，为了提高测量精度，通常要分别在 A、B 两点设站进行直、反觇观测，分别计算高差。若较差不超限，高差大小则取两高差绝对值的平均值，符号以直觇高差为准。

## 二、三角高程测量观测与计算

### 1. 三角高程测量观测

在测站上安置全站仪，量取仪器高 $i$，在目标点上安置棱镜，量取棱镜高 $v$。$i$ 和 $v$ 用小钢卷尺量两次取平均值，读数至 1mm。

　　仪器盘左位置瞄准目标点，测定水平距离，读取竖盘读数；倒转望远镜成盘右位置，瞄准目标点，读取竖盘读数。以上完成 1 个测回的观测。

　　具体需要观测几个测回，应根据实际需要的精度等级确定。不同等级三角高程测量的具体技术要求见表 2.1-9。

电磁波测距三角高程测量的主要技术要求　　　　　　　　表 2.1-9

| 等级 | 每千米高差全中误差(mm) | 边长(km) | 垂直角观测 | | | | 边长测量 | | 对向观测高差较差(mm) | 附合或环形闭合差(mm) |
| --- | --- | --- | --- | --- | --- | --- | --- | --- | --- | --- |
| | | | 仪器精度等级 | 测回数 | 指标差较差(″) | 测回较差(″) | 仪器精度等级 | 观测次数 | | |
| 四等 | 10 | ≤1 | 2″ | 3 | ≤7 | ≤7 | 10mm | 往返各一次 | $40\sqrt{D}$ | $20\sqrt{\sum D}$ |
| 五等 | 15 | ≤1 | 2″ | 3 | ≤10 | ≤10 | 10mm | 往一次 | $60\sqrt{D}$ | $30\sqrt{\sum D}$ |
| 图根 | 20 | ≤5 | 6″ | 2 | ≤25 | ≤25 | 10mm | 往一次 | $80\sqrt{D}$ | $40\sqrt{\sum D}$ |

　　注：$D$ 为电磁波测距边的长度，单位 km。

### 2. 三角高程测量计算

　　三角高程测量外业观测结束后，检查外业观测成果是否符合标准规定及各项限差要求，确认无误后，将观测值填入计算表的相应栏内，按公式计算观测高差。计算表格式见表 2.1-10。

三角高程测量观测记录与高差计算表　　　　　　　　表 2.1-10

| 测站点 | A | B | B | C |
| --- | --- | --- | --- | --- |
| 目标点 | B | A | C | B |
| 直(反)觇 | 直觇 | 反觇 | 直觇 | 反觇 |
| 水平距离 $D$(m) | 457.255 | 457.255 | 419.831 | 419.831 |
| 垂直角 $\alpha$(°′″) | −1 32 59 | +1 35 23 | −2 11 01 | +2 12 55 |
| $D\tan\alpha$(m) | −12.371 | +12.690 | −16.008 | +16.240 |
| 仪器高 $i$(m) | 1.455 | 1.512 | 1.512 | 1.553 |
| 棱镜高 $v$(m) | 1.752 | 1.558 | 1.523 | 1.704 |
| 两差改正(m) | 0.014 | 0.014 | 0.012 | 0.012 |
| 单向高差(m) | −12.554 | +12.548 | −15.107 | +15.111 |
| 平均高差(m) | −12.551 | | −15.109 | |

活动设计

### 一、活动条件

　　1. 安排活动场地——为每组设置一个已知点 P，一个待测点 A。提前测出两点的高差。

2. 仪器室准备全站仪、单棱镜组、三脚架、小钢卷尺、记录板。

3. 学生自备 2H 铅笔。

## 二、活动组织

1. 每四人一组，其中一人观测，一人记录，一人司镜，一人评价。

2. 每组成员依次轮换操练。小组四人分别编为 1、2、3、4 号，首先 1 号观测、2 号记录、3 号司镜、4 号评价，然后 2 号观测、3 号记录、4 号司镜、1 号评价，以此类推。

3. 全部完成操作训练之后，相互比较所测高差是否一致，对相差超过 30mm 的结果共同分析原因，指导其重测。小组所测高差全部一致后，找老师核对结果是否正确。

4. 教师汇总分析各组观测成果，请最快完成的小组分享心得，对出错的情况进行总结，提出正确测量的要点和常见错误的应对措施。

## 三、安全及注意事项

1. 打开、收拢三脚架时，注意手持位置及周边环境，谨防夹手伤人。

2. 仪器安置在测站上，当暂停操作时，必须有人守护在旁，确保仪器安全。

3. 瞄准目标务必消除视差，确保精度可靠。

## 四、活动实施

| 序号 | 步骤 | 操作及说明 | 操作标准 |
|---|---|---|---|
| 1 | 准备 | (1)到仪器室领取仪器及工具，清单如下：<br><br>全站仪×1,单棱镜组×1,三脚架×2,小钢卷尺×1,记录板×1。<br>(2)目视外观是否有脏污、脱漆、锈蚀、伤痕和变形等缺陷 | (1)清点仪器及工具数量。<br>(2)填写缺陷情况，并在领用单上签名。<br>(3)仪器及工具紧拿轻放，避免碰撞 |
| 2 | 直觇测量 | (1)P 点安置全站仪,A 点安置棱镜;量取仪器高和目标点棱镜高各两次,取平均值记入表格。<br>(2)设置棱镜常数,输入温度值和气压值。<br>(3)盘左位置瞄准 A 点棱镜中心,读取竖盘读数(VA),测定水平距离(HD),记入表格。<br>(4)倒转望远镜成盘右位置,瞄准 A 点棱镜,读取竖盘读数(VA),记入表格 | (1)脚架高度和跨度适宜,便于观测。<br>(2)棱镜安置好后须正对测站方向。<br>(3)仪器取出后及时合上箱盖。<br>(4)仪器高、棱镜高位置判断准确,读数至毫米 |

| 序号 | 步骤 | 操作及说明 | 操作标准 |
|---|---|---|---|
| 3 | 反觇测量 | (1)A点安置全站仪，P点安置棱镜；量取仪器高和目标点棱镜高各两次，取平均值记入表格。<br>(2)盘左位置瞄准P点棱镜中心，读取竖盘读数(VA)，测定水平距离(HD)，记入表格。<br>(3)倒转望远镜成盘右位置，瞄准P点棱镜，读取竖盘读数(VA)，记入表格 | (1)脚架高度和跨度适宜，便于观测。<br>(2)棱镜安置好后须正对测站方向。<br>(3)仪器取出后及时合上箱盖。<br>(4)仪器高、棱镜高位置判断准确，读数至毫米 |
| 4 | 计算高差 | (1)计算盘左、盘右垂直角平均值 $\alpha$。<br>(2)计算 $D\tan\alpha$ 值。<br>(3)根据水平距离 $D$，查表(计算)两差改正数。<br>(4)计算直觇、反觇单向高差。<br>(5)计算平均高差 | (1)计算认真仔细，不出错。<br>(2)表格填写工整，不乱涂改 |
| 5 | 结束观测<br>(轮换练习) | (1)仪器装箱，脚架收拢。<br>(2)依次轮换，重新测量 | (1)每人分别观测、记录1次，对向观测高差较差不超过60mm。<br>(2)观测值互差不超过30mm |
| 6 | 整理归还仪器 | (1)小组成员全部操练完成后，仪器装箱，脚架收拢。<br>(2)清点仪器及工具是否完整。<br>(3)归还仪器，清理环境 | (1)爱护仪器和工具，紧拿轻放。<br>(2)工完场清，仪器归还放回原位 |

## 五、活动记录

### 三角高程测量观测记录与高差计算表

日期：　　　　　　　　　　　仪器号：　　　　　　　　　　观测：

天气：　　　　　　　　　　　地点：　　　　　　　　　　　记录：

| 测站点 | | | |
|---|---|---|---|
| 目标点 | | | |
| 直(反)觇 | | | |
| 水平距离 $D$（m） | | | |
| 垂直角 $\alpha$（° ′ ″） | | | |
| $D\tan\alpha$（m） | | | |
| 仪器高 $i$（m） | | | |
| 棱镜高 $v$（m） | | | |
| 两差改正（m） | | | |
| 单向高差（m） | | | |
| 平均高差（m） | | | |

说明：1. 至少记录一个待测点完整的数据（直觇和反觇）。

　　　2. 如需重测可整列划去，另起一列填写。

## 六、活动评价

| 评价内容 | 评价标准 | 评价结果<br>（是/否） |
|---|---|---|
| 活动完成情况 | 能理解三角高程测量原理 | □是　□否 |
| | 能说出三角高程测量公式符号的含义 | □是　□否 |
| | 能按照标准要求完成两点的对向观测 | □是　□否 |
| | 能完成三角高程测量高差的计算 | □是　□否 |

## 七、课后作业

1. 为了减小地球曲率和大气折光的影响，三角高程测量应采用对向观测取平均值的方式。（□正确　□错误）

2. 三角高程测量时，在已知点设站观测未知点的方法叫反觇。（□正确　□错误）

3. 日出、日落时，大气折光系数值较大，且变化较快。（□正确　□错误）

4. 当高程精度要求为 0.01m 时，如果两点的距离超过 _____ m，必须对计算出的高差进行两差改正。

5. 四等三角高程测量，采用 2″ 级仪器观测垂直角，应观测 _____ 个测回。

6. 小张同学用 2″ 级全站仪进行三角高程测量，测得两点间的水平距离为 560m，对向观测所得两次高差相差了 0.035m。请查阅《工程测量标准》GB 50026—2020，分析小张同学的三角高程测量精度可以达到什么样的等级？

7. 自主到仪器室借领全站仪，练习坐标测量，并将望远镜瞄准目标的视窗影像和记录表格拍照上传至课程平台讨论区。

## 任务拓展 5：国家高程控制网

精确测定控制点高程的工作，称为高程控制测量。由高程控制点组成的网状几何图形，称为高程控制网。高程控制网按用途可分为国家高程控制网、城市高程控制网、工程高程控制网和图根高程控制网。

国家高程控制网布设的目的有两个：一是在全国范围内建立统一的高程控制网，为地形图测图和工程建设提供必要的高程控制；二是为地壳垂直运动、海面地形及其变化和大地水准面形状等地球科学研究提供精确的高程数据。国家高程控制网一般通过高精度的几何水准测量方法建立，因此也称为国家水准网。

国家水准网的布网方案采用从高到低、从整体到局部、逐级控制、逐级加密的方式，分为一、二、三、四等水准网。一等水准网是国家高程控制网的骨干，同时也为相关地球科学研究提供高程数据；二等水准网是国家高程控制网的全面基础；三、四等水准网为地形测图和其他工程建设提供高程控制点。各级水准路线必须自行闭合或闭合于高等级的水准点，与其构成环形或附合路线，以便控制水准测量系统误差的累积和便于在高等级的水准环中布设低等级的水准路线。一等水准测量路线沿地质构造稳定和坡度平缓的交通线布满全国，根据地区情况和实际需要，水准环周长在 1000～1500km。在一等水准环内布设的二等水准网，是国家高程控制网的全面基础。二等水准路线将一等水准环划分为较小的环，其周长一般在 500～750km。三、四等水准网直接提供地形测量和各项工程建设所必需的高程控制点。先用三等水准测量路线将二等水准环分为若干个更小的环，再用四等水准测量路线进一步加密。

水准测量应达到足够的精度。较高的测量精度，是保证水准测量成果使用价值的头等重要要求。一、二等水准测量称为精密水准测量。精密水准测量必须实施往测和返测，而且规定一、二等水准测量由往返测之差计算的每千米高差平均值的偶然中误差不大于 0.45mm 和全中误差小于 1.0mm。因精密水准测量成果需进行重力异常改正，故在一、二等水准路线沿线要进行重力测量。高程大于 4000m 或水准点间的平均高差为 150～250m 的地区，一、二等水准路线上每个水准点均应测定重力。高差大于 250m 的测段，在地面倾斜变化处应加测重力。

# 工作任务 **2-2**
## 平面控制测量

思维导图

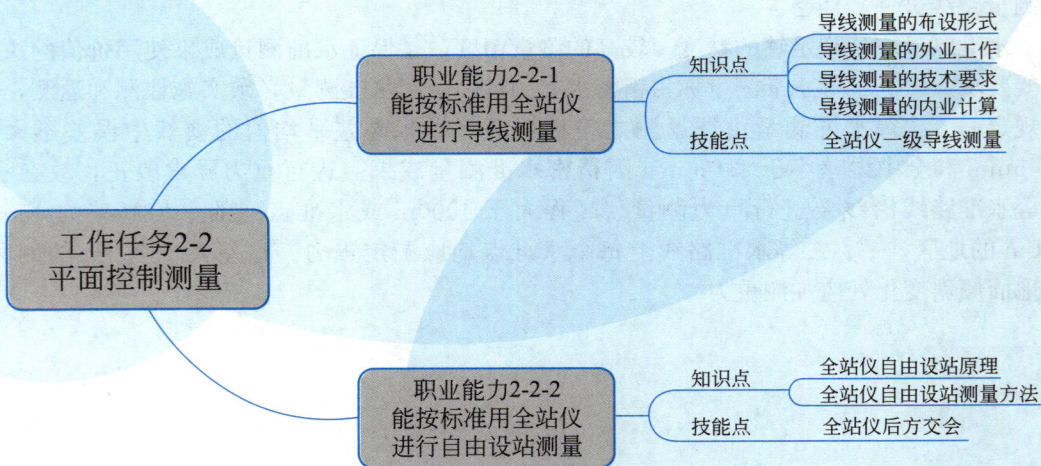

## 思政元素

### 珠港澳大桥跨越三地坐标建立控制网——制度自信、民族自豪

2018 年 10 月 23 日上午，港珠澳大桥开通仪式在广东珠海举行。

港珠澳大桥是在"一国两制"的基本国策下，粤港澳三地首次合作建设的大型跨海交通工程。它以公路桥的形式起于香港地区的大屿山，西向伶仃洋经青州桥、江海桥、九州桥，最后分成 Y 字形，一端连接珠海，另一端连接澳门，是连接香港、珠海、澳门的大型交通枢纽。这一重大工程对于贯彻"一国两制"方针，全力支持香港、澳门两个特别行政区积极应对国际金融危机，保持繁荣稳定，进一步加强内地与港澳地区的合作，拓展粤港澳三地合作的深度和广度，支持港澳在内地企业的发展具有重要意义。

港珠澳大桥属于特大型跨海桥隧工程，它跨越粤、港、澳三地，三地的坐标及高程系统互不相同。为了做到高精度、一网多用、长期保持大桥测量基准的稳定和统一，必须先行建立统一的首级平面及高程控制网，将港珠澳大桥的测量基准全部统一到该网基础之上，以保证后续勘测、施工测量及变形测量监控的顺利开展。

港珠澳大桥首级控制网建网测量于 2008 年 9 月至 2009 年 2 月间完成，共布设平面控制网观测墩 16 个，其中珠海区域 8 个，澳门区域 2 个，香港区域 6 个；一等水准路线 250km，桥位区二等水准路线 100km；一、二等高精度跨江（海）高程传递 12 处。

港珠澳大桥首级平面控制网采用了科学先进的数据处理方案，获得了高精度的坐标成果，其基线精度优于千万分之五，相对点位精度优于 2mm。首级高程控制网采用一、二等精密水准联测，实施了多处跨江跨海高程传递测量，获得了平差后每千米中误差仅 0.3mm 的精密高程成果。通过三地联测，还分别确定了国家坐标系、香港地区与澳门地区坐标系之间的转换参数，并建立了大桥工程建设所需的高程基准和相应的独立坐标系。同时，依据最新的地球重力场理论和方法，建立了高精度的港珠澳大桥地区局部重力似大地水准面，精度达到 6mm。

港珠澳大桥的建设创下多项世界之最，体现了一个国家逢山开路、遇水架桥的奋斗精神，体现了我国综合国力、自主创新能力，体现了勇创世界一流的民族志气，是一座圆梦桥、同心桥、自信桥、复兴桥。

### 🔍 预习笔记

_____

_____

_____

_____

_____

_____

## 职业能力 2-2-1 能按标准用全站仪进行导线测量

### 核心概念

导线测量：在地面上按一定要求选定一系列的点依相邻次序连成折线，并测量各线段的边长和转折角，再根据起始数据确定各点平面位置的测量方法。

### 学习目标

1. 能准确判断单一导线测量的路线形式。
2. 能根据测量精度等级确定测量技术要求。
3. 能计算导线测量闭合差并判断测量精度。
4. 能完成导线测量内业成果计算。

## 基本知识

### 一、导线测量的布设形式

2.2-1
导线的布
设形式

导线是由若干条直线连成的折线，相邻两直线之间的水平角叫作转折角。测定了转折角和导线边长后，即可根据已知坐标方位角和已知坐标推算出各导线点的坐标。导线可被布设成单一导线和导线网。两条以上导线的汇聚点称为导线的结点。单一导线与导线网的区别在于导线网具有结点，而单一导线则不具有结点。按照不同的情况和要求，单一导线可以布设成下列几种形式。

#### 1. 闭合导线

如图 2.2-1 所示，导线从一已知高级控制点 A 开始，经过一系列的导线点 1、2、3、4，最后又回到 A 点上，形成一个闭合多边形。应该注意，由于闭合导线是一种可靠性极差的控制网图形，在实际测量工作中应避免单独使用。

#### 2. 附合导线

布设在两个高级控制点之间的导线称为附合导线。如图 2.2-1 所示，导线从已知高级控制点 B 开始，经过点 5、6、7、8，最后附合到另一高级控制点 C 上。附合导线主要用于带状地区的控制，如铁路、公路、河道的测图控制。已知控制点上可以有一条或几条定向边与之相连接，也可以没有定向边与之相连接。

#### 3. 支导线

从一个已知控制点出发，支出 1～2 个点，既不附合至另一控制点，也不回到原来的起始点，这种形式的导线称支导线，如图 2.2-1 所示中的 9、10。由于支导线缺乏检核条件，所以一般只限于地形测量的图根导线中采用。

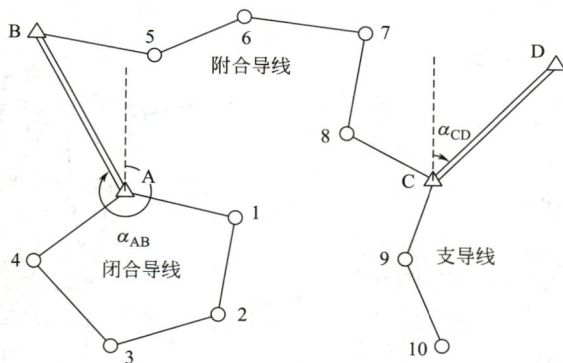

图 2.2-1　导线测量的布设形式

## 二、导线测量的外业工作

### 1. 踏勘选点

导线点的选择直接影响导线测量的精度和速度以及导线点的保存和使用。因此在踏勘选点前，首先要调查收集测区已有地形图和高一级控制点的成果资料，在地形图上拟定导线的布设方案，然后到野外去踏勘，实地核对、修改，落实点位。如果测区没有地形图资料，则需要详细踏勘现场，根据实际情况，合理选定导线点位置。实地选点时，应注意以下几点：

（1）相邻两导线点间要互相通视，地势较平坦，便于测角和测距。

（2）点位应选在土质坚实、视野开阔处，便于保存标志和安置仪器，同时也便于碎步测量和施工放样。

（3）导线边长应大致相等，相邻边长不应差距过大，相邻边长之比不应超过 3 倍。

（4）导线点要有足够的密度，便于控制整个测区。

### 2. 建立标志

导线点选定后，应在地面上建立标志，并沿导线走向顺序编号，绘制导线略图。无须长期使用的点位，可在点位上打一个木桩，在桩顶钉一小钉，作为点的标志，如图 2.2-2 所示。也可在水泥地面上用红漆画一个圆，圆内点一小点，作为临时标志。若导线点需要长期保存，则应在选定的位置上埋设混凝土桩，如图 2.2-3 所示。桩顶嵌入带"＋"字的金属标志，作为永久性标志。

导线点应统一编号。为了便于寻找，也应绘制"点之记"，量出导线点与附近明显地物的距离，绘出草图，注明尺寸，如图 2.2-4 所示。

### 3. 转折角测量

转折角的观测一般采用测回法进行。当导线点上观测的方向数多于 3 个时，应采用方向观测法进行，各测回间应按规定进行水平度盘配置。

在进行一、二、三级导线和图根导线转折角观测时，一般应观测导线前进方向的左角。对于闭合导线，若按逆时针方向进行观测，则观测的转折角既是闭合多边形的内角，又是导线前进方向的左角；对于支导线，应分别观测导线前进方向的左角和右角，以增加检核条件。

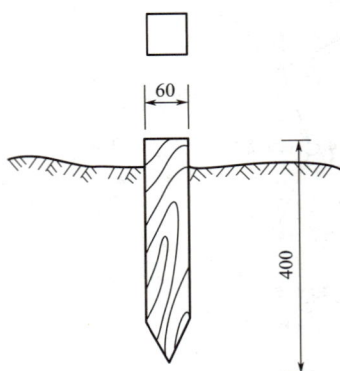

图 2.2-2　临时标志

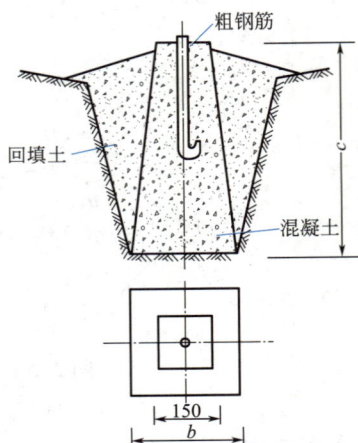

图 2.2-3　永久标志

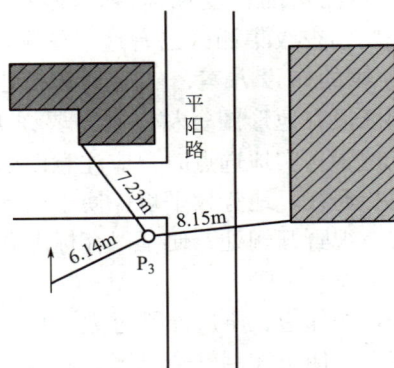

图 2.2-4　点之记

当观测短边之间的转折角时，测站偏心和目标偏心对转折角的影响将十分明显。因此，应对所用仪器和棱镜的光学对中器进行严格检校，并且要特别仔细地进行对中和精确照准。为了减少对中误差对测角量边的影响，各等级导线观测宜采用三联脚架法。

三联脚架法通常使用三个既能安置全站仪，又能安置带有觇牌的通用基座和脚架，基座应有通用的光学对中器。如图 2.2-5 所示，将全站仪安置在测站点 $i$ 的基座中，带有觇牌的反射棱镜安置在后视点 $i-1$ 和前视点 $i+1$ 的脚架和基座中，而后进行导线测量。迁站时，导线点 $i$ 和 $i+1$ 的脚架和基座不动，只取下全站仪和带有觇牌的反射棱镜，在导线点 $i+1$ 上安置全站仪，在导线点 $i$ 的基座上安置 $i-1$ 点上的觇牌和反射棱镜，并将导线点 $i-1$ 上的脚架连同基座一块搬至导线点 $i+2$ 处并予以安置，然后将 $i+1$ 处的反射棱镜和觇牌安装在基座上，这样直到测完整条导线为止。

### 4. 边长测量

导线边长可采用电磁波测距仪测量，也可采用全站仪测量，在测定转折角的同时，测定导线边长。导线边长应对向观测，以增加检核条件。

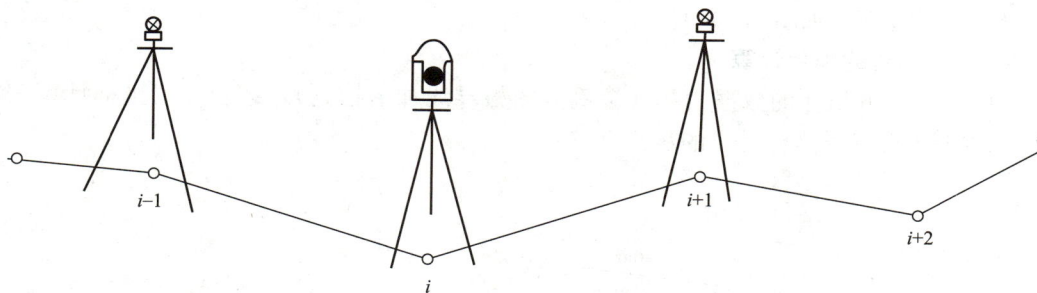

图 2.2-5 三联脚架法导线观测

### 5. 连接测量

为了计算导线点的坐标，必须确定每条导线边的坐标方位角，因此应首先确定导线起始边的方位角。若导线起始点附近有高级控制点，则应与控制点联测连接角，再推算出各边方位角。若起始点附近无高级控制点，可用罗盘仪测定起始边方位角。

## 三、导线测量的技术要求

导线测量按照测量的精度不同，可分为国家等级导线测量、基本控制导线测量和图根导线测量。工程测量中常采用的精度等级分为三等、四等、一级、二级、三级和图根六个级别。各等级导线测量的主要技术要求应符合表 2.2-1 的规定。

各等级导线测量的主要技术要求          表 2.2-1

| 等级 | 导线长度（km） | 平均边长（km） | 测角中误差（"） | 测距中误差（mm） | 测距相对中误差 | 测回数 | | | | 方位角闭合差（"） | 导线全长相对闭合差 |
| --- | --- | --- | --- | --- | --- | --- | --- | --- | --- | --- | --- |
| | | | | | | 0.5"级仪器 | 1"级仪器 | 2"级仪器 | 6"级仪器 | | |
| 三等 | 14 | 3 | 1.8 | 20 | 1/150000 | 4 | 6 | 10 | — | $3.6\sqrt{n}$ | ≤1/55000 |
| 四等 | 9 | 1.5 | 2.5 | 18 | 1/80000 | 2 | 4 | 6 | — | $5\sqrt{n}$ | ≤1/35000 |
| 一级 | 4 | 0.5 | 5 | 15 | 1/30000 | — | — | 2 | 4 | $10\sqrt{n}$ | ≤1/15000 |
| 二级 | 2.4 | 0.25 | 8 | 15 | 1/14000 | — | — | 1 | 3 | $16\sqrt{n}$ | ≤1/10000 |
| 三级 | 1.2 | 0.1 | 12 | 15 | 1/7000 | — | — | 1 | 2 | $24\sqrt{n}$ | ≤1/5000 |
| 图根 | $\leqslant \alpha \cdot M$ | — | 20 | | | — | — | — | 1 | $40\sqrt{n}$ | ≤1/(2000×$\alpha$) |

注：1. $n$ 为测站数；

    2. 当测区测图的最大比例尺为 1∶1000 时，一、二、三级导线的导线长度、平均边长可放长，但最大长度不应大于表中规定相应长度的 2 倍；

    3. $\alpha$ 为比例系数，取值宜为 1，当采用 1∶500、1∶1000 比例尺测图时，$\alpha$ 值可在 1~2 之间选用；

    4. $M$ 为测图比例尺的分母，但对于工矿区现状图测量，不论测图比例尺大小，$M$ 应取值为 500；

    5. 图根加密控制，测角中误差可放宽到 30"，方位角闭合差可放宽到 $60\sqrt{n}$"。

## 四、导线测量的内业计算

导线测量内业计算的目的主要是计算各导线点的平面坐标（$x$、$y$）。计算之前，应先全面检查导线测量外业记录、数据是否齐全，有无记错、算错，成果是否符合精度要求，起算数据是否准确。然后绘制计算略图，将各项数据注

2.2-3
导线测量的内业计算

在图上的相应位置，如图 2.2-6 所示。

### 1. 闭合导线的坐标计算

现以图 2.2-6 所注的数据为例（该例为图根导线加密控制），结合导线坐标计算表的使用，说明闭合导线坐标计算的步骤。

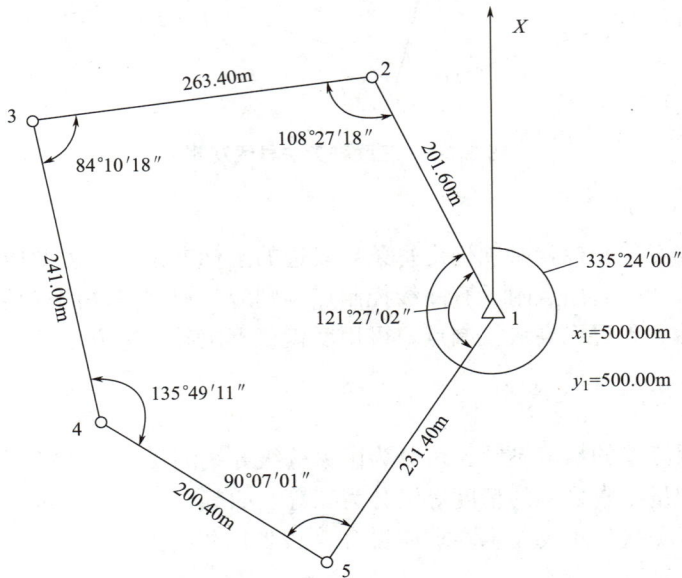

**图 2.2-6　闭合导线点位略图**

（1）准备工作

将校核过的外业观测数据及起算数据填入导线坐标计算表中，见表 2.2-2，起算数据用下划线标明。

（2）角度闭合差的计算与调整

1）计算角度闭合差

闭合导线内角和的理论值为：

$$\sum \beta_{理} = (n-2) \times 180°$$

式中　$n$——导线边数或转折角数。

由于观测水平角不可避免地含有误差，致使实测的内角之和 $\sum \beta_{测}$ 不等于理论值 $\sum \beta_{理}$，两者之差，称为角度闭合差，用 $f_\beta$ 表示，即

$$f_\beta = \sum \beta_{测} - \sum \beta_{理} = \sum \beta_{测} - (n-2) \times 180°$$

2）计算角度闭合差的容许值

角度闭合差的大小反映了水平角观测的质量。图根导线角度闭合差的容许值 $f_{\beta容}$ 的计算公式为：

$$f_{\beta容} = \pm 60 \sqrt{n}''$$

如果 $|f_\beta| > |f_{\beta容}|$，说明所测水平角不符合要求，应对水平角重新检查或重测。

如果 $|f_\beta| < |f_{\beta容}|$，说明所测水平角符合要求，可对所测水平角进行调整。

3）计算水平角改正数

如角度闭合差不超过角度闭合差的容许值，则将角度闭合差反符号平均分配到各观测水平角中，也就是每个水平角加相同的改正数 $v_\beta$，$v_\beta$ 的计算公式为：

$$v_\beta = -\frac{f_\beta}{n}$$

计算检核：水平角改正数之和应与角度闭合差大小相等、符号相反，即：

$$\sum v_\beta = -f_\beta$$

4）计算改正后的水平角

改正后的水平角 $\beta_{ig}$ 等于所测水平角加上水平角改正数

$$\beta_{ig} = \beta_i + v_\beta$$

计算检核：改正后的闭合导线内角之和应为 $(n-2) \times 180°$，本例为 $540°$。$f_\beta$、$f_{\text{容}}$ 的计算见表 2.2-2 中的辅助计算栏。

（3）推算各边的坐标方位角

根据起始边的已知坐标方位角及改正后的水平角，推算其他各导线边的坐标方位角。

本例观测转折角为左角，按照左角推算公式推算出导线各边的坐标方位角，填入表 2.2-2 的第 5 列内。

计算检核：最后推算出起始边坐标方位角，它应与原有的起始边已知坐标方位角相等，否则应重新检查计算。

（4）坐标增量的计算及其闭合差的调整

1）计算坐标增量

根据已推算出的导线各边的坐标方位角和相应边的边长，计算各边的坐标增量。例如，导线边 1-2 的坐标增量为：

$$\Delta x_{12} = D_{12} \cos\alpha_{12} = 201.60 \times \cos335°24'00'' = +183.30\text{m}$$

$$\Delta y_{12} = D_{12} \sin\alpha_{12} = 201.60 \times \sin335°24'00'' = -83.92\text{m}$$

用同样的方法，计算出其他各边的坐标增量值，填入表 2.2-2 的第 7、8 两列的相应格内。

2）计算坐标增量闭合差

如图 2.2-7（a）所示，闭合导线纵、横坐标增量代数和的理论值应为 0，即：

$$\sum \Delta x_{\text{理}} = 0$$

$$\sum \Delta y_{\text{理}} = 0$$

实际上由于导线边长测量误差和角度闭合差调整后的残余误差，使得实际计算所得的 $\sum \Delta x_{\text{m}}$、$\sum \Delta y_{\text{m}}$ 不等于 0，从而产生纵坐标增量闭合差 $f_x$ 和横坐标增量闭合差 $f_y$，即：

$$f_x = \sum \Delta x_{\text{m}}$$

$$f_y = \sum \Delta y_{\text{m}}$$

2.2-4
坐标增量
闭合差

3）计算导线全长闭合差 $f_D$ 和导线全长相对闭合差 $K$

从图 2.2-7（b）中可以看出，由于坐标增量闭合差 $f_x$、$f_y$ 的存在，使导线不能闭

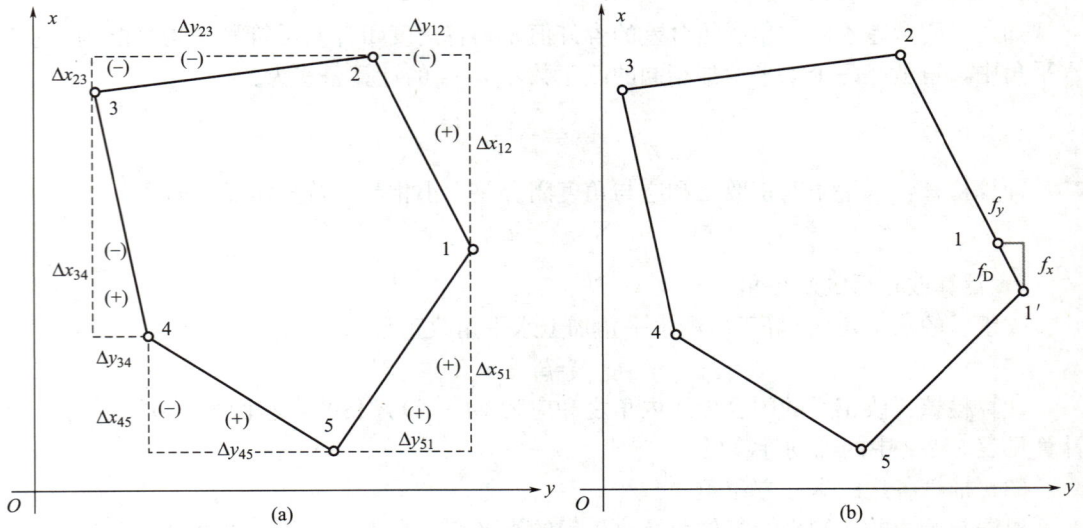

图 2.2-7　坐标增量闭合差

合，1-1′的长度 $f_D$ 称为导线全长闭合差，并用下式计算：

$$f_D = \sqrt{f_x^2 + f_y^2}$$

仅从 $f_D$ 值的大小还不能说明导线测量的精度，衡量导线测量的精度还应该考虑导线的总长。将 $f_D$ 与导线全长 $\sum D$ 相比，以分子为1的分数表示，称为导线全长相对闭合差 $K$，即：

$$K = \frac{f_D}{\sum D} = \frac{1}{\sum D / f_D}$$

以导线全长相对闭合差 $K$ 来衡量导线测量的精度，$K$ 的分母越大，精度越高。图根导线的容许值为 $1/2000$。

本例中 $f_x$、$f_y$、$f_D$ 及 $K$ 的计算见表 2.2-2 中的辅助计算栏。

4）调整坐标增量闭合差

调整的原则是将 $f_x$、$f_y$ 反号，并按与边长成正比的原则，分配到各边对应的纵、横坐标增量中去。以 $v_{xi}$、$v_{yi}$ 分别表示第 $i$ 边的纵、横坐标增量改正数，即：

$$v_{xi} = -\frac{f_x}{\sum D} \cdot D_i$$

$$v_{yi} = -\frac{f_y}{\sum D} \cdot D_i$$

本例中导线边 1-2 的坐标增量改正数为：

$$v_{x12} = -\frac{f_x}{\sum D} \cdot D_{12} = -\frac{-0.30}{1137.80} \times 201.60 = +0.05\text{m}$$

$$v_{y12} = -\frac{f_y}{\sum D} \cdot D_{12} = -\frac{-0.09}{1137.80} \times 201.60 = +0.02\text{m}$$

用同样的方法，计算出其他各导线边的纵、横坐标增量改正数，填入表2.2-2的第7、8列坐标增量值相应方格的上方。

计算检核：纵、横坐标增量改正数之和应满足下式：

$$\sum v_x = -f_x$$
$$\sum v_y = -f_y$$

5）计算改正后的坐标增量

各边坐标增量计算值加上相应的改正数，即得各边的改正后的坐标增量。

$$\Delta x_{ig} = \Delta x_i + v_{xi}$$
$$\Delta y_{ig} = \Delta y_i + v_{yi}$$

本例中导线边1-2改正后的坐标增量为：

$$\Delta x_{1g} = \Delta x_1 + v_{x1} = +183.30 + 0.05 = +183.35 \text{m}$$
$$\Delta y_{1g} = \Delta y_1 + v_{y1} = -83.92 + 0.02 = -83.90 \text{m}$$

用同样的方法计算出其他各导线边的改正后坐标增量，填入表2.2-2中的第9、10列内。

计算检核：改正后纵、横坐标增量之代数和应分别为0。

（5）计算各导线点的坐标

根据起始点1的已知坐标和改正后各导线边的坐标增量，按下式依次推算出各导线点的坐标：

$$x_i = x_{i-1} + \Delta x_{i-1g}$$
$$y_i = y_{i-1} + \Delta y_{i-1g}$$

将推算出的各导线点坐标，填入表2.2-2中的第11、12列内。最后还应再次推算起始点1的坐标，其值应与原有的已知值相等，以作为计算检核。

**闭合导线坐标计算表**　　　　　　　　　　　　　表 2.2-2

| 点号 | 观测角（左角）(° ′ ″) | 改正数(″) | 改正后角值(° ′ ″) | 坐标方位角 α (° ′ ″) | 距离 D (m) | 增量计算值 Δx(m) | Δy(m) | 改正后增量 Δx(m) | Δy(m) | 坐标值 x(m) | y(m) | 点号 |
|---|---|---|---|---|---|---|---|---|---|---|---|---|
| 1 | 2 | 3 | 4=2+3 | 5 | 6 | 7 | 8 | 9 | 10 | 11 | 12 | 13 |
| 1 |  |  |  |  |  | +5 | +2 |  |  | 500.00 | 500.00 | 1 |
|  |  |  |  | 335 24 00 | 201.60 | +183.30 | −83.92 | +183.35 | −83.90 |  |  |  |
| 2 | 108 27 18 | −10 | 108 27 08 |  |  |  |  |  |  | 683.35 | 416.10 | 2 |
|  |  |  |  | 263 51 08 | 263.40 | +7 | +2 | −28.14 | −261.87 |  |  |  |
|  |  |  |  |  |  | −28.21 | −261.89 |  |  |  |  |  |
| 3 | 84 10 18 | −10 | 84 10 08 |  |  |  |  |  |  | 655.21 | 154.23 | 3 |
|  |  |  |  | 168 01 16 | 241.00 | +7 | +2 | −235.68 | +50.04 |  |  |  |
|  |  |  |  |  |  | −235.75 | +50.02 |  |  |  |  |  |
| 4 | 135 49 11 | −10 | 135 49 01 |  |  |  |  |  |  | 419.53 | 204.27 | 4 |
|  |  |  |  | 123 50 17 | 200.40 | +5 | +1 | −111.54 | +166.47 |  |  |  |
|  |  |  |  |  |  | −111.59 | +166.46 |  |  |  |  |  |
| 5 | 90 07 01 | −10 | 90 06 51 |  |  |  |  |  |  | 307.99 | 370.74 | 5 |
|  |  |  |  | 33 57 08 | 231.40 | +6 | +2 | +192.01 | +129.26 |  |  |  |
|  |  |  |  |  |  | +191.95 | +129.24 |  |  |  |  |  |
| 1 | 121 27 02 | −10 | 121 26 52 |  |  |  |  |  |  | 500.00 | 500.00 | 1 |
|  |  |  |  | 335 24 00 |  |  |  |  |  |  |  |  |
| 2 |  |  |  |  |  |  |  |  |  |  |  |  |

续表

| 点号 | 观测角（左角）(° ′ ″) | 改正数(″) | 改正后角值(° ′ ″) | 坐标方位角 α (° ′ ″) | 距离 D (m) | 增量计算值 Δx(m) | Δy(m) | 改正后增量 Δx(m) | Δy(m) | 坐标值 x(m) | y(m) | 点号 |
|---|---|---|---|---|---|---|---|---|---|---|---|---|
| Σ | 540 00 50 | −50 | 540 00 00 | | 1137.80 | −0.30 | −0.09 | 0 | 0 | | | |

| 辅助计算 | $\sum\beta_测 = 540°00'50''$    $f_x = \sum\Delta x_m = -0.30\text{m}$    $f_y = \sum\Delta y_m = -0.09\text{m}$ <br> $\sum\beta_理 = 540°00'00''$    $f_D = \sqrt{f_x^2 + f_y^2} = 0.31\text{m}$ <br> $f_\beta = +50''$   $f_{\beta容} = \pm60\sqrt{5}'' = \pm134''$    $K = \dfrac{0.31}{1137.80} \approx \dfrac{1}{3600} < K_容 = \dfrac{1}{2000}$ <br> $|f_\beta| < |f_{\beta容}|$ |

## 2. 附合导线坐标计算

附合导线的坐标计算与闭合导线的坐标计算基本相同，仅在角度闭合差的计算与坐标增量闭合差的计算方面稍有差别。

（1）角度闭合差的计算与调整

1）计算角度闭合差

如图 2.2-8 所示，根据起始边 AB 的坐标方位角 $\alpha_{AB}$ 及观测的各右角，推算 CD 边的坐标方位角 $\alpha'_{CD}$。

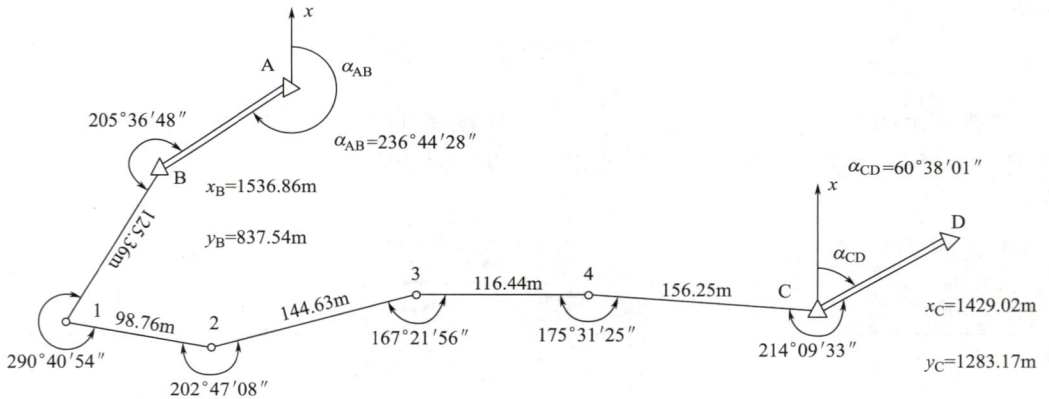

图 2.2-8　附合导线略图

$$\alpha_{B1} = \alpha_{AB} + 180° - \beta_B$$
$$\alpha_{12} = \alpha_{B1} + 180° - \beta_1$$
$$\alpha_{23} = \alpha_{12} + 180° - \beta_2$$
$$\alpha_{34} = \alpha_{23} + 180° - \beta_3$$
$$\alpha_{4C} = \alpha_{34} + 180° - \beta_4$$
$$\alpha'_{CD} = \alpha_{4C} + 180° - \beta_C$$

即：$\alpha'_{CD} = \alpha_{AB} + 6 \times 180° - \sum\beta_测$

写成一般公式为：$\alpha'_终 = \alpha_0 + n \times 180° - \sum\beta_R$

若观测左角，则：$\alpha'_终 = \alpha_0 + n \times 180° + \sum\beta_L$

若观测右角，则：$\alpha'_终 = \alpha_0 + n \times 180° - \sum\beta_R$

附合导线的角度闭合差 $f_\beta$ 为：$f_\beta = \alpha'_终 - \alpha_终$

式中    $\alpha_始$——已知的起始边方位角；

$\alpha_终$——已知的终边方位角；

$\alpha'_终$——推算出的终边方位角。

2）调整角度闭合差

当角度闭合差在容许范围内，如果观测的是左角，则将角度闭合差反号平均分配到各左角上；如果观测的是右角，则将角度闭合差同号平均分配到各右角上。

（2）坐标增量闭合差的计算

附合导线的坐标增量代数和的理论值应等于终、始两点的已知坐标值之差，即：

$$\sum\Delta x_理 = x_终 - x_始$$

$$\sum\Delta y_理 = y_终 - y_始$$

纵、横坐标增量闭合差为：

$$f_x = \sum\Delta x - \sum\Delta x_理 = \sum\Delta x - (x_终 - x_始)$$

$$f_y = \sum\Delta y - \sum\Delta y_理 = \sum\Delta y - (y_终 - y_始)$$

附合导线的导线全长闭合差、全长相对闭合差和容许相对闭合差的计算，以及增量闭合差的调整等，都与闭合导线相同，见表 2.2-3。

附合导线坐标计算表    表 2.2-3

| 点号 | 观测角（右角）（° ′ ″） | 改正数（″） | 改正后角值（° ′ ″） | 坐标方位角 α（° ′ ″） | 距离 D（m） | 增量计算值 | | 改正后增量 | | 坐标值 | | 点号 |
|---|---|---|---|---|---|---|---|---|---|---|---|---|
| | | | | | | Δx(m) | Δy(m) | Δx(m) | Δy(m) | x(m) | y(m) | |
| 1 | 2 | 3 | 4=2+3 | 5 | 6 | 7 | 8 | 9 | 10 | 11 | 12 | 13 |
| A | | | | 236 44 28 | | | | | | | | A |
| B | 205 36 48 | −13 | 205 36 35 | | | | | | | 1536.86 | 837.54 | B |
| | | | | 211 07 53 | 125.36 | +0.04 −107.31 | −0.02 −64.81 | −107.27 | −64.83 | | | |
| 1 | 290 40 54 | −13 | 290 40 41 | | | | | | | 1429.59 | 772.71 | 1 |
| | | | | 100 27 12 | 98.76 | +0.03 −17.92 | −0.02 +97.12 | −17.89 | +97.10 | | | |
| 2 | 202 47 08 | −13 | 202 46 55 | | | | | | | 1411.70 | 869.81 | 2 |
| | | | | 77 40 17 | 144.63 | +0.04 +30.88 | −0.02 +141.29 | +30.92 | +141.27 | | | |
| 3 | 167 21 56 | −12 | 167 21 44 | | | | | | | 1442.62 | 1011.08 | 3 |
| | | | | 90 18 33 | 116.44 | +0.03 −0.63 | −0.02 +116.44 | −0.06 | +116.42 | | | |
| 4 | 175 31 25 | −13 | 175 31 12 | | | | | | | 1442.02 | 1127.50 | 4 |
| | | | | 94 47 21 | 156.25 | +0.05 −13.05 | −0.03 +155.70 | −13.00 | +155.67 | | | |
| C | 214 09 33 | −13 | 214 09 20 | | | | | | | 1429.02 | 1283.17 | C |
| D | | | | 60 38 01 | | | | | | | | D |
| Σ | 1256 07 44 | −77″ | 1256 06 25 | | 641.44 | −108.03 | +445.74 | −107.84 | +445.63 | | | |

续表

| 点号 | 观测角<br>（右角）<br>（° ′ ″） | 改正数<br>（″） | 改正后<br>角值<br>（° ′ ″） | 坐标方<br>位角 $\alpha$<br>（° ′ ″） | 距离 $D$<br>（m） | 增量计算值 | | 改正后增量 | | 坐标值 | | 点号 |
|---|---|---|---|---|---|---|---|---|---|---|---|---|
| | | | | | | $\Delta x$（m） | $\Delta y$（m） | $\Delta x$（m） | $\Delta y$（m） | $x$（m） | $y$（m） | |
| 辅助计算 | $\sum \beta_R = 1256°07'44'$ <br><br> $\alpha'_{CD} = 60°36'44''$ <br><br> $f_\beta = -77''\ f_{\beta容} = \pm60''\sqrt{6} = \pm147''$ <br><br> $\|f_\beta\| < \|f_{\beta容}\|$ | | | $f_x = -0.19\text{m} \qquad f_y = +0.11\text{m}$ <br><br> $f_D = \sqrt{f_x^2 + f_y^2} = 0.22\text{m}$ <br><br> $K = \dfrac{0.22}{641.44} \approx \dfrac{1}{2900} < K_容 = \dfrac{1}{2000}$ | | | | | | | |

### 3. 支导线的坐标计算

支导线中没有检核条件，因此没有闭合差产生，导线转折角和计算的坐标增量均不需要进行改正。支导线的计算步骤为：

（1）根据观测的转折角推算各边的坐标方位角。

（2）根据各边坐标方位角和边长计算坐标增量。

（3）根据各边的坐标增量推算各点的坐标。

活 动 设 计

#### 一、活动条件

1. 安排活动场地——为每组设置两个平面控制点，三个待定导线点，组成一条闭合导线。导线起点点名标为 1A，定向点点名标为 B，待定点点名分别标为 2A、3A、4A（有实际点名的据实标注）。提前测出导线点的坐标值。

2. 仪器室准备全站仪、棱镜、三脚架、记录板。

3. 学生自备 2H 铅笔、函数计算器。

#### 二、活动组织

1. 每四人一组，其中一人担任观测员，一人担任记录员兼评价员，两人担任司镜员。

2. 每组成员依次观测一个测站。小组四人分别编为 1、2、3、4 号，首先在起点 1A 测站点，由 4 号观测、1 号记录、2 号和 3 号安置棱镜；然后在 2A 测站点，由 1 号观测、2 号记录、3 号和 4 号安置棱镜；以此类推，直至四个测站均完成。

3. 全部完成操作训练之后，计算角度闭合差，如超过一级导线精度的容许值，共同分析原因后进行重测；达到一级导线观测精度要求，进行内业计算，并找教师核对导线点坐标值是否正确。

4. 教师汇总分析各组观测成果，请最快完成的小组分享心得，对出错的情况进行总结，提出正确测量的要点和常见错误的应对措施。

#### 三、安全及注意事项

1. 打开、收拢三脚架时，注意手持位置及周边环境，谨防夹手伤人。

2. 仪器安置在测站上，当暂停操作时，必须有人守护在旁，确保仪器安全。

3. 瞄准目标务必消除视差，确保精度可靠。

## 四、活动实施

| 序号 | 步骤 | 操作及说明 | 操作标准 |
|---|---|---|---|
| 1 | 准备 | (1)到仪器室领取仪器及工具，清单如下：<br><br>全站仪×1、单棱镜组×2、三脚架×3、记录板×1。<br>(2)目视外观是否有脏污、脱漆、锈蚀、伤痕和变形等缺陷 | (1)清点仪器及工具数量。<br>(2)填写缺陷情况，并在领用单上签名。<br>(3)仪器及工具紧拿轻放，避免碰撞 |
| 2 | 视准差校正 | (1)任意选定一点安置仪器，距离该点50m左右处安置棱镜。<br>(2)打开仪器进入视准差校正程序。<br>(3)盘左、盘右分别精确瞄准棱镜中心，按"OK"键记。<br>(4)仪器自动计算出指标差后进行设置 | (1)仪器、棱镜可不对中，但棱镜需正对仪器。<br>(2)精确瞄准，消除视差 |
| 3 | 1A测站 | (1)观测员在1A点安置全站仪，司镜员在2A、4A点安置棱镜。<br>(2)用测回法观测∠B—1A—2A两测回，第1测回水平度盘置0°02′30″附近，第2测回水平度盘置90°17′30″附近。半测回较差或两测回角度差若超过12″，须重新观测。<br><br>(3)用测回法观测∠4A—1A—2A两测回，第1测回水平度盘置0°02′30″附近，第2测回水平度盘置90°17′30″附近。半测回较差或两测回角度差若超过12″，须重新观测。<br><br>(4)分别瞄准2A点、4A点棱镜中心，测量1A—2A、1A—4A边平距各1测回，读数3次取平均值。测距3次读数差超过5mm，须重新观测 | (1)4号观测，1号记录，2、3号司镜。<br>(2)仪器和觇牌对中误差不超过2mm，整平水准管气泡不超过1格。<br>(3)观测员须精确瞄准目标，消除视差。<br>(4)记录员记录须回报读数，字迹工整、清晰，不得任意修改。<br>(5)计算采用"单进双舍"的原则，占位"0"及"±"必须填写 |
| 4 | 2A测站 | (1)观测员在2A点安置全站仪，司镜员在1A、3A点安置棱镜。<br>(2)用测回法观测∠1A—2A—3A两测回，第1测回水平度盘置0°02′30″附近，第2测回水平度盘置90°17′30″附近。半测回较差或两测回角度差若超过12″，须重新观测。 | (1)1号观测，2号记录，3、4号司镜。<br>(2)仪器和觇牌对中误差不超过2mm，整平水准管气泡不超过1格。 |

| 序号 | 步骤 | 操作及说明 | 操作标准 |
|------|------|-----------|---------|
| 4 | 2A 测站 | <br>(3)分别瞄准 1A 点、3A 点棱镜中心,测量 2A—1A、2A—3A 边平距各 1 测回,读数 3 次取平均值。测距 3 次读数差超过 5mm,须重新观测 | (3)观测员须精确瞄准目标,消除视差。<br>(4)记录员记录须回报读数,字迹工整、清晰,不得任意修改。<br>(5)计算采用"单进双舍"的原则,占位"0"及"±"必须填写 |
| 5 | 3A 测站 | (1)观测员在 3A 点安置全站仪,司镜员在 2A、4A 点安置棱镜。<br>(2)用测回法观测∠2A—3A—4A 两测回,第 1 测回水平度盘置 0°02′30″附近,第 2 测回水平度盘置 90°17′30″附近。半测回较差或两测回角度差若超过 12″,须重新观测。<br><br>(3)分别瞄准 2A 点、4A 点棱镜中心,测量 3A—2A、3A—4A 边平距各 1 测回,读数 3 次取平均值。测距 3 次读数差超过 5mm,须重新观测 | (1)2 号观测,3 号记录,1、4 号司镜。<br>(2)仪器和觇牌对中误差不超过 2mm,整平水准管气泡不超过 1 格。<br>(3)观测员须精确瞄准目标,消除视差。<br>(4)记录员记录须回报读数,字迹工整、清晰,不得任意修改。<br>(5)计算采用"单进双舍"的原则,占位"0"及"±"必须填写 |
| 6 | 4A 测站 | (1)观测员在 4A 点安置全站仪,司镜员在 3A、1A 点安置棱镜。<br>(2)用测回法观测∠3A—4A—1A 两测回,第 1 测回水平度盘置 0°02′30″附近,第 2 测回水平度盘置 90°17′30″附近。半测回较差或两测回角度差若超过 12″,须重新观测。<br><br>(3)分别瞄准 3A 点、1A 点棱镜中心,测量 4A—3A、4A—1A 边平距各 1 测回,读数 3 次取平均值。测距 3 次读数差超过 5mm,须重新观测 | (1)3 号观测,4 号记录,1、2 号司镜。<br>(2)仪器和觇牌对中误差不超过 2mm,整平水准管气泡不超过 1 格。<br>(3)观测员须精确瞄准目标,消除视差。<br>(4)记录员记录须回报读数,字迹工整、清晰,不得任意修改。<br>(5)计算采用"单进双舍"的原则,占位"0"及"±"必须填写 |
| 7 | 结束观测 | (1)检查各测站计算是否有误。<br>(2)计算角度闭合差,若超限,查找错误原因并重测 | (1)各测站数据交叉检查。<br>(2)角度闭合差不得超过±20″ |
| 8 | 整理归还仪器 | (1)仪器装箱,脚架收拢。<br>(2)清点仪器及工具是否完整。<br>(3)归还仪器,清理环境 | (1)爱护仪器和工具,紧拿轻放。<br>(2)工完场清,仪器归还放回原位 |

续表

| 序号 | 步骤 | 操作及说明 | 操作标准 |
|------|------|-----------|---------|
| 9 | 内业计算 | (1)整理核对外业观测数据。<br>(2)将观测路线、观测角、已知方位角和水平距离填入内业计算表。<br>(3)计算角度闭合差、导线全长相对闭合差,判断观测是否满足一级精度要求。<br>(4)计算各边坐标增量改正数和改正后坐标增量。<br>(5)计算待定点的坐标值 | (1)记录书写整齐规范,不乱涂乱改。<br>(2)每个计算过程均应按要求进行检核 |

## 五、活动记录

### 水平角测量记录表

日期:          仪器号:        观测:

天气:          地点:         记录:

| 测回<br>测站 | 盘位 | 目标 | 水平度盘读数<br>(° ′ ″) | 半测回值<br>(° ′ ″) | 一测回平均值<br>(° ′ ″) | 备注:两测回平均值<br>(° ′ ″) |
|------|------|------|------|------|------|------|
|  |  |  |  |  |  |  |
|  |  |  |  |  |  |  |
|  |  |  |  |  |  |  |
|  |  |  |  |  |  |  |
|  |  |  |  |  |  |  |
|  |  |  |  |  |  |  |
|  |  |  |  |  |  |  |
|  |  |  |  |  |  |  |
|  |  |  |  |  |  |  |
|  |  |  |  |  |  |  |
|  |  |  |  |  |  |  |
|  |  |  |  |  |  |  |
|  |  |  |  |  |  |  |
|  |  |  |  |  |  |  |
|  |  |  |  |  |  |  |
|  |  |  |  |  |  |  |

续表

| 测回<br>测站 | 盘位 | 目标 | 水平度盘读数<br>(° ′ ″) | 半测回值<br>(° ′ ″) | 一测回平均值<br>(° ′ ″) | 备注：两测回平均值<br>(° ′ ″) |
|---|---|---|---|---|---|---|
| | | | | | | |
| | | | | | | |
| | | | | | | |
| | | | | | | |
| | | | | | | |
| | | | | | | |
| | | | | | | |
| | | | | | | |
| | | | | | | |
| | | | | | | |
| | | | | | | |
| | | | | | | |
| | | | | | | |
| | | | | | | |
| | | | | | | |
| | | | | | | |

| 测回<br>测站 | 盘位 | 目标 | 水平度盘读数<br>(° ′ ″) | 半测回值<br>(° ′ ″) | 一测回平均值<br>(° ′ ″) | 备注:两测回平均值<br>(° ′ ″) |
|---|---|---|---|---|---|---|
|  |  |  |  |  |  |  |
|  |  |  |  |  |  |  |
|  |  |  |  |  |  |  |
|  |  |  |  |  |  |  |
|  |  |  |  |  |  |  |
|  |  |  |  |  |  |  |
|  |  |  |  |  |  |  |
|  |  |  |  |  |  |  |

注：角度计算等取位至 1″。

## 距离测量记录表

日期：　　　　　　　　　　　　　　　仪器号：　　　　　　　　　　　　观测：
天气：　　　　　　　　　　　　　　　地点：　　　　　　　　　　　　　记录：

| 边名 | 测量 | 读数(m) | 备注 | 边名 | 测量 | 读数(m) | 备注 |
|---|---|---|---|---|---|---|---|
|  | 1 |  |  |  | 1 |  |  |
|  | 2 |  |  |  | 2 |  |  |
|  | 3 |  |  |  | 3 |  |  |
|  | 平均 |  |  |  | 平均 |  |  |
| 往返测平均 |  |  |  | 往返测平均 |  |  |  |
| 边名 | 测量 | 读数(m) | 备注 | 边名 | 测量 | 读数(m) | 备注 |
|  | 1 |  |  |  | 1 |  |  |
|  | 2 |  |  |  | 2 |  |  |
|  | 3 |  |  |  | 3 |  |  |
|  | 平均 |  |  |  | 平均 |  |  |
| 往返测平均 |  |  |  | 往返测平均 |  |  |  |
| 边名 | 测量 | 读数(m) | 备注 | 边名 | 测量 | 读数(m) | 备注 |
|  | 1 |  |  |  | 1 |  |  |
|  | 2 |  |  |  | 2 |  |  |
|  | 3 |  |  |  | 3 |  |  |
|  | 平均 |  |  |  | 平均 |  |  |
| 往返测平均 |  |  |  | 往返测平均 |  |  |  |

续表

| 边名 | 测量 | 读数(m) | 备注 | 边名 | 测量 | 读数(m) | 备注 |
|---|---|---|---|---|---|---|---|
| | 1 | | | | 1 | | |
| | 2 | | | | 2 | | |
| | 3 | | | | 3 | | |
| | 平均 | | | | 平均 | | |
| 往返测平均 | | | | 往返测平均 | | | |

注：距离平均值计算等取位至1mm。

**导线测量内业计算表**

| 点号 | 观测角（右角）(° ′ ″) | 改正数″ | 改正后角值(° ′ ″) | 坐标方位角α | 距离D(m) | 增量计算值 | | 改正后增量 | | 坐标值 | | 点号 |
|---|---|---|---|---|---|---|---|---|---|---|---|---|
| | | | | | | Δx(m) | Δy(m) | Δx(m) | Δy(m) | x(m) | y(m) | |
| | | | | | | | | | | | | |
| | | | | | | | | | | | | |
| | | | | | | | | | | | | |
| | | | | | | | | | | | | |
| | | | | | | | | | | | | |
| | | | | | | | | | | | | |
| | | | | | | | | | | | | |
| | | | | | | | | | | | | |

辅助计算

## 六、活动评价

| 评价内容 | 评价标准 | 评价结果 (是/否) |
|---|---|---|
| 活动完成情况 | 能准确判断单一导线测量的路线形式 | □是　□否 |
| | 能根据测量精度等级确定测量技术要求 | □是　□否 |
| | 能计算导线测量闭合差并判断测量精度 | □是　□否 |
| | 能完成导线测量内业成果计算 | □是　□否 |

## 七、课后作业

1. 平面直角坐标系以南北方向的直线作为_____（$x$ 轴/$y$ 轴），以东西方向的直线作为_____（$x$ 轴/$y$ 轴）。

2. 平面直角坐标系的象限顺序是从_____（北东/北西/南东/南西）开始，以____（顺时针/逆时针）方向排列为四个象限。

3. 单一导线可以布设成_____、_____、_____三种形式。

4. 闭合导线是一种可靠性极差的控制网图形。（□正确　□错误）

5. 对于附合导线，已知控制点上可以有定向边与之相连接，也可以没有定向边与之相连接。（□正确　□错误）

6. 为了减少对中误差对测角量边的影响，各等级导线观测宜采用_____。

7. 设有 6 条导线边的闭合导线，其内角和的理论值为_____（0°/360°/540°/720°）。

8. 闭合导线水平角改正原则是将角度闭合差_____分配到各观测水平角中。

9. 导线坐标增量闭合差调整的原则是按与边长成_____（正比/反比）_____（同号/反号）进行分配。

10. 某附合导线观测的是右角，其角度改正应将角度闭合差_____分配到观测角上。

11. 某测量小队用 $2''$ 级仪器完成了设有 4 个待定点的附合导线外业观测，经整理计算得方位角闭合差是 $28''$，导线长度是 945.588m，导线全长闭合差是 0.041m。请查阅《工程测量标准》GB 50026—2020，分析该观测可满足什么等级？

12. 在某建筑区域内测量一条附合导线，已知数据有：A（347.310，347.310），B（700.000，700.000），C（655.369，1256.061），D（422.497，1718.139）；$\beta_B = 120°30'18''$，$\beta_1 = 212°15'12''$，$\beta_2 = 145°10'06''$，$\beta_C = 170°18'24''$；$D_{B1} = 297.26$m，$D_{12} = 187.81$m，$D_{2C} = 93.40$m。观测的是右角，请画出其略图，并在图上标出相关数据，列表计算 1、2 点的坐标。

## 职业能力 2-2-2 能按标准用全站仪进行自由设站测量

### 核心概念

自由设站测量：任意设站后，测量测站到周围少量已知点的边长和角度，依据边角后方交会原理获取设站点坐标，进而测设其他点位的测量方法。

### 学习目标

1. 能理解全站仪自由设站的原理。
2. 能熟悉全站仪自由设站的程序。
3. 能利用全站仪自由设站，测出点坐标。

## 基本知识

### 一、全站仪自由设站原理

全站仪自由建站，其实质是边角后方交会测量。这种交会法的原理是：在待定点安置全站仪，测出待定点到已知控制点之间的距离和角度，根据方向观测值和边长观测值建立方向误差方程式与边长误差方程式，然后按最小二乘原理计算待定点的坐标。如图 2.2-9 所示，已知控制点 A $(x_A，y_A)$ 和 B $(x_B，y_B)$，欲求待定点 P $(x_P，y_P)$。将全站仪安置在点 P，点 A 和点 B 分别安置棱镜，通过观测 PA、PB 的水平距离 $D_1$、$D_2$，PA 和 PB 的水平角均为 $\gamma$，利用平差计算程序即可计算出待定点 P 的坐标。

2.2-5
后方交会

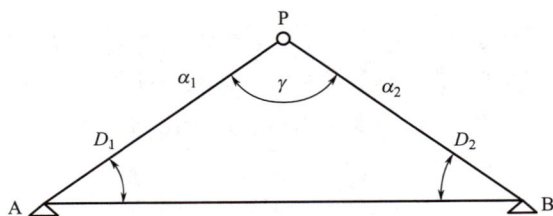

图 2.2-9　自由建站原理

根据 A、B 两点坐标，通过坐标反算可计算出 AB 的水平距离 $D_{AB}$ 和 AB 边方位角 $\alpha_{AB}$。根据三角形正弦定理，可列出以下公式：

$$\frac{D_{AB}}{\sin\gamma} = \frac{D_1}{\sin B} = \frac{D_2}{\sin A}$$

$$A = \arcsin\left(\frac{D_2}{D_{AB}}\sin\gamma\right)$$

$$B = \arcsin\left(\frac{D_1}{D_{AB}}\sin\gamma\right)$$

根据 AB 边方位角 $\alpha_{AB}$ 和角 $A$、$B$，可推算出 AP、BP 边的方位角 $\alpha_1$、$\alpha_2$：

$$\alpha_1 = \alpha_{AB} - A$$

$$\alpha_2 = \alpha_{BA} + B = \alpha_{AB} \pm 180° + B$$

通过坐标正算公式，可从 A 点计算 P 点坐标：

$$x_{P1} = x_A + D_1\cos\alpha_1$$

$$y_{P1} = y_A + D_1\sin\alpha_1$$

同样，可从 B 点计算 P 点坐标：

$$x_{P2} = x_B + D_2\cos\alpha_2$$

$$y_{P2} = y_B + D_2\sin\alpha_2$$

两次计算结果取平均值，即可得 P 点坐标：

$$x_P = \frac{1}{2}(x_{P1} + x_{P2})$$

$$y_P = \frac{1}{2}(y_{P1} + y_{P2})$$

## 二、全站仪自由设站测量方法

### 1. 操作步骤

（1）测站设置。在能与两个以上已知控制点通视的位置设置点位标志，安置全站仪。设置好测距参数，进入后方交会程序，选取"坐标"选项，依次输入已知点的坐标数据。

（2）交会测量。已知坐标数据全部输入完成后，按程序界面的"测量"键开始后方交会测量。依次瞄准已知点上安置的棱镜，按"测距"键进行测量，显示窗显示测距结果后按"确认"键采用已知点的观测值。

（3）计算坐标。当所有已知点观测完成后，按"计算"键，仪器自动完成测站点坐标计算。计算完成后将显示测站点坐标及其标准差，按"记录"键可保存坐标计算结果，按"确认"键结束测量，可设置测站及后视方位角。

### 2. 注意事项

（1）当测点在与 3 个或 3 个以上已知点位于同一圆周上时，测站点的坐标在某些情况下是无法确定的。

（2）作业前，应对已知控制点进行检查校核，选用不少于 3 个且符合要求的控制点作为交会基准，设站点各观测方向之间的夹角宜为 30°～120°。

（3）四等及四等以上控制网的自由设站加密测量宜采用测角精度不低于 2″级、测距精度不低于 5mm 级的全站仪；四等以下的加密测量宜采用测角精度不低于 6″级、测距精度不低于 10mm 级的全站仪。

（4）为保证测距精度，作业时应打开全站仪的自动气象改正功能，或量取温度与气压值，并输入全站仪，进行手动气象改正。

（5）全站仪后方交会测量会自动修改全站仪的格网（比例）因子，并自动保留于仪器中。测量中要根据工作需要，经常对全站仪的格网因子进行检验，以免影响测量成果。正常情况下，全站仪的格网因子应按照出厂默认值 1.000 设置。

## 活动设计

### 一、活动条件

1. 安排活动场地——为每组设置三个平面控制点，一个待定点。三个平面控制点点名分别标为 P1、P2、P3，待定点点名标为 P0。提前测出平面控制点和待定点的坐标值。

2. 仪器室准备全站仪、棱镜、三脚架、记录板。

3. 学生自备 2H 铅笔。

### 二、活动组织

1. 每四人一组，其中一人担任观测员，一人担任记录员、一人担任评价员，一人担任司镜员。

2. 每组成员依次轮换操练。小组四人分别编为 1、2、3、4 号，首先由 1 号观测、2号记录、3 号安置棱镜、4 号评价；然后 2 号观测、3 号记录、4 号安置棱镜、1 号评价；以此类推。

3. 完成操作训练之后，相互比较所测坐标值是否一致，对平面坐标分量相差超过10mm 的结果共同分析原因，指导其重测。小组所测成果全部一致后，找教师核对结果是否正确。

4. 教师重申全站仪后方交会测量操作步骤和标准，列举可能发生的情形，培养学生举一反三的能力。

### 三、安全及注意事项

1. 打开、收拢三脚架时，注意手持位置及周边环境，谨防夹手伤人。

2. 仪器安置在测站上，当暂停操作时，必须有人守护在旁，确保仪器安全。

3. 瞄准目标务必消除视差，确保精度可靠。

### 四、活动实施

| 序号 | 步骤 | 操作及说明 | 操作标准 |
|---|---|---|---|
| 1 | 准备 | (1)到仪器室领取仪器及工具,清单如下:<br><br>全站仪×1,单棱镜组×1,三脚架×2,记录板×1。<br>(2)目视外观是否有脏污、脱漆、锈蚀、伤痕和变形等缺陷 | (1)清点仪器及工具数量。<br>(2)填写缺陷情况,并在领用单上签名。<br>(3)仪器及工具紧拿轻放,避免碰撞 |

| 序号 | 步骤 | 操作及说明 | 操作标准 |
|---|---|---|---|
| 2 | 设置测站 | (1)在待定点 P0 安置仪器。<br><br>P1<br>已知点1<br>P2<br>已知点2<br>P0<br>测站点<br>P3<br>已知点3<br><br>(2)打开仪器,设置棱镜常数和气象改正。<br>(3)进入"后方交会"程序,输入已知点的坐标数据<br><br>程序菜单　　　　　　P2<br>1.悬高测量<br>2.后方交会<br>3.点投影<br>4.直线放样<br>5.导线测量<br><br>后方交会<br>1.坐标<br>2.交会高程<br><br>点　　F0IF001<br>目标高　　　　1.500m<br>Np　　　　100.000<br>Ep　　　　100.000<br>Zp　　1.000<br>调取　记录　往下<br><br>点　　F0IF002<br>目标高　　　　1.500m<br>Np　　　　150.000<br>Ep　　　　120.000<br>Zp　　1.200<br>调取　记录　往下　测量 | (1)棱镜常数设置要与所用棱镜相一致。<br>(2)坐标数据输入认真核对,确保不输错。<br>(3)只计算平面坐标,可忽略目标高的设置 |
| 3 | 交会测量 | (1)按[F4](测量)键开始后方交会测量。<br><br>后方交会　　第1点<br>N　　　　100.000<br>E　　　　100.000<br>Z　　　　　1.000<br>测距<br><br>(2)在第 1 个已知点安置棱镜,照准棱镜中心后按[F1](测距)键开始测量。 | (1)棱镜安置完成后,须将棱镜正对仪器。<br>(2)瞄准目标须精确瞄准,消除视差 |

| 序号 | 步骤 | 操作及说明 | 操作标准 |
|---|---|---|---|
| 3 | 交会测量 | 后方交会　　第1点　I<br>SD　　　　64.104m<br>HD　　　　54.793m<br>VD　　　　15.397m<br>目标高　　　1.200m<br>　　　　　否　　是<br><br>(3)按[F4](是)键确认并采用第1个已知点的观测值。<br><br>后方交会　　第2点<br>N　　　　150.000<br>E　　　　120.000<br>Z　　　　　1.200<br>测距<br><br>(4)重复上述步骤,按顺序观测完成第2和第3个已知点 | (1)棱镜安置完成后,须将棱镜正对仪器。<br>(2)瞄准目标须精确瞄准,消除视差 |
| 4 | 计算坐标 | (1)所有已知点观测完成后,按[F1](计算)键。<br><br>后方交会　　第2点　I<br>SD　　　　54.354m<br>HD　　　　72.853m<br>VD　　　　14.575m<br>目标高　　　1.200m<br>计算　　　　否　　是<br><br>(2)计算完成后将显示测站点坐标及其标准差。<br><br>N　　　　100.000<br>E　　　　100.000<br>Z　　　　　10.000<br>dN　　　　0.0000<br>dE　　　　0.0000<br>往下　显示　记录　OK<br><br>(3)按[F3](记录)键存储测量结果,按[F4](OK)键结束后方交会测量 | (1)当观测量足以计算测站点坐标时,屏幕上才会显示出"计算"键。<br>(2)结束测量后可设置方位角,完成测站设置 |
| 5 | 结束观测<br>(轮换练习) | (1)仪器装箱,棱镜收回原位。<br>(2)依次轮换,重新测量 | (1)每人分别观测、记录1次。<br>(2)观测坐标分量不超过10mm |
| 6 | 整理归还仪器 | (1)仪器装箱,脚架收拢。<br>(2)清点仪器及工具是否完整。<br>(3)归还仪器,清理环境 | (1)爱护仪器和工具,紧拿轻放。<br>(2)工完场清,仪器归还放回原位 |

## 五、活动记录

### 全站仪自由设站测量记录表

日期:　　　　　　　　　　　仪器号:　　　　　　　　　　　观测:

天气:　　　　　　　　　　　地点:　　　　　　　　　　　记录:

| 点名 | 平面坐标(m) | | 观测距离(m) | | 备注 |
|---|---|---|---|---|---|
| | X | Y | SD | HD | |
| P1 | | | | | 已知点 |
| P2 | | | | | 已知点 |

续表

| 点名 | 平面坐标(m) | | 观测距离(m) | | 备注 |
|---|---|---|---|---|---|
| | $X$ | $Y$ | $SD$ | $HD$ | |
| P3 | | | | | 已知点 |
| 计算结果 | | | | | |
| 点名 | $X$ | $Y$ | $dX$ | $dY$ | 备注 |
| P0 | | | | | 待定点 |

## 六、活动评价

| 评价内容 | 评价标准 | 评价结果<br>（是/否） |
|---|---|---|
| 活动完成情况 | 能理解全站仪自由设站的原理 | □是　□否 |
| | 能熟悉全站仪自由设站的程序 | □是　□否 |
| | 能利用全站仪自由设站测出点坐标 | □是　□否 |

## 七、课后作业

1. 全站仪自由设站测量是在已知坐标点上安置仪器，待定点上安置棱镜进行测量的一种方法。（□正确　□错误）

2. 边角后方交会测量解算点的坐标，需要用到_____定理。

3. 后方交会测量中，当 3 个以上已知点位于同一圆周上时，测站点的坐标在某些情况下是无法确定的。（□正确　□错误）

4. 为保证自由设站测量精度，应选用不少于 3 个控制点作为交会基准，且设站点各观测方向之间的夹角宜为 30°～120°。（□正确　□错误）

5. 全站仪后方交会测量会自动修改全站仪的格网（比例）因子，并自动保留于仪器中。（□正确　□错误）

6. 自主到仪器室借领全站仪，练习自由设站测量，并拍照上传至课程平台讨论区。

## 任务拓展6：国家平面控制网

精确测定控制点平面位置的测量工作称为平面控制测量。由平面控制点组成的网状几何图形，称为平面控制网。限于当时测量技术和手段，我国国家平面控制网在20世纪50年代建立时主要是以三角测量方法布设的，在三角测量方法难以使用的地区兼用导线测量的方法。

一等三角网是国家首级三角网，其作用是在全国领土上迅速建立一个统一坐标系的精密骨干网，以控制二等及以下三角网的布设，并为地球形状和大小研究、地球动力学研究及国家坐标框架的建立等提供资料，一等三角网一般沿经纬线方向交叉布设。二等三角网布设在一等三角网所围成的范围内，它是加密三、四等三角网的全面基础。二等三角网平均边长为13km，就其密度而言，基本上满足1:5万比例尺测图要求。它与一等三角网同属国家高级网，主要应考虑精度问题，而密度只进行适当控制，其按三角形闭合差计算的测角中误差应小于$1''$。在网中央布测一条起始边和起始方位角，对于较大的网要加测起始方位角。网中三角形的角度不小于$30°$，一等三角网两侧的二等三角网应与一等三角网网边连接成连续三角网。国家三、四等三角网（点）是在二等三角网基础上进一步加密，它是图根测量的基础，其布设密度必须与测图比例尺相适应。三等三角网平均边长为8km，每点控制面积约$50km^2$，基本上满足1:2.5万测图需要。四等三角网平均边长为4km，每点控制面积约$20km^2$，可满足1:1万和1:5000测图需要。

随着GNSS、卫星激光测距、甚长基线干涉测量、多里斯系统等空间大地测量技术的发展，特别是GNSS控制测量技术的成熟，采用空间大地测量技术不仅可以迅速建立国家或跨洲的三维大地控制网，而且具有使用方便、观测简单、定位精度高、经济效益好等优点。目前，利用GNSS技术建立国家或区域性大地控制网基本上取代了传统的三角测量和导线测量等方法。

地形测量

模块3

# Chapter 03

# 工作任务 **3-1**
## 大比例尺地形图测绘

思维导图

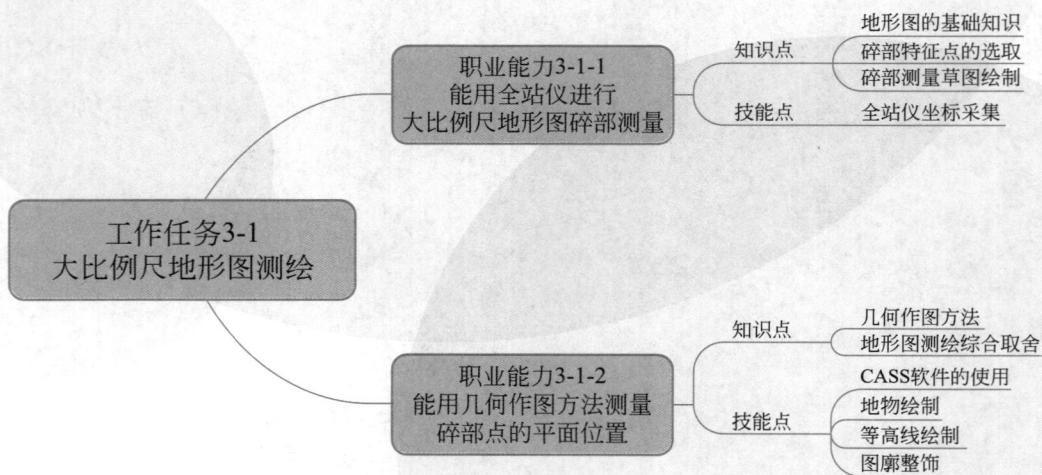

工作任务3-1
大比例尺地形图测绘

职业能力3-1-1
能用全站仪进行
大比例尺地形图碎部测量

知识点
　地形图的基础知识
　碎部特征点的选取
　碎部测量草图绘制

技能点
　全站仪坐标采集

职业能力3-1-2
能用几何作图方法测量
碎部点的平面位置

知识点
　几何作图方法
　地形图测绘综合取舍

技能点
　CASS软件的使用
　地物绘制
　等高线绘制
　图廓整饰

**思政元素**

## 中国虽大，一点也不能少——家国情怀、法治思维

2021 年 9 月 23 日，"某 APP 因绘制不完整中国地图被罚 20 万"冲上热搜。

原因是该公司发行的官方杂志中的中国地图，存在漏绘阿克赛钦、藏南地区、钓鱼岛、赤尾屿及南海诸岛的问题。使用错误的中国地图，企业致歉、受罚是必须的。这也提醒所有企业要引以为戒：中国虽大，一点都不能少。

地图反映着国家的主权意识和政治外交立场，因为地图是国家版图最直观的表现形式，它与国旗、国徽和国歌同等庄严。一张完整的中国地图，绝不仅仅是一张图而已，它是国家主权和领土完整的象征，具有严肃的政治性和严格的法定性。祖国河山，一寸都不能丢，中国地图，自然也一点都不能错。

经调查，涉及违规的杂志采用完全外包模式，因该图片为付费版权图片，故甲方未对地图进行复审，导致问题发生。但这并不是借口，我国《地图管理条例》中第二十条明确了广告主的审核责任义务："涉及专业内容的地图，应当依照国务院测绘地理信息行政主管部门会同有关部门制定的审核依据进行审核。"须知，在本该严谨严肃的问题上疏忽大意，漏绘重要岛屿、错绘国界线等行为，就如同篡改历史一样，既危害我们国家主权的统一、领土的完整，也损害我们的民族尊严、国家利益。

泱泱华夏，一撇一捺皆是脊梁。地图该如何规范绘制、使用、流通，《中华人民共和国测绘法》及《地图管理条例》中有详细说明，事涉国家尊严，必须慎之又慎，细之又细。对那些存在危害国家统一、主权和领土完整等严重问题的地图，存在危害国家安全和利益等严重问题的地图，以及其他不符合地图管理有关规定的地图和行为，必须强烈谴责、依法处罚、惩一儆百。

**预习笔记**

## 职业能力 3-1-1　能用全站仪进行大比例尺地形图碎部测量

### 核心概念

碎部测量：以控制点为基础，测定地物、地貌的平面位置和高程，并将其绘制成地形图的测量工作。

### 学习目标

1. 能准确判断地形图的比例尺和内容要素。
2. 能根据地形图图式选择常见地物的符号。
3. 能确定常见地物的碎部特征点并绘制草图。
4. 能用全站仪采集碎部特征点的三维坐标。

## 基本知识

### 一、地形图的基础知识

#### 1. 地形图的概念

地球表面的形状十分复杂，物体种类繁多，地势起伏形态各异，但总体上可分为地物和地貌两大类。具有明显轮廓、固定性的自然形成或人工构筑的各种物体称为地物，如河流、湖泊、草地、森林等属于自然地物；道路、房屋、电线、水渠等属于人工地物。地球表面的自然起伏，变化各异的形态称为地貌，如山地、盆地、丘陵、平原等。地物和地貌统称为地形。

应用相应的测绘方法，通过实地测量，将地面上的各种地形沿铅垂方向投影到水平面上，并按规定的地形图图式符号和一定的比例尺缩绘成图，称为地形图。地形图在图上既表示地物的平面位置，又表示地面的起伏状态，即地貌的情况。在图上仅表示地物平面位置的称为地物图。地形图能客观地反映地面的实际情况，特别是大比例尺地形图，是各项工程规划、设计和施工必不可少的基础资料。

#### 2. 地形图的比例尺

地形图上任一线段的长度与地面上相应线段的实际水平长度之比，称为地形图的比例尺。当图上 1cm 代表地面上水平长度 10m（即 1000cm）时，比例尺就是 1：1000。

（1）比例尺的分类。根据表示方法不同，比例尺可分为数字比例尺和图示比例尺。

数字比例尺有分数式和比例式两种。分数式比例尺一般用分子为 1 的分数形式表示。设图上某一直线的长度为 $d$，地面上相应线段的长度为 $D$，则该图的比例尺为：

$$\frac{d}{D} = \frac{1}{\dfrac{D}{d}} = \frac{1}{M}$$

式中 *M*——比例尺分母。

比例尺分母就是将图上的长度放大到与实地长度一样时的放大倍数。比例式比例尺用比例式 1：*M* 来表示，如 1：500、1：1000 等。

为了直接而方便地进行图上与实地相应水平距离的换算并消除图纸伸缩引起的误差，常在地形图图廓的下方绘制图示比例尺，用以直接量测图内直线的实际水平距离。最常见的图示比例尺为直线比例尺，如图 3.1-1（a）、（b）所示分别表示 1：500、1：2000 两种直线比例尺。它是在图纸上画两条间距为 2mm 的平行直线，再以 2cm 为基本单位，将直线等分为若干大格，然后把左端的一个基本单位分成 20 等份，以量取不足整数部分的数。在小格和大格的分界处注以 0，其他大格分划上注以 0 至该分划按该比例尺计算出的实地水平距离。

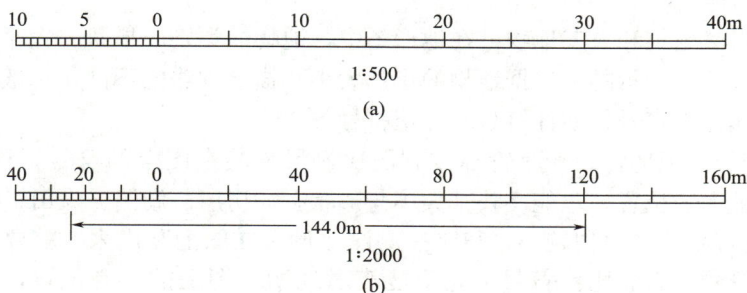

图 3.1-1 直线比例尺

比例尺的大小是以比例尺的比值来衡量的，分母越大，比值越小，比例尺也越小；反之分母越小，比值越大，比例尺也越大。为了满足经济建设和国防建设的需要，需测绘和编制各种不同比例尺的地形图，通常称 1：100 万、1：50 万、1：25 万为小比例尺地形图；1：10 万、1：5 万、1：2.5 万、1：1 万为中比例尺地形图；1：5000、1：2000、1：1000、1：500 为大比例尺地形图。按照地形图图式规定，比例尺需标注在外图廓线正下方处。大比例尺地形图的比例尺一般用数字比例尺表示。

（2）比例尺精度。在正常情况下，人们用肉眼能分辨出图上两点间的最小距离为 0.1mm。因此，将地形图上 0.1mm 所代表的实地水平长度称为比例尺精度，用 ε 表示。

$$\varepsilon = 0.1\text{mm} \times M$$

式中 *M*——比例尺分母。

显然，不同的测图比例尺有不同的比例尺精度。图的比例尺越大，其表示的地物地貌就越详细，精度也越高，但测图的时间、费用消耗也将随之增加。因此，采用哪一种比例尺测图，应从工程规划、施工实际需要的精度出发进行选择，以免比例尺选择不当造成浪费。比例尺精度的概念对测图和设计用图都有重要的意义。例如，测绘 1：2000 比例尺的地形图时，测量碎部点距离的精度只需达到 0.1mm×2000＝0.2m，因为即使量得再精细，图上也是表示不出来的。又如某项工程设计，要求在图上能反映出地面上 0.05m 的精度，则所选图的比例尺就不能小于 1：500。

**3. 地形图的基本内容**

地形图的基本内容主要包括：

（1）数学要素。即图的数学基础，如坐标格网、投影关系、图的比例尺和控制点等。

（2）自然地理要素。即表示地球表面自然形态所包含的要素，如地貌、水系、植被和土壤等。

（3）社会经济要素。即地面上人类在生产活动中改造自然界所形成的要素，如居民地、道路网、通信设备、工农业设施、经济文化和行政标志等。

（4）注记和整饰要素。即图上的各种注记和说明，如图名、图号、测图日期、测图单位、所用坐标和高程系统等。

#### 4. 地形图图式

地形图测绘的主要内容是测区内的地物和地貌。为了便于测图和用图，常用简单明了、准确、易于判断实物的符号表示实地的地物和地貌，这些符号总称为地形图图式。

（1）地物符号

地物分为自然地物和人工地物。在地形图中，地物的类别、形状、大小及其在图中的位置，是用地物符号表示的。根据地物的形状大小和描绘方法的不同，一般将地物符号分为比例符号、非比例符号、线性符号和注记符号等。

1）比例符号。把地物的平面轮廓按测图比例尺缩绘在图上的符号，称为比例符号，它不但能反映地物的位置，也能反映其大小与形状，如房屋、湖泊、农田、操场等。

2）非比例符号。当地物较小，很难按测图比例尺在图上画出来，就要用规定的符号来表示，这种符号称为非比例符号，它只能表示地物在图上的中心位置，如控制点、电杆、路灯、独立树等。

3）线性符号。对于一些带状地物，其长度可按比例尺缩绘，但宽度不能按比例尺缩绘，则需用线性符号表示，它只能表示地物中心线在图上的位置，如公路、围墙、电力线、管道等。

4）注记符号。对地物加以说明的文字、数字或特有符号称为注记符号。它包括文字注记、数字注记、符号注记。房屋的性质、村镇名称等须用文字注记表示；房屋的层数、沟坎的深度等须用数字注记表示；森林果园、农田植被的类别须用符号注记表示。

（2）地貌符号

在地形图上显示地貌的方法很多，测绘工作中通常用等高线表示。因为用等高线表示地貌，不但能完整而形象地显示出地形起伏的总貌，而且还能表示出地面的坡度和地面点的高程。一些变化特殊的地貌称为变形地，用变形符号来表示。

1）等高线。等高线就是指地面上高程相等的相邻点连接而成的闭合曲线。我们日常见到的湖或水库的水面与岸边的交线，就是一条等高线。为了更好地表示地貌特征，地形图上主要采用首曲线（基本等高距）、计曲线（每隔四条加粗）、间曲线（1/2基本等高距）和助曲线（1/4基本等高距）四种等高线。

2）等高距。相邻两条等高线之间的高差，称为等高距，也称为等高线间距，用 $h$ 表示。为了使用方便，一般规定，在同一幅图上或同一测区内应只采用一种等高距。

3）等高线平距。相邻两等高线之间的水平距离，称为等高线平距，用 $d$ 表示。在同一幅地形图中等高距 $h$ 是相同的，当地面坡度越陡，等高线平距就越小，因而等高线显得就越密集；反之，地面坡度平缓，等高线平距就越大，等高线显得就越稀疏。当地面坡度均匀时，等高线平距近似相等。因此，根据图上等高线的疏密可以判别地面坡度的缓急。

4）示坡线。示坡线是加绘在等高线上指示斜坡降低方向的小短线，一般绘在最高或最低的等高线上。

## 二、碎部特征点的选取

碎部特征点就是地物、地貌的特征点，如房角、道路交叉点、山顶、鞍部等。大比例尺地形图测绘过程是先测定碎部特征点的平面位置与高程，然后根据碎部特征点对照实地情况，以相应的符号在图上描绘地物、地貌。

### 1. 地物特征点的选取

地物特征点就是指构成地物形状轮廓的点，其投影后的形态可归纳为三种：点状地物、线状地物、面状地物。地物特征点主要有房屋轮廓线的转折点，池塘、河流、湖泊岸边线的转弯点，道路的交叉点和转弯点，管线、境界线的起点、终点、交叉点、转折点，耕地、草地、森林等的边界线转折点，独立地物的中心点等，如图 3.1-2 所示。连接这些特征点，便得到与实地相似的地物形状。由于地物形状极不规则，一般规定主要地物凸凹部分在图上大于 0.5mm 均应表示出来，小于 0.5mm 时，可用直线连接。

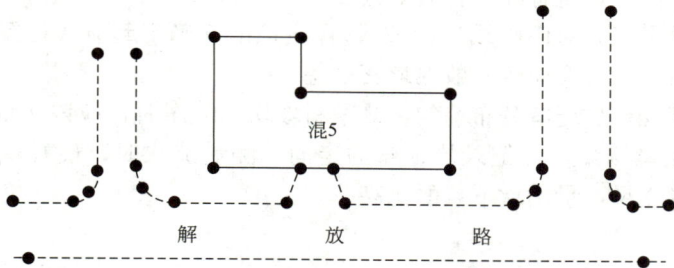

**图 3.1-2　地物特征点举例**

测绘点状地物特征点时，应测定其底部的中心位置，再以相应符号的定位点与图上点位重合，并按规定的方向描绘。独立地物底部经缩绘后若大于符号尺寸，须将其轮廓按真实形状绘出，并在轮廓内绘相应符号。

测绘线状地物时，主要测定物体中心线上的起点、拐点、交叉点和终点，再对照实地地物，以相应符号的定位线与图上点位重合后绘出。

测绘面状地物时，应测绘地物轮廓的特征点，再对照实地地物，以相应符号的轮廓线与图上点位重合后绘出。部分面状地物，如居民地、水库、森林等，还应在轮廓范围内（或外）加注地理名称或说明注记等。

### 2. 地貌特征点的选取

地貌特征点就是地面坡度及方向的变化点。地貌特征点归纳起来包括特殊地貌的边界拐点、坡度变化点和地性线（山谷线、山脊线和山脚线）的方向变换点等，如图 3.1-3 所示。

在地性线上采点时，不仅要采集坡度变换点，还要采集地性线的方向变换点。地性线的方向变换点可以控制等高线的走向。如果地性线上有长距离、无坡度和方向变化的中间地带，也应该按照一定距离进行采点，且应该较普通地形点密集些，这样在内业利用成图

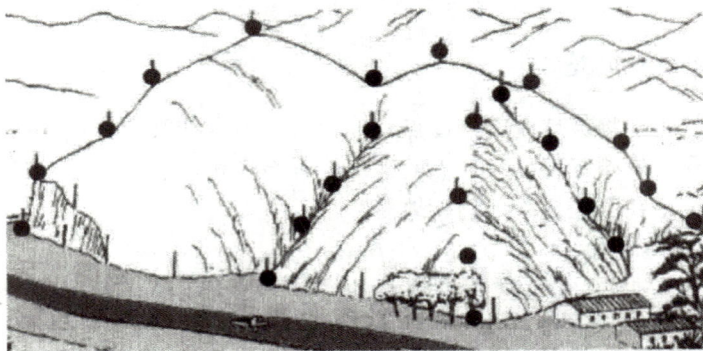

图 3.1-3　地貌特征点举例

软件建立数字地面模型（DTM）时，DTM 的边不易穿越地性线，建立的 DTM 更加准确，据此绘制出的等高线与实地地形会更加相符。

宽谷谷底按照一定距离采点，必须注意在宽谷两侧坡起的坡度变化点处采点，这样宽谷的形态才能表现出来。宽脊在正脊线上按照一定距离采点，同时注意必须在宽脊两侧坡起的坡度变化点处采点。对山脚线（起坡线），应该准确确定起坡线位置以及山脚线的方向变化位置，同时采点密度应较一般地形密一些。

地形图上的高程点注记应分布均匀。测量斜坡坎、陡崖时，应该在坎上、下边缘，崖上、下边缘分别立镜测量，并记录坎、崖的走向；测量陡坎时，最好坎上、坎下同时测点，或在坎上边缘立尺，量出坎下点的比高。

### 三、碎部测量草图绘制

在数字化测图野外数据采集中，绘制草图是保证数字测图质量的一项重要措施，也是内业人机交互编辑图形的主要依据。草图要对所测地物、地貌的属性进行说明，可以用文字注记，也可以用规范规定的符号简要表示，如图 3.1-4 所示。

碎部测量草图绘制是全数字化测图的一种作业模式。一般由作业组长具体记录地物的位置、形状、属性等内容，指挥立尺员什么地方要立镜，怎样取舍，是内业不可缺少的重要组成部分。草图绘制时应满足以下要求：

（1）绘制草图时，对于地物、地貌，原则上采用图式所规定的符号绘制，对于复杂的图式符号，可以简化或自行定义。但数据采集时所使用的地形码必须与草图绘制的符号一一对应。

（2）草图必须标注所测点的测点编号，且标注的测点编号应与仪器的记录点号严格一致（建议测 5～10 个点和测站观测员对点号）。

（3）草图上地形要素（所测点）的位置、属性和相互关系等必须清楚正确，测点应加粗记录。

（4）草图的绘制要遵循清晰、易读、相对位置准确、真方向、比例一致的原则。在测量每一个碎部点时可以在全站仪里输入地物编码。

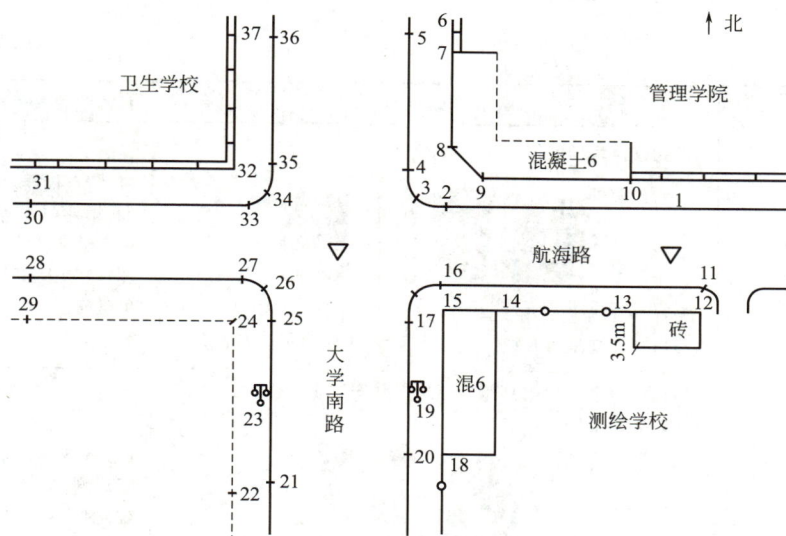

图 3.1-4　碎部测量草图

## 活动设计

### 一、活动条件

1. 安排活动场地——为每组设置三个已知点，一块地形场地。提供三个已知点的三维坐标值。

2. 仪器室准备全站仪、单棱镜、三脚架、对中杆、小钢尺、记录板。

3. 学生自备 2H 铅笔。

### 二、活动组织

1. 每四人一组，其中一人担任观测员，一人担任记录员兼评价员，一人担任草图绘制员，一人司镜。

2. 小组成员合作共同完成测量任务。

3. 完成任务之后，导出采集的坐标数据，找教师核对结果是否正确。

4. 教师汇总分析各组观测成果，请最快完成的小组分享心得，对出错的情况进行总结，提出正确测量的要点和常见错误的应对措施。

### 三、安全及注意事项

1. 打开、收拢三脚架时，注意手持位置及周边环境，谨防夹手伤人。

2. 仪器安置在测站上，当暂停操作时，必须有人守护在旁，确保仪器安全。

3. 瞄准目标务必消除视差，确保精度可靠。

4. 采集数据时，应注意环境安全，尤其是水池、水沟、井盖等位置，防止意外伤害。

## 四、活动实施

| 序号 | 步骤 | 操作及说明 | 操作标准 |
|---|---|---|---|
| 1 | 准备 | (1)到仪器室领取仪器及工具,清单如下:<br><br>全站仪×1,单棱镜组×1,三脚架×1,对中杆×1,记录板×1。<br>(2)目视外观是否有脏污、脱漆、锈蚀、伤痕和变形等缺陷 | (1)清点仪器及工具数量。<br>(2)填写缺陷情况,并在领用单上签名。<br>(3)仪器及工具紧拿轻放,避免碰撞 |
| 2 | 安置仪器 | (1)选定一个已知点 P 作为测站点并安置全站仪,另一已知点 A 竖立对中杆。<br><br>(2)将单棱镜取下,固定在对中杆杆头上。<br>(3)量取仪器高和目标点棱镜高 | (1)脚架高度和跨度适宜,便于观测。<br>(2)对中杆要竖直,棱镜正对测站方向。<br>(3)仪器取出后及时合上箱盖。<br>(4)仪器高、棱镜高位置判断准确,读数至毫米 |
| 3 | 设置(检查)存储模式 | (1)在开机界面按 F3(内存)键进入内存模式。<br><br>内存<br>1.文件<br>2.已知数据<br>3.代码<br>4.存储器选择<br>5.USB<br><br>(2)选取"文件"进入＜文件＞菜单,选取 JOB1 作为当前文件后返回内存模式。<br><br>文件　　　　　　　　P1<br>1.文件选取<br>2.文件更名<br>3.文件删除<br>4.通讯输出<br>5.通讯设置<br><br>文件选取<br>:JOB1<br>S.F.=1.000000<br>查找坐标<br>:JOB3<br>列表　　　　　　　　S.F.<br><br>(3)选取"存储器选择",进入＜存储器选择＞界面。<br><br>内存<br>1.文件<br>2.已知数据<br>3.代码<br>4.存储器选择<br>5.USB | (1)键盘按钮轻按轻放。<br>(2)仪器机载 SD 卡插槽中需插入 SD 卡 |

| 序号 | 步骤 | 操作及说明 | 操作标准 |
|---|---|---|---|
| 3 | 设置(检查)存储模式 | 存储器选择<br><br>内部MSD<br>[ 外部SD ]<br><br>(4)按[F2](外部SD)键选择SD卡存储数据,选择完成后,仪器自动初始化文件并返回<内存>菜单 | (1)键盘按钮轻按轻放。<br>(2)仪器机载SD卡插槽中需插入SD卡 |
| 4 | 输入测站数据 | (1)进入测量模式第2页,按[F1](坐标)键,进入坐标测量界面。<br><br>测量　　　　　PSM　0.0<br>　　　　　　　PPM　　0<br>SD　　　　　　1.818m<br>VA　167° 16′ 08″<br>HA　123° 36′ 18″　P2<br>坐标　程序　锁定　设角<br><br>坐标测量<br>1.测站定向<br>2.测量<br>3.EDM<br>4.文件选取<br><br>(2)选取"测站定向"—"测站坐标",输入点名P、仪器高、测站坐标,按[F4](OK)键确认输入的测站点数据<br><br>点 [　　　　]<br>仪器高　　　　0.000m<br>N0:　　　　　0.000m<br>E0:　　　　　0.000m<br>Z0:　　　　　0.000m<br>调取　后交　记录　OK<br><br>点 P<br>仪器高　　　　1.520m<br>N0:　　　　147.712m<br>E0:　　　　415.745m<br>Z0:　4.364　　　　m<br>调取　后交　记录　OK | (1)键盘按钮轻按轻放。<br>(2)输入数据时要回读,一个人报数,一个人输入。<br>(3)输入数据准确、不出错 |
| 5 | 设置后视方向 | (1)在"坐标测量"界面选取"后视定向",选择"坐标"并输入已知点A的坐标值,按[F4](OK)键确认输入的后视点数据。<br><br>坐标测量<br>1.测站坐标<br>2.后视定向<br><br>后视定向<br>1.角度定向<br>2.坐标 | (1)键盘按钮轻按轻放。规范操作,爱护仪器,不骑马观测。<br>(2)输入数据时要回读,一个人报数,一个人输入。<br>(3)输入数据准确、不出错。<br>(4)瞄准目标时微动螺旋最后应为旋进方向。<br>(5)精准瞄准目标,消除视差 |

| 序号 | 步骤 | 操作及说明 | 操作标准 |
|---|---|---|---|
| 5 | 设置后视方向 | 点 A<br>目标高　　　　1.600m Ⓐ<br>NBS:　　　478.724m<br>EBS:　　　145.391m<br>ZBS: 3.478　　　　m<br>调取　　　　　　　ＯＫ<br><br>(2)盘左位置瞄准目标点 A,按[F4](OK)键设置后视方位角<br><br>盘左:竖盘在望<br>远镜左侧　　　　　　　目标点A<br><br>方位角　167°16′08″<br>目标高　　　　　1.600m<br>点　　　A<br><br>测量　　　　　记录　ＯＫ | (1)键盘按钮轻按轻放。规范操作,爱护仪器,不骑马观测。<br>(2)输入数据时要回读,一个人报数,一个人输入。<br>(3)输入数据准确、不出错。<br>(4)瞄准目标时微动螺旋最后应为旋进方向。<br>(5)精准瞄准目标,消除视差 |
| 6 | 设置(检查)测距参数 | (1)进入"坐标测量"—"EDM"测距参数设置界面。<br><br>坐标测量<br>1.测站定向<br>2.测量<br>3.EDM<br>4.文件选取<br><br>(2)选择"单次精测""棱镜",输入棱镜常数。<br><br>EDM　　　　　　　　P1<br>测距模式　:单次精测<br>反射器　　:棱镜<br>棱镜常数　: -30<br><br>(3)按[Func]键翻至第 2 页,输入温度和气压值,然后返回测量模式<br><br>EDM　　　　　　　　P2<br>温度　　　: 15 ℃<br>气压　　　:1013hPa<br>大气改正　: 　0<br>0PPM | (1)键盘按钮轻按轻放。<br>(2)输入的棱镜常数与棱镜匹配 |

| 序号 | 步骤 | 操作及说明 | 操作标准 |
|---|---|---|---|
| 7 | 测站设置检查 | (1)将对中杆竖立在第三个已知点 B 点上,棱镜正对仪器。<br>(2)瞄准 B 点对中杆棱镜中心。<br><br>目标点A<br>目标点B<br><br>(3)选取"测量"开始坐标测量,在显示窗显示出所测点的坐标值。<br><br>坐标测量<br>1. 测站定向<br>2. 测量<br>3. EDM<br>4. 文件选取<br><br>N　　　　604.246m<br>E　　　　840.698m<br>Z　　　　　3.793m<br>VA　　167° 16′ 08″<br>HA　　123° 36′ 18″<br>观测　标高　　　　记录<br><br>(4)比较所测的坐标、高程值与已知的坐标、高程值,平面位置较差不应大于图上 0.2mm,高程较差不应大于基本等高距的 1/5 | (1)精准瞄准目标,消除视差。<br>(2)输入的棱镜高与待测点的棱镜高相一致。<br>(3)观测前或观测后,输入棱镜高,待测点的 Z 坐标随之更新。<br>(4)所测坐标与已知坐标较差如超限,应找出原因后重新设站 |
| 8 | 开始测量 | (1)将对中杆竖立在地形特征点上,转动照准部瞄准对中杆棱镜中心。<br>(2)按[F1](观测)键,测量特征点的三维坐标值,做好记录并储存。<br>(3)移动对中杆分别竖立在不同的特征点上,依次瞄准后测量并记录坐标值。<br>(4)绘图员在草图纸上绘制草图 | (1)对中杆要竖立在特征点上,并竖直。<br>(2)所存储的点号与草图上记录的点号要一致 |
| 9 | 整理归还仪器 | (1)地形特征点测完后,复核检查点坐标是否正确。<br>(2)检查 SD 卡中存储的坐标数据,关机取出 SD 卡交组长保管。<br>(3)仪器装箱,脚架收拢。<br>(4)清点仪器及工具是否完整。<br>(5)归还仪器,清理环境 | (1)爱护仪器和工具,紧拿轻放。<br>(2)工完场清,仪器归还放回原位 |

### 五、活 动 记 录

#### 碎部测量记录表

日期： 仪器号： 观测：

天气： 地点： 记录：

| 点名 | $x$(m) | $y$(m) | $H$(m) | 备注 |
|------|--------|--------|--------|------|
|  |  |  |  | 测站点 |
|  |  |  |  | 定向点 |
|  |  |  |  | 检查点 |
|  |  |  |  |  |
|  |  |  |  |  |
|  |  |  |  |  |
|  |  |  |  |  |
|  |  |  |  |  |
|  |  |  |  |  |
|  |  |  |  |  |
|  |  |  |  |  |
|  |  |  |  |  |
|  |  |  |  |  |
|  |  |  |  |  |
|  |  |  |  |  |
|  |  |  |  |  |
|  |  |  |  |  |
|  |  |  |  |  |
|  |  |  |  |  |

说明：记录一个测站完整的碎部点坐标数据，表格不够请自行准备。

碎部测量草图

日期：　　　　　　　　　　　观测：　　　　　　　　　　　记录：

## 六、活动评价

| 评价内容 | 评价标准 | 评价结果（是/否） |
|---|---|---|
| 活动完成情况 | 能准确判断地形图的比例尺和内容要素 | □是　□否 |
| | 能根据地形图图式选择常见地物的符号 | □是　□否 |
| | 能确定常见地物的碎部特征点并绘制草图 | □是　□否 |
| | 能用全站仪采集碎部特征点的三维坐标 | □是　□否 |

## 七、课后作业

1. 地形图在图上既表示地物的_____，又表示地面的_____。

2. 1：500 的比例尺比 1：2000 的比例尺小。（□正确　□错误）

3. 地面上的路灯在地形图上应用比例符号表示。（□正确　□错误）

4. 对于独立地物来说，其特征点应选取中心点。（□正确　□错误）

5. 地貌特征点应选取地面_____及_____的变化点。

6. 绘制碎部测量草图时，应具体记录地物的_____、_____、_____等内容。

7. 某测量小组负责完成某区域的全数字化测图任务，小张担任组长并负责绘制碎部测量草图。第一天上午测量结束收工时，小张发现草图上记录的最后一个碎部点编号与仪器中存储的点号不一致，他一下子就傻眼了。请分析小张"傻眼"的原因，工作中应如何避免类似情况的发生？

## 职业能力 3-1-2　能用几何作图方法测量碎部点的平面位置

### 核心概念

几何作图方法：对于仪器无法直接测量的碎部点，通过定线量边等辅助手段绘出其位置的方法。全站仪测图中常用的几何作图方法有支距法和线交会法。

### 学习目标

1. 能叙述几何作图方法的名称及适用条件。
2. 能理解几何作图确定点位的测算原理。
3. 能根据实际场景选用合适的方法确定点位。

## 基本知识

### 一、几何作图方法

#### 1. 支距法

支距法是通过测定碎部点到已知基线的垂距以及已知点到垂足的距离，来确定待测碎部点位置的方法。支距法主要适用于隐蔽、狭小的街坊等城市建筑区的碎部测量工作。考虑待测点的多样性，数字测图软件可在已知或已测直线的基础上，用测量到的垂直支距（即直角坐标法），或给出角度、水平距离进行支距定点；亦可在已测直线上实现内外分点，再用测量数据进行支距定点。

支距法的点位测算原理：如图 3.1-5 所示，假设测点 A、B 的坐标已知，距离为 $D_{AB}$；野外勘丈 A 点至待定点 P 的距离为 $D_{AP}$，若 P 点在 AB 直线的反向延长线上（即图中 P′ 点），应取 $D_{AP}$ 为负值。

图 3.1-5　支距法定点

P 点的坐标为：

$$x_P = x_A + \frac{D_{AP}(x_B - x_A)}{D_{AB}}$$

$$y_P = y_A + \frac{D_{AP}(y_B - y_A)}{D_{AB}}$$

若在 P 点的基础上，勘丈了至 K 点的平距 $D_{PK}$（右正、左负），且 PK 直线与 AB 直线垂直，即可用直角坐标法求出 K 点坐标：

$$x_K = x_P - \frac{D_{PK}(y_B - y_A)}{D_{AB}}$$

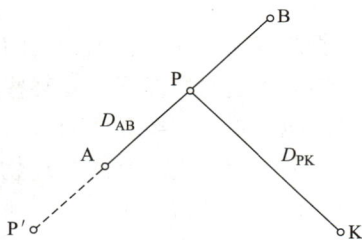

$$y_K = y_P + \frac{D_{PK}(x_B - x_A)}{D_{AB}}$$

### 2. 线交会法

线交会法又称距离交会法，是测量两个已知点到碎部点的距离来确定碎部点位置的一种方法。线交会法适用于地势比较平坦且便于量距的情况，是数字化地形测量中测定碎部点位置的常用方法之一。

线交会法的点位测算原理：如图 3.1-6 所示，A、B 的坐标已知，距离为 $D_{AB}$；K 为待测碎部点，测量距离 $D_{AK}$ 和 $D_{BK}$，可交会出 K 点。计算时，过 K 点作 AB 直线的垂线，垂足为 P 点，即可算得：

$$D_{AP} = \frac{D_{AK}^2 + D_{AB}^2 - D_{BK}^2}{2D_{AB}}$$

$$D_{PK} = \sqrt{D_{AK}^2 - D_{AP}^2}$$

图 3.1-6　线交会法定点

若 K 点在 AB 直线左侧，取 $D_{PK}$ 为负值。

由直角坐标法即可求出待测点 K 的坐标：

$$x_K = x_A + \frac{D_{AP}(x_B - x_A)}{D_{AB}} - \frac{D_{PK}(y_B - y_A)}{D_{AB}}$$

$$y_K = y_A + \frac{D_{AP}(y_B - y_A)}{D_{AB}} + \frac{D_{PK}(x_B - x_A)}{D_{AB}}$$

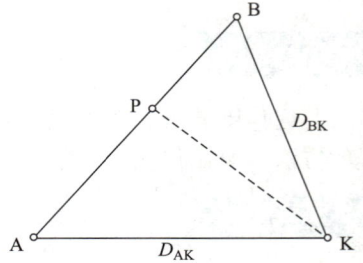

## 二、地形图测绘综合取舍

所谓综合，就是根据一定的原则，在保持地物原有的性质、结构、密度和分布状况等主要特征不变的情况下，对某些地物按不同情况进行形状和数量上的概括；所谓取舍，就是根据地形图的需要和图面对信息的承载能力，在测绘过程中，选取主要地物、地貌元素进行表示，而舍去部分次要地物、地貌元素不表示。但要注意，地物的主、次是相对的，同样的地物应比较其宽与窄、长与短、大与小、高与低、曲与直、存在时间的久远与短期、方位作用的大小等。因此，综合取舍的过程就是不断对地面物体进行选择和概括的过程。

### 1. 综合取舍的一般原则

（1）要求地形图上的地物位置准确，主次分明，符号运用恰当，充分反映地物特征，图面清晰、易读，便于使用。

（2）保留主要、明显、永久性地物，舍弃次要、临时性地物。对有方位作用的及对设计、施工、勘察、规划等有重要参考价值的地物要重点表示。

（3）当两种地物符号在图上密集且不能容纳时，可将主要地物精确表示，次要地物适当移位表示。移位时应保持其相关位置正确，保持其总貌和轮廓特征。

（4）当许多同类地物聚于一处，不能一一表示时，可综合用一个整体符号表示，如相邻甚近的几幢房屋可表示为街区；密集地物无法一一表示而又不能综合或移位表示时，取其主要地物，舍弃次要地物，如密集池塘不能综合为河湖。

（5）一般来说，1：2000～1：500 的地形图，基本上属于依比例尺测图，即图上能显示的地物、地貌应尽量显示，综合取舍问题很少。1：5000、1：10 000 地形图，属于半比例尺测图，即当地物、地貌不能逐一表示时，可综合取舍。

在地形测图中，关于地物的综合取舍是个十分复杂的问题，只有通过长期实践才能正确掌握。

### 2. 地形图要素的取舍

各类地物、地貌要素内容的表示方法和取舍原则除需符合《国家基本比例尺地图图式第 1 部分：1：500、1：1000、1：2000 地形图图式》GB/T 20257.1—2017 的有关规定外，还应遵守下列规定：

（1）水系及其附属物应按实际形状采集。河流应测记水流方向；水渠宜测记渠顶边和渠底高程；堤、坝应测记顶部及坡脚高程；泉、井应测记泉的出水口及井口高程，并标记井台至水面的深度。

（2）各类建筑物、构筑物及其主要附属设施均应采集。房屋以墙基为准采集；居民区可视测图比例尺大小或需要适当综合；建筑物、构筑物轮廓凸凹在图上小于 0.5mm 时，可予以综合。

（3）公路与其他双线道路应按实际宽度比例尺采集。采集时，应同时采集范围内的绿地或隔离带，并正确表示各级道路之间的连通关系。

（4）地上管线的转角点应实测，管线直线部分的支架线杆和附属设施密集时，可适当取舍。

（5）地貌一般以等高线表示，特征明显的地貌不能用等高线表示时，应以符号表示。高程点一般选择明显地物点或地形特征点，如山顶、鞍部、凹地、山脊、谷底及倾斜变换处，应测记高程点。

（6）斜坡、陡坎比高小于 1/2 基本等高距或在图上长度小于 5mm 时舍去。当斜坡、陡坎较密时，可适当取舍。

（7）一年分几季种植不同作物的耕地，以夏季主要作物为准；地类界与线状地物重合时，按线状地物采集。

（8）居民地、机关、学校、山岭、河流等有名称的应标注名称。

## 活动设计

### 一、活动条件

1. 安排活动场地——计算机机房，电脑安装有 CASS 或 SouthMap 成图软件。
2. 学生准备好上次任务存储数据的 SD 卡和碎部测量草图。

### 二、活动组织

1. 每四人一组，其中绘制草图的同学担任绘图员，观测的同学辅助，司镜的同学核查。
2. 小组成员合作，共同完成测量任务。

3. 完成任务之后，导出绘制的图形文件，找老师核对是否正确。

4. 教师汇总分析各组绘图成果，请最快完成的小组分享心得，对出错的情况进行总结，提出正确绘图的要点和常见错误的应对措施。

## 三、安全及注意事项

1. 遵守机房安全操作规程，确保用电安全，SD 卡无病毒。

2. 绘图文件保存在电脑非保护盘中，绘图过程中注意随时存盘。

## 四、活动实施

| 序号 | 步骤 | 操作及说明 | 操作标准 |
|------|------|-----------|---------|
| 1 | 准备 | (1) 到仪器室领取 SD 卡读卡器，将存有坐标数据的 SD 卡插入其中。<br><br>(2) 打开机房电脑，将读卡器插入电脑 USB 接口。<br>(3) 在电脑非保护盘中以小组号命名新建一个文件夹，将 U 盘中的坐标数据文本文件拷贝至文件夹中。<br>(4) 将坐标数据文本文件转换成后缀为 dat 的 CASS 格式坐标文件（点号$,,y,x,h$）。无数据的小组用软件提供的 study.dat 数据文件<br><br>STUDY.DAT - 记事本<br>文件　编辑　查看<br>1,,53167.880,31194.120,495.800<br>2,,53151.080,31152.080,495.400<br>3,,53151.080,31165.220,494.500<br>行 1，列 1　100%　Windows (CRLF)　UTF-8 | (1) SD 卡插入方向与读卡器示意图一致，卡要插紧到位。<br>(2) 数据读取过程中不得强行拔出 U 盘。<br>(3) 工作文件夹保存在电脑的非保护盘中，以防死机、重启还原。<br>(4) CASS 格式坐标文件中的逗号应为英文状态下的符号 |
| 2 | 展点 | (1) 打开 CASS 软件进入主界面，鼠标单击"绘图处理"菜单，再点击"定显示区"，按照系统提示，选择坐标数据文件。<br><br>绘图处理(W)　地籍(J)　土地利<br>定显示区<br>改变当前图形比例尺<br>展高程点<br>高程点建模设置<br>高程点过滤<br>高程点处理　▶ | |

续表

| 序号 | 步骤 | 操作及说明 | 操作标准 |
|---|---|---|---|
| 2 | 展点 | (2)移动鼠标点击屏幕右侧菜单区"测点点号"项,按照系统提示选择点号坐标数据文件。<br>(3)移动鼠标点击"绘图处理"菜单,选择"展野外测点点号"项,按提示选择点号坐标数据文件,输入测图比例尺分母,便可在屏幕上展出野外测点的点号<br><br>展野外测点点号<br>展野外测点代码<br>展野外测点点位<br>切换展点注记 | |
| 3 | 绘平面图 | (1)选择屏幕右侧菜单"定位基础/平面控制点",点击"埋石图根点"的图标,依次输入点号 1、点名 D121,回车重复命令,再依次输入点号 2、点名 D123,点号 4、点名 D135,完成控制点的绘制。<br><br>(2)选择"居民地/一般房屋",点击"四点砖房屋"的图标,输入 1(或点击命令区[(1)已知三点]),依次输入点号 3、39、16,输入房屋层数 2,完成一栋 2 层砖房的绘制。<br><br>砖 2<br>D123<br>495.40<br><br>(3)选择"居民地/一般房屋",点击"多点一般房屋"的图标,输入点号 49、50、51,按提示输入命令 J(或点击命令区[隔一点 J]),输入点号 52、53 后,按提示输入命令 C 闭合,再输入命令 1(或点击命令区),选择房屋结构,最后输入房屋层数 1,结束命令。 | (1)在点号定位的过程中临时切换到坐标定位,可以按"P"键。<br>(2)绘制房子时,输入的点号必须按顺时针或逆时针的顺序输入。<br>(3)陡坎上的坎毛生成在绘图方向的左侧。<br>(4)拟合的作用是对复合线进行圆滑。<br>(5)在执行各项命令时,每一步都要注意看下面命令区的提示 |

| 序号 | 步骤 | 操作及说明 | 操作标准 |
|------|------|-----------|----------|
| 3 | 绘平面图 | <br><br>重复上述操作，将 60、61、62、63、64、65 点号绘成多点一般房屋;76、77、78 点号绘成四点棚房。<br><br><br><br>(4)选择"居民地/垣栅"，点击"依比例围墙"的图标，输入点号 66、67、68，按回车及鼠标右键结束命令，选择不拟合(直接回车默认不拟合)，输入围墙宽"—0.5"后结束命令，完成围墙的绘制。<br><br><br><br>(5)选择"交通设施/城市道路"，点击"街道主干道"的图标，输入点号 92、45、46、13、47、48，按回车或鼠标右键结束命令，输入拟合命令 y(或点击命令区[(Y)])，完成道路一侧边线的绘制。输入 offset(偏移)命令，将绘制好的道路边线偏移通过点号 19，完成道路另一侧边线的绘制。<br><br> | (1)在点号定位的过程中临时切换到坐标定位，可以按"P"键。<br>(2)绘制房子时，输入的点号必须按顺时针或逆时针的顺序输入。<br>(3)陡坎上的坎毛生成在绘图方向的左侧。<br>(4)拟合的作用是对复合线进行圆滑。<br>(5)在执行各项命令时，每一步都要注意看下面命令区的提示 |

续表

| 序号 | 步骤 | 操作及说明 | 操作标准 |
|---|---|---|---|
| 3 | 绘平面图 | 重复上述操作,将 86、87、88、89、90、91 点号绘成小路(拟合),将 103、104、105、106 点号绘成小路(拟合)。<br><br><br><br>(6)选择"管线设施/电力线",点击"地面上的输电线"的图标,输入点号 75、83、84、85,按回车或鼠标右键结束命令,输入命令 1(或点击命令区[(1)绘制电杆和箭头]),完成高压电力线的绘制。<br><br><br><br>(7)选择"地貌土质/人工地貌",点击"加固陡坎"的图标,输入坎高 1m(直接回车默认 1m),输入点号 93、94、95、96,按回车或鼠标右键结束命令,选择不拟合(直接回车默认不拟合),完成加固陡坎的绘制。<br><br><br><br>重复上述操作,将 54、55、56、57 点号绘成未加固陡坎(不拟合)。<br><br><br><br>(8)选择"植被土质/耕地",点击"菜地"的图标,直接回车默认 1(或点击命令区[(1)绘制区域边界]),输入点号 58、80、 | (1)在点号定位的过程中临时切换到坐标定位,可以按"P"键。<br>(2)绘制房子时,输入的点号必须按顺时针或逆时针的顺序输入。<br>(3)陡坎上的坎毛生成在绘图方向的左侧。<br>(4)拟合的作用是对复合线进行圆滑。<br>(5)在执行各项命令时,每一步都要注意看下面命令区的提示 |

| 序号 | 步骤 | 操作及说明 | 操作标准 |
|---|---|---|---|
| 3 | 绘平面图 | 81、82,输入命令 C 闭合,选择不拟合(直接回车默认不拟合),选择[(1)保留边界](或直接回车默认1),完成菜地的绘制。<br><br>(9)选择"植被土质/林地",点击"果树独立树"的图标,输入点号99,绘制果树独立树。同法完成点号 100、101、102 的果树独立树绘制。<br><br>(10)选择"独立地物/其他设施",点击"路灯"的图标,输入点号 69,绘制路灯。同法完成点号 70、71、72、97、98 的路灯绘制。选择"其他设施"下的"双柱宣传橱窗",输入点号73、74,回车结束命令,完成宣传橱窗的绘制。选择"独立地物/农业设施",点击"不依比例肥气池"的图标,输入点号 59,完成独立地物肥气池的绘制。 | (1)在点号定位的过程中临时切换到坐标定位,可以按"P"键。<br>(2)绘制房子时,输入的点号必须按顺时针或逆时针的顺序输入。<br>(3)陡坎上的坎毛生成在绘图方向的左侧。<br>(4)拟合的作用是对复合线进行圆滑。<br>(5)在执行各项命令时,每一步都要注意看下面命令区的提示 |

| 序号 | 步骤 | 操作及说明 | 操作标准 |
|---|---|---|---|
| 3 | 绘平面图 | (11)选择"水系设施/水系要素",点击"水井"的图标,输入点号79,绘制水井。<br><br>(12)如有其他地物,根据外业草图,在屏幕右侧菜单区选择相应的地形图图式符号完成绘制 | (1)在点号定位的过程中临时切换到坐标定位,可以按"P"键。<br>(2)绘制房子时,输入的点号必须按顺时针或逆时针的顺序输入。<br>(3)陡坎上的坎毛生成在绘图方向的左侧。<br>(4)拟合的作用是对复合线进行圆滑。<br>(5)在执行各项命令时,每一步都要注意看下面命令区的提示 |
| 4 | 绘等高线 | (1)点击"绘图处理"菜单下的"展高程点",选择命令区[(0)否](或直接回车默认0)不展高程值为0的点,按提示选择数据文件,直接回车全部注记。<br><br>(2)删除控制点上注记的高程值。<br>(3)点击"等高线"菜单下的"建立三角网",在弹出的窗口中选择建立DTM的方式为"由数据文件生成",选择相应的数据文件,生成三角网。<br> | (1)外业测量中高程值不对的碎部点,应在数据处理时将高程值统一变为0。<br>(2)绘图过程中要随时存盘。<br>(3)高程点一般在图上要求间距2~3cm,过密或过稀均不利于准确表示地貌。<br>(4)三角网建立要考虑与地形的一致性,修改后的三角形要保存,否则修改无效。<br>(5)等高线遇到房屋、窑洞、公路、双线表示的沟渠、冲沟、陡崖、路堤、路堑等符号时,应表示至符号边线 |

| 序号 | 步骤 | 操作及说明 | 操作标准 |
|------|------|-----------|---------|
| 4 | 绘等高线 | (4)删除边界线以外的三角形,点击"等高线"菜单下的"修改结果存盘"。<br><br><br><br>(5)点击"等高线"菜单下的"绘制等高线",输入等高距1.0m,点击确定后完成等高线绘制。<br><br><br><br>(6)点击"等高线"菜单下的"删三角网",删除图上的三角网。点击"等高线"菜单下的"等高线修剪",切除道路上和建筑物内的等高线<br><br> | (1)外业测量中高程值不对的碎部点,应在数据处理时将高程值统一变为0。<br>(2)绘图过程中要随时存盘。<br>(3)高程点一般在图上要求间距2～3cm,过密或过稀均不利于准确表示地貌。<br>(4)三角网建立要考虑与地形的一致性,修改后的三角形要保存,否则修改无效。<br>(5)等高线遇到房屋、窑洞、公路、双线表示的沟渠、冲沟、陡崖、路堤、路堑等符号时,应示至符号边线 |

| 序号 | 步骤 | 操作及说明 | 操作标准 |
|------|------|------------|----------|
| 5 | 添加注记 | (1)选择屏幕右侧菜单"文字注记/文字注记",点击"通用注记"的图标,输入注记内容:经纬路。点击注记排列"雁行字列"、注记类型"交通设施",确定后在道路中心线位置上下分别点击鼠标左键,完成道路名称注记。<br><br><br><br>(2)点击"分类注记"的图标,选择村庄注记(3.5),输入注记内容:建设新村。确定后在村庄合适位置点击鼠标左键,完成村庄名称注记。<br><br><br><br>(3)用 pl 命令在等高线区域从低到高绘制一条辅助直线。<br><br><br><br>(4)选择"等高线/等高线注记/沿直线高程注记",选择[(1)只处理计曲线],鼠标左键选中辅助直线,完成计曲线高程注记<br><br> | (1)文字注记除等高线高程注记字头朝向高处及道路、河流名称注记应朝向变化方向外,其他所有注记一律字头朝北。<br>(2)地物延伸较长时,在图上可重复注记名称。<br>(3)有总名的居民地,其总名、分名一般均应标出。<br>(4)等高线高程注记应分布适当,便于用图时迅速判定等高线的高程,其字头朝向高处 |

| 序号 | 步骤 | 操作及说明 | 操作标准 |
|---|---|---|---|
| 6 | 图廓整饰 | (1)选择"文件/CASS参数配置",在弹出的对话框中点击"图廓属性",勾选比例尺、图名图号注记,输入单位名称、坐标系、高程系、图式、日期等信息。<br><br><br><br>(2)选择"绘图处理/加方格网",在测图区域左下角、右上角分别点击鼠标左键,完成方格网的添加。<br><br><br><br>(3)选择"绘图处理/任意图幅",输入命令2(或点击命令区[(2)自定义图框两角]),用鼠标指定图框左下角、右上角范围,使测图区域在图框中央。在弹出的图幅整饰对话框中,输入图名:建设新村,点选"取整到图幅",勾选删除图框外实体,确定后完成图框添加<br><br> | (1)图名为两个字的,其字间距为两个字,三个字的字间距为一个字。<br>(2)比例尺为1:500的地形图,图幅号取至0.01km,1:1000、1:2000地形图取至0.1km。<br>(3)添加图幅前需先按要求设置好CASS参数配置 |

续表

| 序号 | 步骤 | 操作及说明 | 操作标准 |
|------|------|-----------|----------|
| 7 | 整理文件，关闭电脑 | (1)地形图绘制完成后，核查内容是否完整，符号、注记是否压盖，如有遗漏或压盖需进行补绘或移位。<br>(2)关闭展点号图层(ZDH)和辅助图层(ASSIST)，将绘制的图形文件保存，连同坐标数据文件一起打包上交。<br>(3)关闭电脑电源，清理环境。<br>(4)归还 SD 卡 | (1)对照外业草图仔细核查图面内容。<br>(2)打包文件以小组名称命名。<br>(3)坚持做到工完场清 |

## 五、活动评价

| 评价内容 | 评价标准 | 评价结果（是/否） |
|----------|----------|------------------|
| 活动完成情况 | 能叙述几何作图方法的名称及适用条件 | □是　□否 |
| | 能理解几何作图确定点位的测算原理 | □是　□否 |
| | 能根据实际场景选用合适的方法确定点位 | □是　□否 |

## 六、课后作业

1. CASS 格式的坐标数据文件后缀是 txt。（□正确　□错误）

2. CASS 绘制地形图可以通过坐标定位，也可以通过点号定位。（□正确　□错误）

3. 用 CASS 绘制多点房屋，隔点绘制时不需要量取距离。（□正确　□错误）

4. 穿过房屋和公路的等高线不可以切除或消隐。（□正确　□错误）

5. 等高线的高程注记字头应该向北。（□正确　□错误）

6. 当房角点被树或路灯等障碍物遮挡时，在只知道角度和距离但看不到点的位置的情况下，请分析该如何绘制出图形？

## 任务拓展 7：测量的原则与程序

测量工作不可避免地会产生误差，甚至还会产生错误，为了限制误差的积累传递，保证整体的测量精度，测量工作必须遵循"从整体到局部、先控制后碎步、由高级到低级"的原则进行。

测量工作的程序分为控制测量和碎步测量两步。

遵循测量工作的原则和程序，不但可以减少误差的积累传递，而且还可以在几个控制点上同时进行测量工作，既加快了测量的进度，缩短了工期，又节约了开支。

测量工作有外业和内业之分。外业工作主要是指在室外进行的仪器操作，以及观测手簿的记录计算与检核；内业工作主要是指在室内整理并计算外业工作的测量数据，以及进行绘图工作等内容。

为了防止出现错误，在外业和内业工作中，还必须遵循另外一个基本原则，即"边工作边校核"，用校核的数据说明测量成果的合格和可靠。一旦发现错误或者成果达不到精度要求，必须找出原因并返工重测，以保证各个环节测量成果的合格性和可靠性。

施工放样

模块 4

# 工作任务 4-1

## 高程位置放样

思维导图

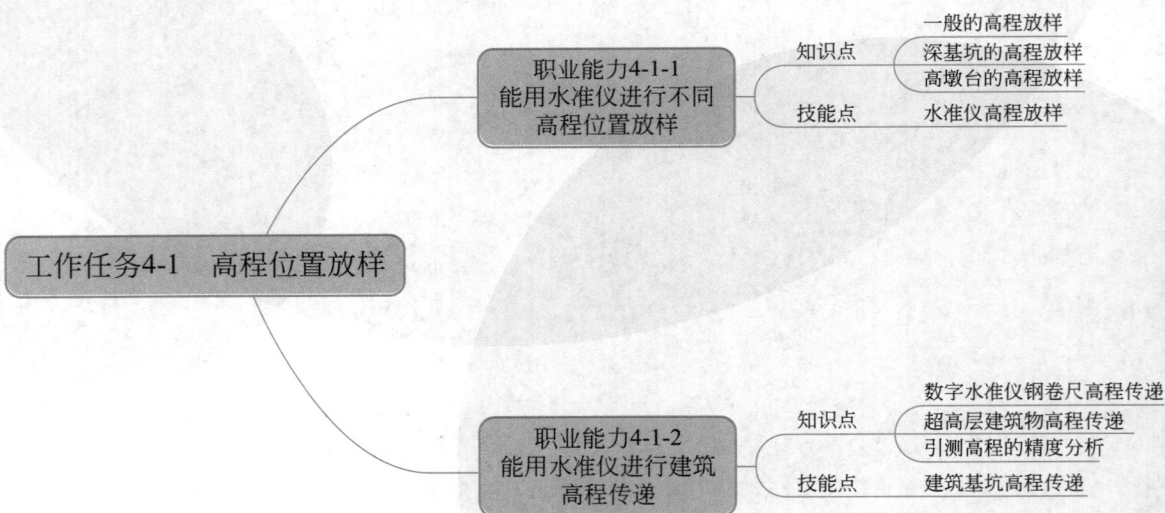

工作任务4-1　高程位置放样

职业能力4-1-1
能用水准仪进行不同
高程位置放样

知识点
　一般的高程放样
　深基坑的高程放样
　高墩台的高程放样

技能点　水准仪高程放样

职业能力4-1-2
能用水准仪进行建筑
高程传递

知识点
　数字水准仪钢卷尺高程传递
　超高层建筑物高程传递
　引测高程的精度分析

技能点　建筑基坑高程传递

**思政元素**

**某站场改造标高偏差质量事故——责任担当、规范意识**

事故概况：某施工单位施工某站场改造项目，站场内需铺设线路及道岔，在施工完部分线路及道岔后，发现轨面标高有整体的误差。

事故原因：经过复核分析，发现站场内高程控制点A下沉近5cm，在轨道施工测量时，现场测量人员以A点为标高控制基准，进行轨道标高测量，造成了轨面标高整体的偏差。在站场内分布着3个标高控制点（其他两个为B点和C点，B、C点使用不便），利用A点测量时，测量人员为图方便，既未闭合于B、C点，也未对控制点进行定期复测，造成了轨面标高整体偏差。

**预习笔记**

# 职业能力 4-1-1 能用水准仪进行不同高程位置放样

## 核心概念

高程位置放样：也称找平，就是用水准测量的方法确定某一设计标高的测量工作。

## 学习目标

1. 能说出不同高程位置放样方法间的异同。
2. 能计算不同高程位置放样的前视应读数。
3. 能根据前视应读数指挥水准尺上下移动。

## 基本知识

### 一、一般的高程放样

一般情况下，放样高程位置均低于水准仪视线高且不超出水准尺的工作长度。如图 4.1-1 所示，A 为已知点，其高程为 $H_A$，欲在 B 点定出高程为 $H_B$ 的位置。具体放样过程为：先在 B 点打一长木桩，将水准仪安置在 A、B 两点之间，在 A 点立水准尺，后视 A 尺并读数 $a$，计算 B 处水准尺应有的前视读数 $b$：

$$b=(H_A+a)-H_B$$

4.1-1
高程测设

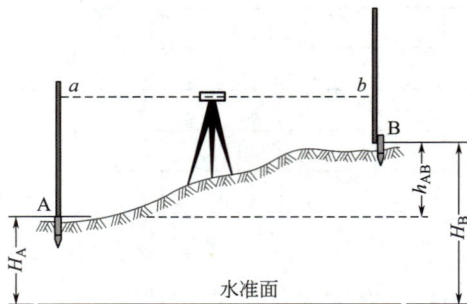

图 4.1-1　一般高程放样

靠 B 点木桩侧面竖立水准尺，上下移动水准尺，当水准仪在尺上的读数恰好为 $b$ 时，在木桩侧面紧靠尺底画一横线，此横线即为设计高程 $H_B$ 的位置。也可在 B 点桩顶竖立水准尺并读取读数 $b'$，再用钢卷尺自桩顶向下量 $b-b'$ 即得高程为 $H_B$ 的位置。

为了提高放样精度，放样前应仔细检校水准仪和水准尺；放样时尽可能使前后视距相等；放样后可按水准测量的方法观测已知点与放样点之间的实际高差，并以此对放样点进行检核和必要的归化改正。

## 二、深基坑的高程放样

当基坑开挖较深时，基底设计高程与基坑边已知水准点的高程相差较大并超出水准尺的工作长度时，可采用水准仪配合悬挂钢尺的方法向下传递高程。如图 4.1-2 所示，A 为已知水准点，其高程为 $H_A$，欲在 B 点定出高程为 $H_B$ 的位置（$H_B$ 应根据放样时基坑实际开挖深度选择，通常取 $H_B$ 比基底设计高程高出一个定值，如 1m）。在基坑边用支架悬挂钢尺，钢尺零端朝下并悬挂 10kg 重物，放样时最好用两台水准仪同时观测，具体方法如下：

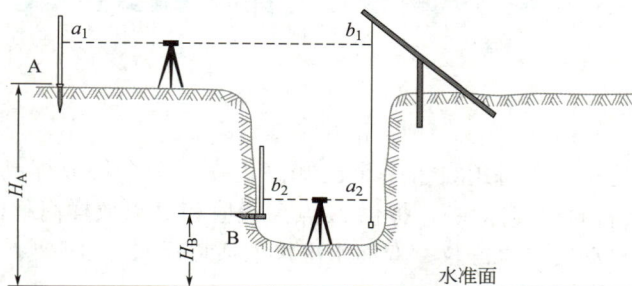

图 4.1-2 深基坑高程放样

在 A 点立水准尺，基坑顶的水准仪后视 A 尺并读数 $a_1$，前视钢尺读数 $b_1$，基坑底的水准仪后视钢尺读数 $a_2$，然后计算 B 处水准尺应有的前视读数：

$$b_2 = H_A + a_1 - (b_1 - a_2) - H_B$$

上下移动 B 处的水准尺，直到水准仪在尺上的读数恰好为 $b_2$ 时标定点位。为了控制基坑开挖深度，一般需要在基坑四周定出若干个高程均为 $H_B$ 的点位。如果 $H_B$ 比基底设计高程高出一个定值 $\Delta H$，施工人员就可用长度为 $\Delta H$ 的木条方便地检查基底标高是否达到了设计值，在基础砌筑时还可用于控制基础顶面标高。

## 三、高墩台的高程放样

当桥梁墩台高出地面较多时，放样高程位置往往高于水准仪的视线高，这时可采用钢尺直接量取垂距或"倒尺"的方法。如图 4.1-3 所示，A 为已知点，其高程为 $H_A$，欲在 B 点墩身或墩身模板上定出高程为 $H_B$ 的位置。欲定放样点的高程 $H_B$ 高于仪器视线高程，先在基础顶面或墩身（模板）适当位置选择一点，用水准测量的方法测定其高程值，然后以该点作为起算点，用悬挂钢尺直接量取垂距来标定放样点的高程位置。

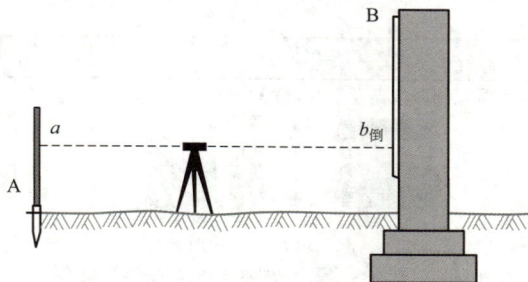

图 4.1-3 高墩台高程放样

当 B 处放样点高程 $H_B$ 的位置高于水准仪视线高，但不超出水准尺工作长度时，可用倒尺法放样。在已知高程点 A 与墩身之间安置水准仪，在 A 点立水准尺，后视 A 尺并读数 $a$，在 B 处靠墩身倒立水准尺，放样点高程 $H_B$ 对应的水准尺读数 $b_{倒}$ 为：

$$b_{倒} = H_B - (H_A + a)$$

靠 B 点墩身竖立水准尺，上下移动水准尺，当水准仪在尺上的读数恰好为 $b_{倒}$ 时，沿水准尺尺底（零端）划一横线即为高程为 $H_B$ 的位置。

## 活动设计

### 一、活动条件

1. 安排活动场地——为每组设置一个已知高程点、一个待放样高程点，点名分别标为 A、B（有实际点名的据实标注），提供 A 点高程值和 B 点放样高程值。

2. 仪器室准备自动安平水准仪、双面水准尺（或塔尺）、三脚架、记录板。

3. 学生自备 2H 铅笔。

### 二、活动组织

1. 每四人一组，其中一人担任观测员，一人担任记录员兼评价员，两人担任立尺员。

2. 每组成员依次轮换操练。小组四人分别编为 1、2、3、4 号，首先 1 号观测、2 号记录、3 号和 4 号立尺，然后 2 号观测、3 号记录、4 号和 1 号立尺，以此类推。

3. 全部完成操作训练之后，相互比较所放样高程位置是否一致，对相差超过 5mm 的结果共同分析原因，指导其重测。小组放样高程位置全部一致后，找教师核对结果是否正确。

4. 教师汇总分析各组放样成果，请最快完成的小组分享心得，对出错的情况进行总结，提出正确放样的要点和常见错误的应对措施。

### 三、安全及注意事项

1. 打开、收拢三脚架时，注意手持位置及周边环境，谨防夹手伤人。

2. 仪器安置在测站上，当暂停操作时，必须有人守护在旁，确保仪器安全。

3. 读数前务必消除视差，确保精度可靠。

### 四、活动实施

| 序号 | 步骤 | 操作及说明 | 操作标准 |
| --- | --- | --- | --- |
| 1 | 准备 | (1)到仪器室领取仪器及工具,清单如下:<br>水准仪×1,三脚架×1,双面尺×2,记录板×1。<br>(2)目视外观是否有脏污、脱漆、锈蚀、伤痕和变形等缺陷。<br>(3)找老师领取 A 点已知高程值和 B 点放样高程值 | (1)清点仪器及工具数量。<br>(2)确认两把双面尺是否是一对。<br>(3)填写缺陷情况,并在领用单上签名。<br>(4)仪器及工具紧拿轻放,避免碰撞 |

续表

| 序号 | 步骤 | 操作及说明 | 操作标准 |
|---|---|---|---|
| 2 | 安置仪器 | (1)立尺员两人分别在 A、B 两点竖立水准尺。<br>(2)观测员在与 A、B 两点大致等距且通视处选定测站位置。<br>(3)打开三脚架,将仪器取出固定到三脚架上,粗平  | (1)脚架高度和跨度适宜,便于观测。<br>(2)螺旋转动协调轻柔,爱护仪器。<br>(3)圆水准器气泡居中 |
| 3 | 瞄准后视尺读数 | (1)瞄准后视点 A 竖立的水准尺。<br>(2)目镜、物镜调焦,消除视差。 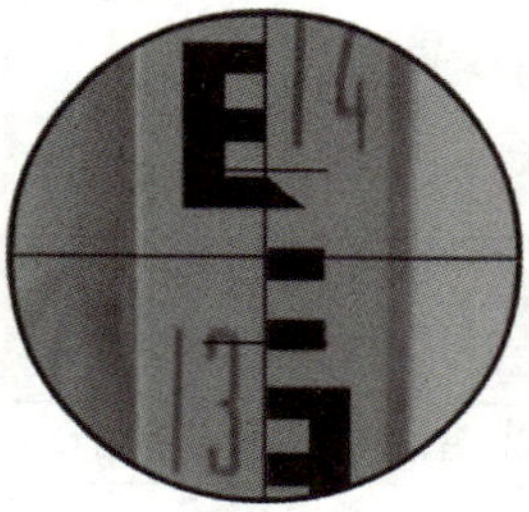<br><br>(3)读取后视读数 $a$(图中示例:1387)。<br>(4)记录员回读记入表格 | (1)规范操作,不骑马观测。<br>(2)上下移动眼睛,标尺和十字丝无相对移动。<br>(3)读数专注仔细,快速正确。<br>(4)实事求是记录,不乱涂乱改,厘米、毫米不可修改。<br>(5)字体端正,字高不超过格高的一半 |
| 4 | 计算前视应读数 | (1)计算仪器视线高 $H_i$(示例已知 A 点高程为 10m):<br>　　$H_i = H_A + a = 10m + 1.387m = 11.387m$<br>(2)计算前视应读数 $b_{应}$(示例设计高程为 10.5m):<br>　　$b_{应} = H_i - H_{设} = 11.387m - 10.5m = 0.887m$ | (1)计算快速准确,记录字体端正。<br>(2)字高不超过格高的一半 |
| 5 | 高程位置放样 | (1)立尺员在高程放样点 B 点竖立水准尺。<br>(2)转动望远镜瞄准 B 点水准尺。<br>(3)指挥立尺员上、下移动水准尺至前视读数(中丝)为 0887。<br>(4)固定水准尺不动,紧贴尺底画线做好标记 | (1)瞄准水准尺要消除视差。<br>(2)读数认真仔细,不出错。<br>(3)画线标记时要垂直紧贴尺底 |
| 6 | 结束观测<br>(轮换练习) | (1)仪器装箱,脚架收拢。<br>(2)依次轮换,重新放样 | (1)每人分别观测、记录一次。<br>(2)放样位置互差不超过 5mm |
| 7 | 整理归还仪器 | (1)小组成员全部操练完成后,仪器装箱,脚架收拢。<br>(2)清点仪器及工具是否完整。<br>(3)归还仪器,清理环境 | (1)爱护仪器和工具,紧拿轻放。<br>(2)工完场清,仪器归还放回原位 |

## 五、活动记录

小组编号：_____，仪器型号：_____，仪器编号：_____，记录者：_____。

### 高程放样记录计算表

| 已知点 | 已知高程<br>（m） | 后视读数<br>（mm） | 视线高程<br>（m） | 设计高程<br>（m） | 前视应读数<br>（mm） | 备注 |
|---|---|---|---|---|---|---|
| A | 10.0 | 1387 | 11.387 | 10.5 | 0887 | 示例 |
|  |  |  |  |  |  |  |
|  |  |  |  |  |  |  |
|  |  |  |  |  |  |  |
|  |  |  |  |  |  |  |

说明：1. 至少记录一站完整的数据，如记录错误可整站划去，另起一站填写。
　　　2. 表格剩余部分可自行练习使用，在备注栏注明"自练数据"。

## 六、活动评价

| 评价内容 | 评价标准 | 评价结果<br>（是/否） |
|---|---|---|
| 活动完成情况 | 能说出不同高程位置放样方法间的异同 | □是　□否 |
|  | 能计算不同高程位置放样的前视应读数 | □是　□否 |
|  | 能根据前视应读数指挥水准尺上下移动 | □是　□否 |

## 七、课后作业

1. 高程放样的任务是将设计高程测设在指定桩位上。（□正确　□错误）

2. 基坑开挖较深时，可采用水准仪配合_____的方法向下传递高程。

3. 高程放样标定点位前，观测员应指挥立尺员_____（上下/左右/前后）移动水准尺直至前视应读数。

4. 设计高程的位置高于水准仪的视线时，可采用_____或_____的方法放样。

5. 高程放样时，水准仪读得后视读数为1588，若已知点高程为35.584m，则仪器视线高是_____m。

6. 完成下表中的计算。

| 已知点 | 已知高程<br>（m） | 后视读数<br>（mm） | 视线高程<br>（m） | 设计高程<br>（m） | 前视应读数<br>（mm） | 备注 |
|---|---|---|---|---|---|---|
| A | 99.855 | 1226 |  | 100.0 |  |  |

7. 自主到仪器室借领水准仪，练习高程放样，并将水准尺的望远镜视窗影像和高程放样点位拍照上传至课程平台讨论区。

# 职业能力 4-1-2　能用水准仪进行建筑高程传递

## 核心概念

高程传递：高程传递指利用已知点的高程采用水准测量或三角高程测量等高程测量方法求算出待定点的高程。

## 学习目标

1. 熟悉高程传递的测量流程和计算方法。
2. 能够对高程传递的测量结果进行分析并做出合理的工程决策。

## 基本知识

### 一、数字水准仪钢卷尺高程传递

在一些特殊工程测量中，设备点往往位于高出地面几米甚至几十米的建筑物上，或者位于地下若干米的井内，如图 4.1-4 所示。在这种情况下，不能采用常规的几何水准方法直接测定其高程，而采用钢卷尺高程传递方法（习惯称之为水准上楼法）可以较好地解决这类设备点的高程联测问题。钢卷尺高程传递就是使用 50m 钢卷尺或其他已经检定且在检定有效期内的钢尺代替因瓦条码水准标尺进行大高差的水准测量。此方法是高、低建筑物高程测定的一种迅速简便、精度可靠的方法。

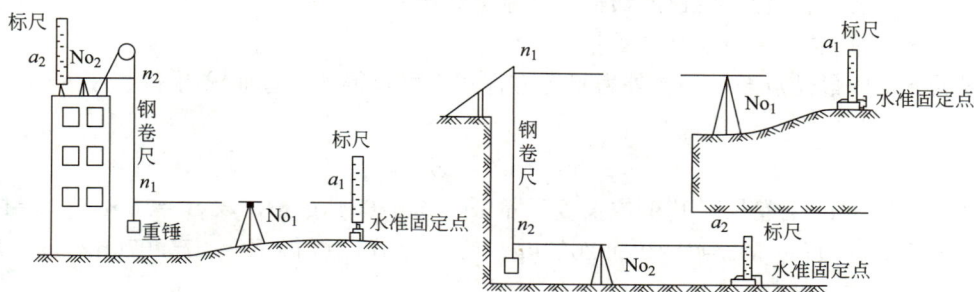

图 4.1-4　数字水准仪钢卷尺高程传递

数字水准仪钢卷尺高程传递作业的场地布置同光学水准仪相同，数字水准仪钢卷尺高程传递可采用在测段中观测或者独立建立测段的方式进行观测，可采用人工读记方式进行观测数据采集。按图 4.1-4 的形式布置场地，在欲传递高程的高楼（或井下）的适当位置垂直架设钢卷尺，钢卷尺的 0 分划端在下，首先在楼下（或井上）于水准固定点和钢卷尺中间放置数字水准仪，照准因瓦条码标尺，采用电子方式读数为 $a_1$，由于数字水准仪无法对钢卷尺进行电子读数，且数字水准仪没有光学测微器，因此照准钢卷尺时采用光学方式估读钢卷尺读数为 $n_1$，估读至 0.2mm；然后将仪器安置在楼上（或井下）照准钢卷尺采用光学方式估读钢卷尺读数为 $n_2$，估读至 0.2mm；照准因瓦条码标尺采用电子方式读数为 $a_2$，至此完成了一个单程的钢卷尺高程传递工作。

水准固定点与另一固定点（设备点）之间的单程高差 $h$ 可表示为：

$$h = (n_2 - n_1) + (a_1 - a_2) + \sum \Delta h$$

$$\sum \Delta h = \Delta h_1 + \Delta h_2 + \Delta h_3$$

式中　$\Delta h_1$——钢尺使用段（$n_2 \sim n_1$）尺长改正数；

　　　$\Delta h_2$——钢尺使用段的温度改正数；

　　　$\Delta h_3$——钢尺使用段检定时的弦长与弧长之差。

检定时钢卷尺处于水平状态，检定结果为弦长，引渡高程时处于垂直状态，其长度等于检定时的弧长。$\Delta h_3$ 即为由此引起的高差改正数，恒为正值。设 $L_0$ 为钢卷尺全长的名义值，$S$ 为钢卷尺检定时与弦长 $L_0$ 相应的弧长，$L = |(n_1 - n_2)|$ 为作业时两水准仪视线之间的高度，$p_0$ 和 $t_0$ 分别为检定时的拉力和温度，$p$ 和 $t$ 分别为作业时的重锤重量和温度，$\Delta l$ 为钢卷尺检定的每米尺长改正数，$\alpha$ 为钢卷尺在温度变化 1℃ 时 1m 的膨胀系数，则：

$$\Delta h_1 = \Delta l \cdot L$$

$$\Delta h_2 = \alpha (t - t_0) \cdot L$$

$$\Delta h_3 = \frac{(S - L_0)}{L_0} L$$

钢卷尺弧长 $S$ 与弦长 $L_0$ 之差可按下式计算：

$$S - L_0 = \frac{L_0^3}{24K^2}$$

$$K = H/w$$

式中　$H$——钢卷尺位于悬链时最低点的水平张力；

　　　$w$——钢卷尺单位长度的重量。

根据下式中最低点至一端的外力平衡方程式，可求得 $\theta$，进而求得 $H$、$K$ 和 $S$。

$$p_0 \sin\theta = wS$$

$$p_0 \cos\theta = H$$

例如，某 30m 钢卷尺，其单位长度重量 $w = 0.02664\text{kg/m}$，取 $S = 15\text{m}$，$p_0 = 10\text{kg}$，则 $\theta = 2°17'25''$，$H = 10\cos\theta = 9.992013\text{kg}$。代入上式，可得 $K = 375.076\text{m}$，$S - L_0 = 0.008\text{m}$。

数字水准仪钢卷尺高程传递作业注意事项：

（1）作业时钢卷尺悬挂重锤的重量应与检定时的拉力相等，即 $p = p_0$。

（2）具体观测纲要与测定设备点的规定等级相同。为防止钢卷尺扭曲，应于钢卷尺的上端挂一可转动的挂钩，以便在观测时使钢卷尺分划面对向仪器。施测时往测上、下均使用同一根标尺，返测时使用另一根标尺，以便消除标尺零点不等差的影响。

（3）在测定中应于高低两站各测定一次温度（读至 0.2℃），取中数作为温度改正数。

（4）若检定钢卷尺时是在平面上进行的，则不加 $\Delta h_3$ 改正。

由于数字水准仪光学读数仅能达到毫米量级，虽经过对钢卷尺刻划的估读，人眼能分辨的最小刻划能达到 0.2mm 的量级，但是对于测量的精度等级来讲并不足以满足二等以上精密水准的测量要求，作业实践也证明，用钢卷尺引渡高程的测量方法能够维持三、四等水准线路高程传递的精度。

## 二、超高层建筑物高程传递

在超高层建筑的高程传递中只采用传统的几何水准传递高程很困难，加之为了不影响工程施工，又要求在较短时间（一般 2h 左右）内完成观测，而方便快捷的 GPS 接收机的高程精度又难以达到高程控制要求的精度，因此采用精度较好的电子水准仪与钢尺丈量竖直方向高度相结合的方式传递高程，不失为一种较好的方法。在钢尺丈量长度的误差来源中有温度 $t$、拉力 $p$、钢尺的膨胀系数 $\alpha$、倾斜、垂曲、读数等，因此在计算长度时，应施加相应的改正数。如测量距离考虑温度改正，其温度计应采用 0.2℃ 刻度的通风水银温度计。为了减少系统误差和偶然误差，在各个周期的观测中，采用相同的观测人员，同样的仪器、设备，同样的安置方法，同样的检定设备、检定仪器和工具进行施测高程传递的测量工作。其测量方法和精度分析如下：

### 1. 竖直方向两层之间的高程测量值

（1）竖直方向两层之间的高程测量值 $H'$ 为：

$$H' = H_0 + (a_1 - b_1) + (a_2 - b_2)$$

式中　$H_0$——已知点的高程；

$a_1$、$a_2$——上层水准仪的后视尺（水准尺）和前视尺（钢尺）上的读数；

$b_1$、$b_2$——下层水准仪的后视尺（钢尺）和前视尺（水准尺）上的读数；

$a_2 - b_2$——高程在传递高差中所用钢尺的长度 $l$。

（2）精度分析

水准仪在钢尺面上的读数，其读数估计精度为 $m_{读}$。故高程测量值精度估计为 $m_{H'} = \pm 0.6\text{mm}$。高程测量值的精度计算公式为：

$$m_{H'} = 2m_{读}$$

### 2. 两项改正

为了求得上层楼面的准确高程，还必须对 $l$ 进行下列两项改正。

（1）钢尺温度改正 $\Delta H_t$

温度对钢尺量距影响较大，采用 0.2℃ 刻度的通风水银温度计精确测定温度进行钢尺温度改正，钢尺检定后的尺长方程式：

$$l_t = l_0 + \alpha l_0 (t - t_0)$$

式中　$l_0$——检定时的尺长；

$t_0$——检定时的温度；

$\alpha$——钢尺的膨胀系数，$1.15 \times 10^{-5}/℃$。

在考虑竖直方向温度的垂直梯度场对观测尺段进行温度改正时，可采取下列两种方式进行改正。

第一种是在外界条件不复杂时，即竖直方向温度梯度分布与高程为线性关系时，钢尺温度改正只需在上层和下层分别观测尺面温度，取平均值作为钢尺实际测量的温度 $t$，温度改正数的计算公式为：

$$\Delta H_t = \alpha l (t - t_0)$$

精度分析的计算公式：

$$m_{\Delta H_t} = \alpha l m_{t_0}$$

第二种是在外界条件复杂，即竖直方向温度梯度场复杂，而且不容易实际测量出来。为精确地传递高程，可利用温度补偿的办法。测量时，设置两个靠得很近的滑轮并分别悬挂尺子（使用因瓦尺或钢尺），两根尺子应预先测出各自的膨胀系数 $\alpha_1$ 和 $\alpha_2$ 的值。在高程传递时，一起进行观测，若设在因瓦带尺上、下端的水准测量读数为 $a_2$ 和 $b_2$，而钢尺上的水准测量读数是 $a_2'$ 和 $b_2'$，那么它们所测得的长度之差为 $\Delta l_t = (a_2' - b_2') - (a_2 - b_2)$。若所测得的实际距离为 $l$，则两根尺子由于温度的变化而产生的温度改正值的计算公式分别为：

$$\Delta H_{t1} = \frac{\alpha_1}{\alpha_2 - \alpha_1} \Delta l_t$$

$$\Delta H_{t2} = \frac{\alpha_2}{\alpha_2 - \alpha_1} \Delta l_t$$

即两尺因温度作用产生的改正值可直接求出，而不必知道竖直方向温度分布的实际情况。

(2) 钢尺尺长改正 $\Delta H_l$

钢尺检定时的水平方向拉力一般为49N，钢尺的实际长度与标称长度不符合，丈量距离时应加尺长改正。其尺长改正数计算公式为：

$$\Delta L = \frac{L - L_0}{L_0} \times l$$

式中　$L$ ——钢尺的实际长度；

　　　$L_0$ ——标称长度。

实际长度为钢尺检定时的尺长。由于检定的钢尺在经尺长改正后，钢尺不符合标准长度对长度丈量的影响很小，可以忽略不计。

竖直高程传递时，所挂的重锤重量与检定时相同。尺子竖直丈量时，由于它自身的重量，产生一个附加的拉应力作用于尺体上。因此，必须对尺子施加拉力改正。根据胡克定律，在弹性变形范围内有：

$$\sigma = E \frac{\Delta l}{l}$$

若设尺子横断面面积为 $w$（$mm^2$），如50m钢尺横截面面积为 $2.86mm^2$，所加的重锤比检定时的标准拉力增重 $\Delta P(kg)$，尺长为 $l$，那么因重锤的变化而引起的长度改正为：

$$\Delta l_{11} = \frac{\Delta P}{w} \times \frac{1}{E}$$

此外，尺子自重而产生的长度改正值，按下式计算：

$$\Delta l_{12} = \frac{\gamma}{E} \times \frac{1}{2} (a_2^2 - b_2^2)$$

式中　$\gamma$——尺子的单位长度重量；

$E$——钢的弹性模量，取 $2.0 \times 10^4 \text{kg/mm}^2$。

所以，由于重量变化和尺子自重的影响，对所测高差的改正数为：

$$\Delta H_l = \frac{\Delta P}{w} \times \frac{l}{E} + \frac{\gamma}{E} \times \frac{1}{2}(a_2^2 - b_2^2)$$

（3）正确高程

由钢尺传递高程后，上层楼面点的综合改正后高程应为：

$$H = H' + \Delta H_t + \Delta H_l + \Delta L = H_0 + (a_1 - b_1) + (a_2 - b_2) + \frac{L - L_0}{L_0} \times l +$$

$$\alpha l(t - t_0) + \frac{\Delta P}{w} \times \frac{l}{E} + \frac{\gamma}{E} \times \frac{1}{2}(a_2^2 - b_2^2) = H_0 + (a_1 - b_1) +$$

$$\left[ \frac{L}{L_0} + \alpha(t - t_0) + \frac{\Delta P}{wE} + \frac{\gamma}{2E}(a_2 + b_2) \right] l$$

式中　$\Delta L$——尺子检定时的改正值。

如果钢尺丈量的挂重是检定时的质量扣去钢尺的质量［钢尺的质量为 $\gamma(a_2 - b_2)$］，则上层楼面点正确高程的公式中不计 $\Delta H_l$。

### 三、引测高程的精度分析

高程控制网中的控制点与基坑边距离要大于 2 倍基坑深度，且高程控制网应由多个控制点组成，满足规范要求，且稳定性好。也与坐标系统与施工坐标系统相一致。为安全起见，对控制点采取安全保护措施，保证控制点的数据连续，不能间断，且与城市高程系统连测，并经常对控制点进行稳定性检验。

衡量水准仪测量精度最直接的指标为 1km 往返测量高差中误差。我国《国家一、二等水准测量规范》GB/T 12897—2006 规定，用于一等水准测量的仪器精度（1km 往返测高差中误差）需达到 $DS05$ 级（$\leqslant \pm 0.5\text{mm}$），二等水准测量需使用 $DS1$ 级（$\leqslant \pm 1.0\text{mm}$）。如仪器 ZeissDini12 电子水准仪采用电子测量和精密条码尺时，其 1km 往返测量的高差中误差为 $\pm 0.3\text{mm}$，满足一等水准的精度要求。国家一等水准规范规定，视线长度小于或等于 30m，则仪器 ZeissDini12 每测站高差中误差 $m_{h\text{站}}$ 为：

$$m_{h\text{站}} = \frac{\sqrt{2}m}{\sqrt{1000/(30 \times 2)}} = \frac{\sqrt{2} \times (\pm 0.3)}{\sqrt{1000/(30 \times 2)}} = \pm 0.104\text{mm}$$

从室外基准控制点测至室内控制点的测站数按 12 站（水准路线长 700m 左右）考虑，则从室外基准控制点测至室内控制点的精度 $m_{hl}$ 为：

$$m_{hl} = \sqrt{12}m_{h\text{站}} = \pm \sqrt{12} \times 0.104 = \pm 0.360\text{mm}$$

## 活动设计

### 一、活动条件

1. 安排活动场地——向建筑基坑传递高程，设已知水准点 A 的 $H_A$，在基坑的适当

位置测出高程 $H_B$ 的 B 点位置。

2. 仪器室准备水准仪、钢卷尺、双面水准尺（或塔尺）、测钎、记录板、斧头、小钉。

3. 学生自备 2H 铅笔。

## 二、活动组织

1. 每四人一组，其中一人担任观测员，一人担任记录员兼评价员，两人担任立尺员。

2. 每组成员依次轮换操练。小组四人分别编为 1、2、3、4 号，首先 1 号观测、2 号记录、3 号和 4 号立尺，然后 2 号观测、3 号记录、4 号和 1 号立尺，以此类推。

3. 全部完成操作训练之后，相互比较所传递的高程值是否一致，对误差超过 20mm 的小组内成员共同分析原因，指导其重测。小组所传递高程值全部符合要求后，找老师核对结果是否正确。

4. 教师汇总分析各组成果，请最快完成的小组分享心得，对出错的情况进行总结，提出正确放样的要点和常见错误的应对措施。

## 三、安全及注意事项

1. 正确设置基准点：水准仪的精度取决于所选的基准点。任何基准点的选择都必须保证其始终保持固定位置和高度。如果测量基准点出现任何移动、变形或受到其他干扰，都会影响测量结果的准确性。

2. 检查设备：在进行测量之前，需要仔细检查水准仪是否工作正常。如果设备失灵或损坏，将会影响测量结果的准确性。

3. 测量过程中保持水准仪的稳定：在进行测量前应先进行准备工作。在测量过程中需要密切关注并消除任何有可能影响水准仪稳定的因素。

4. 正确读取测量数据：进行数据处理和计算前，应仔细检查测量数据是否准确。注意避免数据录入错误等。

5. 减小误差：在测量过程中，常见的误差包括人的误差、仪器的误差以及环境因素影响等。需要在实际测量中注意并减小这些误差。

## 四、活动实施

| 序号 | 步骤 | 操作及说明 | 操作标准 |
| --- | --- | --- | --- |
| 1 | 准备 | (1)到仪器室领取仪器及工具,清单如下:<br><br>水准仪×1,三脚架×1,双面尺×2,<br>记录板×1,钢卷尺×1。<br>(2)目视外观是否有脏污、脱漆、锈蚀、伤痕和变形等缺陷。<br>(3)找老师领取 A 点已知高程 | (1)清点仪器及工具数量。<br>(2)确认两把双面尺是否一对。<br>(3)填写缺陷情况,并在领用单上签名。<br>(4)仪器及工具紧拿轻放,避免碰撞 |

| 序号 | 步骤 | 操作及说明 | 操作标准 |
|---|---|---|---|
| 2 | 钢卷尺放置 | (1)从杆顶向下挂一根钢尺。<br>(2)在钢尺下方挂一个重锤<br> | (1)重锤的重量要和检定钢尺时所用的拉力相同。<br>(2)钢尺零点在下端 |
| 3 | 水准仪安置 | (1)立尺员在 A 点竖立水准尺。<br>(2)先在地面上安置水准仪。<br>(3)打开三脚架,将仪器取出固定到三脚架上,粗平 | (1)规范操作,不骑马观测。<br>(2)上下移动眼睛,标尺和十字丝无相对移动。<br>(3)读数专注仔细,快速正确。<br>(4)实事求是记录,不乱涂乱改,cm、mm 不可修改。<br>(5)字体端正,字高不超过格高的一半 |
| 4 | 测出后视读数和前视读数 | (1)瞄准后视点 A 竖立的水准尺。<br>(2)目镜、物镜调焦,消除视差。<br>(3)精平后读取后视读数 $a$。<br>(4)记录员回读记入表格。<br>(5)转动望远镜瞄准前视钢尺。<br>(6)精平后读取前视读数 $b$。 | (1)计算快速准确,记录字体端正。<br>(2)字高不超过格高的一半 |
| 5 | 计算 B 点高程 | (1)再在坑内安置水准仪。<br>(2)瞄准并精平后读取后视钢尺读数 $c$。<br>(3)转动望远镜,瞄准并精平后读取 B 点前视读数 $d$。<br>(4)计算 B 点的高程:<br>$H_B = H_A + a - (b-c) - d$,$(b-c)$ 为通过钢尺传递的高差 | (1)瞄准钢尺要消除视差。<br>(2)读数认真仔细,不出错。<br>(3)高程传递的精度要求较高时,对 $(b-c)$ 的值应进行尺长改正及温度改正 |
| 6 | 结束观测<br>(轮换练习) | (1)仪器装箱,脚架收拢。<br>(2)依次轮换重新传递高程 | (1)每人分别观测、记录一次。<br>(2)放样位置互差不超过 20mm |
| 7 | 整理归还仪器 | (1)小组成员全部操练完成后,仪器装箱,脚架收拢。<br>(2)清点仪器及工具是否完整。<br>(3)归还仪器,清理环境 | (1)爱护仪器和工具,紧拿轻放。<br>(2)工完场清,仪器归还放回原位 |

## 五、活动记录

小组编号：_____，仪器型号：_____，仪器编号：_____，记录者：_____。

### 水准仪联合钢尺高程传递记录计算表

日期：　　　　　　　　　仪器号：　　　　　　　　　观测：

天气：　　　　　　　　　地点：　　　　　　　　　记录：

| 序号 | 测段名称 | 往测高差（m） | 返测高差（m） | 往返测较差（mm） | 温度、尺长改正数之和（mm） | 改正后高差中数（m） | 备注 |
|---|---|---|---|---|---|---|---|
|  |  |  |  |  |  |  |  |
|  |  |  |  |  |  |  |  |
|  |  |  |  |  |  |  |  |

## 六、活动评价

| 评价内容 | 评价标准 | 评价结果（是/否） |
|---|---|---|
| 活动完成情况 | 能掌握水准仪的基本操作和原理 | □是　□否 |
|  | 能熟悉高程传递的测量流程和计算方法 | □是　□否 |
|  | 能检查数据记录是否准确、完整，能及时整理和分析数据 | □是　□否 |

## 七、课后作业

1. 使用水准仪进行高程传递时，从一个已知高程的点到另一个点的高差可以通过测量两个点之间的_____和_____来确定。

2. 使用水准仪进行高程传递时，如果前视读数为 1.23m，后视读数为 0.85m，那么两点之间的高差为_____m。

3. 使用水准仪进行高程传递时，为了保证测量的准确性，通常需要进行_____，以消除仪器误差和环境影响。

4. 使用水准仪进行高程传递时，如果需要从一个点传递高程到另一个点，而两点之间有障碍物，可以采用_____法来绕过障碍物。

5. 使用水准仪进行高程传递时，水准仪的视线应与地面保持_____。

6. 使用水准仪进行高程传递时，只要测量一次就可以得到准确的高差值。（□正确 □错误）

7. 使用水准仪进行高程传递时，如果前视和后视的读数误差相等，那么高差值将不受这些误差的影响。（□正确　□错误）

8. 使用水准仪进行高程传递时，水准仪的望远镜可以倾斜，只要保持视线清晰即可。（□正确　□错误）

9. 使用水准仪进行高程传递时，如果测量员发现水准仪的气泡不居中，可以轻微移动脚架来调整。（□正确　□错误）

10. 使用水准仪进行高程传递时，所有测量点的高程都是相对于同一个基准点来确定的。（□正确　□错误）

## 任务拓展 8：跨海高程传递

跨海高程传递是建立海陆一体化大地高程基准的一种主要手段，目前跨海高程传递的方法通常有静力水准法、动力水准法（验潮法）、GPS 水准法及常规大地测量法 4 种。

1. 静力水准法是利用流体静力平衡原理，采用连通管进行高程传递，是目前短距离高程传递精度最高的高程传递方法。由于跨海距离较长，不仅对连通管的质量要求极高，而且为了保持流体静力平衡，必须保证管中的液体内无气泡。此外，还需考虑气压差、密度差等因素对平衡状态的影响。此方法费用十分昂贵。20km 长的大贝尔特（Great Belt）海峡高程传递是世界上第一次应用流体静力水准法来完成的跨海高程传递。

2. 动力水准法，即验潮法，或称之为海洋动力学法，它需要长时间连续的潮位观测资料，周期较长且需要建立验潮站。

3. GPS 水准法是利用大地高与大地水准面差距之差传递高程基准。相对其他方法而言，其所需费用少、周期短，也比较方便实用。

4. 常规大地测量法常采用三角高程测量，三角高程测量的精度较低，其主要原因是受到大气折射的限制，观测需要在不同的测站高度和不同高度的观测目标往返测量天顶距，且要求在不同时间段进行，此外还需作相应的气候改正。我国海南岛高程基准的传递就是利用这一方法以大地四边形图形结构观测实施的。

# 工作任务 **4-2**

## 平面点位放样

思维导图

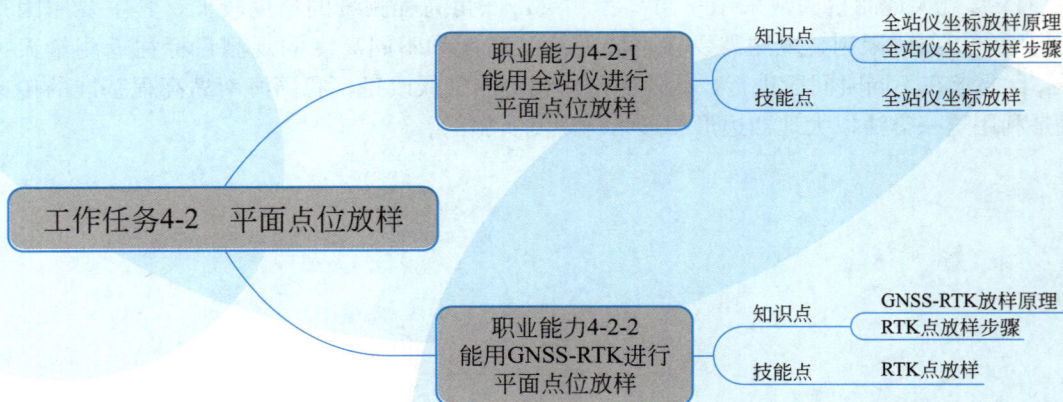

## 思政元素

### 某桥梁钻孔桩施工测量质量事故——敬业精神、安全意识

事故概况：某桥梁钻孔桩使用冲击钻施工，在 1-2 桩（1 号墩台第 2 根）灌注完成后，现场工人对 1-2 桩的上部进行了回填，由于 1 号墩台处的地下岩层较硬，钻孔进度较慢，在 1 号墩台的作业钻机移至别处墩位施工。一个月后，现场测量人员重新放样 1-2 桩，钻孔队伍对 1-2 桩冲击钻孔，当钻至约 6m 深时，发现泥浆中有钢筋碎渣状东西，遂停止钻进，经确认 1-2 桩已于一个月前完成灌注施工，此次钻进对灌注完成的 1-2 桩造成彻底破坏，造成十多万元损失。

事故原因：现场测量人员对放样后的桩位未在测量作业本进行记录（测量作业本绘有每个墩位的桩位布置图，放样完毕后应在桩位图上涂黑），亦未与现场技术人员沟通钻孔桩灌注完成情况，导致了桩位在灌注完成后的重复放样，从而造成了已灌注完成的桩位遭到彻底破坏。

🔍 预习笔记

## 职业能力 4-2-1 能用全站仪进行平面点位放样

### 核心概念

全站仪坐标放样：全站仪内置的一个程序，根据给定的放样点坐标，仪器自动计算出放样的角度和距离值，利用角度和距离放样功能即可测设出放样点的位置。

### 学习目标

1. 能熟悉全站仪坐标放样程序的界面。
2. 能叙述全站仪坐标放样的操作步骤。
3. 能正确指挥镜站移动并标定点位置。

## 基本知识

### 一、全站仪坐标放样原理

全站仪坐标放样的原理与坐标测量相似。如图 4.2-1 所示，全站仪安置在测站点上，输入测站点、后视点的坐标，望远镜瞄准后视点定向，按下反算方位角的定向键，仪器自动将测站与后视的方位角设置在该方向上。然后输入放样点坐标，仪器会自动计算测站点到放样点的方位角，以及测站点到放样点的距离，并不断提示操作者修正实际测量值与标准值的差值（角度差值、距离差值），最终达到放样点位的目的。

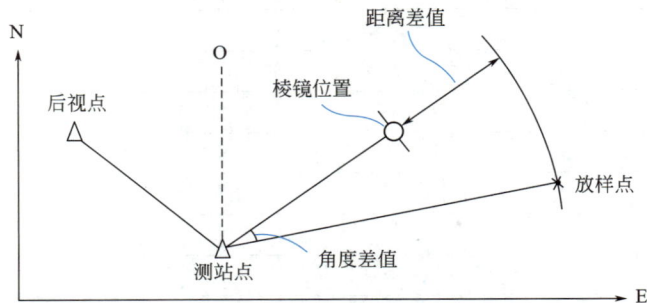

4.2-1
坐标放样
的原理

图 4.2-1　全站仪坐标放样

4.2-2
坐标放样
的步骤

### 二、全站仪坐标放样步骤

#### 1. 设站

将仪器和棱镜分别安置于测站点和后视点上，然后进入全站仪程序菜单，选择"坐标放样"功能，依次输入测站点坐标、后视点坐标并确认，此时仪器会提示是否照准（此步操作非常重要），当出现此步骤的时候先将仪器照准棱镜中心，然后点击"确认"或者"是"完成设站。此时，仪器会自动计算出当前坐标系，并返回坐标放样的界面。

**2. 放样**

点击"坐标放样"按键，输入放样坐标并确认，这时候全站仪就直接计算并显示出放样参数（水平角和水平距离值）。然后转动仪器将角度差变为 0，指挥棱镜移动到望远镜视线上，上下转动望远镜对准棱镜（望远镜不可左右移动），测量水平距离值。此时，仪器将计算出实际距离和设计距离的差值，并显示出距离差。如果距离差小于 0，说明应将棱镜朝远离仪器的方向（不能偏离仪器照准的方向线）移动，移动距离为距离差值；如果显示的距离差值大于 0，则应将棱镜往靠近仪器的方向移动。如此反复，直到角度差和距离差均显示为 0 时，棱镜所处的位置就是放样点的实际位置。

# 活动设计

## 一、活动条件

1. 安排活动场地——为每组设置两个已知点，一个放样点。提前测出待测点的三维坐标值。

2. 仪器室准备全站仪、单棱镜组、三脚架、记录板。

3. 学生自备 2H 铅笔。

## 二、活动组织

1. 每四人一组，其中一人担任观测员，一人担任记录员兼评价员，两人担任司镜员。

2. 每组成员依次轮换操练。小组四人分别编为 1、2、3、4 号，首先 1 号观测、2 号记录、3 号和 4 号司镜，然后 2 号观测、3 号记录、4 号和 1 号司镜，以此类推。

3. 全部完成操作训练之后，相互比较所放样点位是否一致，对相差超过 10mm 的结果共同分析原因，指导其重测。小组所放样位置全部一致后，找老师核对结果是否正确。

4. 教师汇总分析各组放样成果，请最快完成的小组分享心得，对出错的情况进行总结，提出正确放样的要点和常见错误的应对措施。

## 三、安全及注意事项

1. 打开、收拢三脚架时，注意手持位置及周边环境，谨防夹手伤人。

2. 仪器安置在测站上，当暂停操作时，必须有人守护在旁，确保仪器安全。

3. 瞄准目标务必消除视差，确保精度可靠。

4. 坐标输入数据要准确无误，如仪器可输入坐标位数不够，可统一去掉测站点、后视点和放样点三个坐标整数部分开头的相同数值。

### 四、活动实施

| 序号 | 步骤 | 操作及说明 | 操作标准 |
|---|---|---|---|
| 1 | 准备 | (1)到仪器室领取仪器及工具,清单如下:<br><br>全站仪×1,单棱镜组×2,三脚架×2,记录板×1。<br>(2)目视外观是否有脏污、脱漆、锈蚀、伤痕和变形等缺陷 | (1)清点仪器及工具数量。<br>(2)填写缺陷情况,并在领用单上签名。<br>(3)仪器及工具紧拿轻放,避免碰撞 |
| 2 | 设站 | (1)选定一个已知点 P 作为测站点安置全站仪,另一已知点 A 安置棱镜。<br><br>(2)进入测量模式第 2 页,按[F2](程序)键,进入"程序菜单"—"放样测量"界面。<br><br>程序菜单　　　　　　P1<br>　1.坐标测量<br>　2.放样测量<br>　3.面积测量<br>　4.偏心测量<br>　5.对边测量<br><br>放样测量<br>　1.测站定向<br>　2.放样测量<br>　3.EDM<br>　4.文件选取<br><br>(3)选择"测站定向",输入测站坐标、后视坐标,设置后视方位角(定向)<br><br>方位角　167°16′08″<br>目标高　　　　1.600m<br>点　　　A<br><br>测量　　　记录　OK | (1)脚架高度和跨度适宜,便于观测。<br>(2)后视点棱镜安置好后须正对测站方向。<br>(3)仪器取出后及时合上箱盖。<br>(4)输入坐标数据时要回读,确保数据准确无误。<br>(5)设置后视方位角时要先检查确认是否精确瞄准后视点 |
| 3 | 放样 | (1)选取"放样测量",进入"坐标"输入界面。<br><br>放样测量<br>　1.测站定向<br>　2.放样测量<br>　3.EDM<br>　4.文件选取<br><br>放样测量<br>　1.高度<br>　2.角度距离<br>　3.坐标 | (1)规范操作,爱护仪器,不骑马观测。<br>(2)坐标输入要回读,确保数据准确无误。<br>(3)角度差调节接近0时,锁定水平制动螺旋,调微动精确至0°00′00″。<br>(4)前后移动棱镜调节距离差时,若棱镜横向偏离视线方向,不得水平转动望远镜。<br>(5)指挥棱镜移动时观测员与司镜员要提前沟通好指挥方式 |

续表

| 序号 | 步骤 | 操作及说明 | 操作标准 |
|---|---|---|---|
| 3 | 放样 | (2)输入放样点坐标(图为示例,按实际给定坐标输入)。<br><br>点　　FOIF002<br>目标高　　　1.500m Ⅰ<br>Np　　　　150.000<br>Ep　　　　120.000<br>Zp　1.200<br>调取　　　　记录　OK<br><br>(3)按[F4](OK)键确认输入放样点坐标。<br><br>↓　　　　18.000m<br>→　　　　6.003m<br>⇟　　　　1.020m<br>S-O Hd↑　　1.286m<br>dHA →　　20°10′30″<br>观测　　　　　记录<br><br>(4)按[F1](观测)键开始坐标放样测量。司镜员手持单棱镜,听从观测员指挥,前后、左右移动至角度差、距离差均为0。<br><br>　　　　　0.000m<br>　　　　　0.000m<br>⇟　　　　1.020m<br>S-O Hd↑　　0.000m<br>dHA　　0°00′00″<br>观测　　　　记录<br><br>(5)在棱镜中心所在位置标定点位(画十字) | (1)规范操作,爱护仪器,不骑马观测。<br>(2)坐标输入要回读,确保数据准确无误。<br>(3)角度差调节接近0时,锁定水平制动螺旋,调微动精确至0°00′00″。<br>(4)前后移动棱镜调节距离差时,若棱镜横向偏离视线方向,不得水平转动望远镜。<br>(5)指挥棱镜移动时观测员与司镜员要提前沟通好指挥方式 |
| 4 | 复核 | (1)在放样好的点位上安置棱镜。<br>(2)瞄准棱镜中心,采用坐标测量功能复测点位坐标。<br>(3)记录点位复测坐标,计算 $x$、$y$ 坐标差值 | (1)坐标复测时无需重新设站定向。<br>(2)记录格式规范,计算准确无误 |
| 5 | 结束观测<br>(轮换练习) | (1)仪器装箱,脚架收拢。<br>(2)依次轮换,重新放样 | (1)每人分别观测、记录1次。<br>(2)放样点位互差不超过10mm |
| 6 | 整理归还仪器 | (1)小组成员全部操练完成后,仪器装箱,脚架收拢。<br>(2)清点仪器及工具是否完整。<br>(3)归还仪器,清理环境 | (1)爱护仪器和工具,紧拿轻放。<br>(2)工完场清,仪器归还放回原位 |

## 五、活动记录

### 坐标放样/复测记录表

日期：          仪器号：          观测：

天气：          地点：          记录：

| 已知数据 | 测站点 | $x$ | | 后视点 | $x$ | | 检核点 | $x$ | | |
|---|---|---|---|---|---|---|---|---|---|---|
| | | $y$ | | | $y$ | | | $y$ | | |
| 放样点名 | 设计坐标(m) | | | 实测坐标(m) | | | 偏差(mm) | | | 备注 |
| | $x$ | | $y$ | $x$ | | $y$ | $\Delta x$ | | $\Delta y$ | |
| | | | | | | | | | | |
| | | | | | | | | | | |
| | | | | | | | | | | |
| | | | | | | | | | | |
| | | | | | | | | | | |
| | | | | | | | | | | |
| | | | | | | | | | | |
| | | | | | | | | | | |

说明：1. 至少记录一站一个放样点完整的数据，如需重测可整行划去，另起一行填写。

      2. 表格剩余部分可自行练习使用，在备注栏注明"自练数据"。

## 六、活动评价

| 评价内容 | 评价标准 | 评价结果<br>（是/否） |
|---|---|---|
| 活动完成情况 | 能熟悉全站仪坐标放样程序的界面 | □是　□否 |
| | 能叙述全站仪坐标放样的操作步骤 | □是　□否 |
| | 能正确指挥镜站移动并标定点位置 | □是　□否 |

## 七、课后作业

1. 全站仪坐标放样跟坐标测量一样，都需要设置后视方向。（□正确　□错误）

2. 全站仪坐标放样功能可以同时测设放样点的平面位置和高程。（□正确　□错误）

3. 用全站仪放样点的平面坐标，必须输入正确的仪器高和棱镜高。（□正确　□错误）

4. 全站仪坐标放样时距离差为负值，应指挥棱镜向仪器近处移动。（□正确　□错误）

5. 全站仪坐标放样应先调至距离差为0，再调至角度差为0。（□正确　□错误）

6. 自主到仪器室借领全站仪，练习坐标放样，并将望远镜瞄准目标的视窗影像、全站仪显示窗角度差、距离差为0的界面和放样点位标记拍照上传至课程平台讨论区。

# 职业能力 4-2-2　能用 GNSS-RTK 进行平面点位放样

## 核心概念

RTK 平面坐标放样：把设计点位的平面坐标，用 GNSS-RTK 仪器测设到实地上去的测量工作。

## 学习目标

1. 能叙述 RTK 点放样与点测量的异同。
2. 能叙述 RTK 点放样的操作步骤。
3. 能连接网络 CORS 放样点的坐标。

## 基本知识

### 一、GNSS-RTK 放样原理

在 GNSS-RTK 作业模式下，正确连接和配置基准站和流动站，GNSS 接收机可以获取差分解，从而实时获得其所处位置的精确坐标。将待放样点的坐标数据输入或者导入手簿内，系统自动计算出接收机距待放样点的距离，同时以北方向或前进方向作为标准指示移动方向，最终标定出点的位置。

以北方向为作业指示方向时，手簿自动计算并显示的坐标差值移动规则见表 4.2-1。

RTK 点放样指示移动规则表　　　　　　　　　　　　　表 4.2-1

| 坐标增量 | 差值情况 | 移动方向 | 移动距离 |
|---|---|---|---|
| $\Delta x$ | $>0$ | 北 | $\lvert\Delta x\rvert$ |
|  | $<0$ | 南 | $\lvert\Delta x\rvert$ |
|  | $=0$ | 不移 | 0 |
| $\Delta y$ | $>0$ | 东 | $\lvert\Delta y\rvert$ |
|  | $<0$ | 西 | $\lvert\Delta y\rvert$ |
|  | $=0$ | 不移 | 0 |
| $\Delta H$ | $>0$ | 上 | $\lvert\Delta H\rvert$ |
|  | $<0$ | 下 | $\lvert\Delta H\rvert$ |
|  | $=0$ | 不移 | 0 |
| $D$ | 放样点到接收机当前位置的直线距离 | | |

以前进方向作为作业指示方向时，如图 4.2-2 所示，假设 GNSS 接收机在 $t_1$ 时刻的位

置记为 $P_1$（$x_{t1}$，$y_{t1}$，$H_{t1}$），测量员向前移动了一个位置，在 $t_2$ 时刻 GNSS 接收机位置记为 $P_2$（$x_{t2}$，$y_{t2}$，$H_{t2}$）。则 $P_1$ 至 $P_2$ 矢量方向就可作为前进方向，而与该方向垂直的方向为左右方向，这样就如同建立了一个独立坐标系，作业时软件可直接提示移动方向为前后或左右。

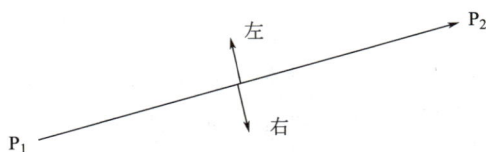

**图 4.2-2　箭头方向作业示意图**

## 二、RTK 点放样步骤

放样前，需事先上传需要放样的坐标数据文件，或现场编辑放样数据。放样时，选择 RTK 手簿中的点放样功能，现场输入或从预先上传的文件中选择待放样点的坐标，仪器会计算出 RTK 流动站当前位置和目标位置的坐标差值（$\Delta x$、$\Delta y$），并提示方向。按提示方向前进，即将达到目标点处时，屏幕会有一个圆圈出现，指示放样点和目标点的接近程度。精确移动流动站，使得 $\Delta x$ 和 $\Delta y$ 小于放样精度要求时，做好点位标记。如需同时放样高程，则需精确设定好天线高，将 $\Delta H$ 标注在点位旁边，即为该点填挖高度。

# 活动设计

## 一、活动条件

1. 安排活动场地——为每组设置两个已知点（提供平面坐标和高程），一个放样点。
2. 仪器室准备 GNSS 接收机、对中杆、手簿、记录板。
3. 学生自备 2H 铅笔。

## 二、活动组织

1. 每四人一组，其中一人担任观测员，一人担任记录员，一人担任评价员，另外一人辅助。
2. 每组成员依次轮换操练。小组四人分别编为 1、2、3、4 号，首先 1 号观测、2 号记录、3 号评价、4 号辅助，然后 2 号观测、3 号记录、4 号评价、1 号辅助，以此类推。
3. 完成操作训练之后，相互比较所放样位置是否一致，对点位相差超过 50mm 的结果共同分析原因，指导其重测。小组所测成果全部一致后，找老师核对结果是否正确。
4. 教师汇总分析各组放样成果，请最快完成的小组分享心得，对出错的情况进行总结，提出正确放样的要点和常见错误的应对措施。

## 三、安全及注意事项

1. 雷雨天请勿使用天线和对中杆，防止因雷击造成意外伤害。

2. 对中杆尖部容易伤人，使用时注意安全。

3. 不宜在成片水域、隐蔽地带、强电磁干扰源附近测量。

## 四、活动实施

| 序号 | 步骤 | 操作及说明 | 操作标准 |
|------|------|-----------|----------|
| 1 | 准备 | (1)到仪器室领取仪器及工具,清单如下:<br><br><br><br>GNSS 接收机×1,对中杆×1,手簿×1,记录板×1。<br>(2)目视外观是否有脏污、脱漆、锈蚀、伤痕和变形等缺陷 | (1)清点仪器及工具数量。<br>(2)检查主机、手簿电量是否充足。<br>(3)填写缺陷情况,并在领用单上签名。<br>(4)仪器及工具紧拿轻放,避免碰撞 |
| 2 | 连接仪器 | (1)取出 GNSS 接收机,将其固定在碳纤对中杆上面。<br>(2)安装好手簿托架和手簿。<br><br><br><br>(3)打开主机、手簿电源,将手簿背部贴近主机,完成蓝牙触碰连接<br><br> | (1)检查对中杆固定螺旋是否滑丝、杆尖是否松动。<br>(2)仪器取出后及时合上箱盖。<br>(3)手簿背部 NFC 模块要贴近主机 |

| 序号 | 步骤 | 操作及说明 | 操作标准 |
|---|---|---|---|
| 3 | 参数设置 | (1)打开手簿软件，点击"工程"按钮。<br><br>(2)在弹出的对话框选择"新建工程"，输入所要建立工程的名称，确定后弹出坐标系统设置界面。<br><br>(3)输入坐标系统名称"CGCS2000"，选择目标椭球"CGCS2000"，设置投影参数为高斯投影，输入测区当地的中央子午线。<br> | (1)中央子午线须与测区一致。<br>(2)目标椭球和投影参数要根据项目要求设置 |

续表

| 序号 | 步骤 | 操作及说明 | 操作标准 |
|---|---|---|---|
| 3 | 参数设置 | <br>（4）设置好相关参数后，点击"确定"，参数应用到当前工程；点击"另存为"，参数还会保存到坐标系统管理库，以便下次直接选中套用<br> | （1）中央子午线须与测区一致。<br>（2）目标椭球和投影参数要根据项目要求设置 |
| 4 | 仪器设置 | （1）点击"配置"—"仪器设置"—"移动站设置"，将主机工作模式切换为移动站。<br><br>（2）在数据链下拉菜单中选择"接收机移动网络"，进入数据链设置界面。 | （1）使用省 CORS、千寻 CORS 等不需要选择服务器。<br>（2）主机需安装 SIM 卡，并能成功连网。<br>（3）NTRIP 对应移动站模式 |

续表

| 序号 | 步骤 | 操作及说明 | 操作标准 |
|------|------|-----------|----------|
| 4 | 仪器设置 | (3)点击"增加",新建网络数据链参数,输入网络 CORS 相应的 IP、端口、账户和密码。<br><br>(4)点击"接入点",手动输入或者自动刷新获取需要使用的接入点,确定后保存数据链设置。<br><br>(5)回到"模板参数管理"界面,选中保存的数据链设置,点击"连接",连接成功后可以在主界面状态栏看到解状态及主机搜星情况 | (1)使用省 CORS、千寻 CORS 等不需要选择服务器。<br>(2)主机需安装 SIM 卡,并能成功连网。<br>(3)NTRIP 对应移动站模式 |

| 序号 | 步骤 | 操作及说明 | 操作标准 |
|------|------|------------|----------|
| 4 | 仪器设置 | | (1)使用省 CORS、千寻 CORS 等不需要选择服务器。<br>(2)主机需安装 SIM 卡,并能成功连网。<br>(3)NTRIP 对应移动站模式 |
| 5 | 求转换参数 | (1)点击主界面"输入"按钮,选择"求转换参数",再点击右上角的"设置"按钮,将"坐标转换方法"改为"一步法",确定后开始四参数设置。<br><br>(2)点击"添加"按钮,输入两个已知点的平面坐标,到实地点位安置仪器,点击"定位获取"获得大地坐标。<br> | (1)输入已知坐标要认真仔细,不出错。<br>(2)获取大地坐标时,仪器安置点要与已知坐标点一致。<br>(3)要准确设置仪器高 |

| 序号 | 步骤 | 操作及说明 | 操作标准 |
|---|---|---|---|
| 5 | 求转换参数 | (3)点击"计算"按钮,显示四参数计算结果,点击"确定"。<br><br>(4)点击"应用"按钮,将参数应用到工程中<br> | (1)输入已知坐标要认真仔细,不出错。<br>(2)获取大地坐标时,仪器安置点要与已知坐标点一致。<br>(3)要准确设置仪器高 |
| 6 | 点放样 | (1)点击主界面"测量"按钮,选择"点放样"进入放样界面,点击下面的"目标"按钮,选择需要放样的点,点击"点放样",也可点击右上角三条短黑线组成的图标,直接放样坐标管理库里的点。<br> | (1)测量时对中杆要竖直,并保持稳定。<br>(2)测量过程中需要随时关注主机是否处于固定解状态。<br>(3)天线高设置值与量取方式要相一致 |

续表

| 序号 | 步骤 | 操作及说明 | 操作标准 |
|------|------|-----------|----------|
| 6 | 点放样 | (2)点击"选项"按钮,选择"提示范围",选择 1m,则当前点移动到离目标点 1m 范围以内时,系统会语音提示。在放样主界面上也会在三个方向上提示往放样点移动多少距离。<br><br>< 点放样设置<br>提示范围(m)　　　　　1.00 ><br>显示所有放样点　　　　■<br>初始进入模式　　　放样上次目标点 ><br>屏幕缩放方式　　　　　手工 ><br>选择放样点　　　　　手工选择 ><br>放样方向提示　　　　　南北向 ><br>□ 屏幕选点直接点放样<br>保存点名自动累加　　　■<br>取消　　　确定<br><br>(3)做好放样点位置标记,在点位上竖立对中杆,采用点测量的方式复测点位坐标 | (1)测量时对中杆要竖直,并保持稳定。<br>(2)测量过程中需要随时关注主机是否处于固定解状态。<br>(3)天线高设置值与量取方式要相一致 |
| 7 | 结束观测<br>(轮换练习) | (1)仪器装箱,对中杆收拢。<br>(2)依次轮换,重新放样 | (1)每人分别放样 1 次。<br>(2)放样点位置相差不超过 50mm |
| 8 | 整理归还仪器 | (1)小组成员全部操练完成后,仪器装箱,脚架收拢。<br>(2)清点仪器及工具是否完整。<br>(3)归还仪器,清理环境 | (1)爱护仪器和工具,紧拿轻放。<br>(2)工完场清,仪器归还放回原位 |

## 五、活动记录

小组编号：_____，仪器型号：_____，仪器编号：_____，记录者：_____。

四参数转换关系记录表

| 序号 | 参考控制点名(号) | 平面坐标(cm) | |
|------|----------------|------|------|
| | | $x$ | $y$ |
| | | | |
| | | | |
| | | | |

| 四参数转换关系 | | |
|---|---|---|
| 平面转换关系 | 北偏移 | |
| | 东偏移 | |
| | 旋转角 | |
| | 比例尺 | |

### 放样点复测坐标记录表

| 放样点名 | 设计坐标(m) | | 复测坐标(m) | | 偏差(mm) | | 备注 |
|---|---|---|---|---|---|---|---|
| | $x$ | $y$ | $x$ | $y$ | $\Delta x$ | $\Delta y$ | |
| | | | | | | | |
| | | | | | | | |
| | | | | | | | |
| | | | | | | | |

说明：至少记录一行完整的数据，如记录错误可整行划去，另起一行填写。

## 六、活动评价

| 评价内容 | 评价标准 | 评价结果（是/否） |
|---|---|---|
| 活动完成情况 | 能叙述 RTK 点放样与点测量的异同 | □是　□否 |
| | 能叙述 RTK 点放样的操作步骤 | □是　□否 |
| | 能连接网络 CORS 放样点的坐标 | □是　□否 |

## 七、课后作业

1. RTK 点放样与点测量一样，均需要先求解转换参数。（□正确　□错误）

2. RTK 点放样时，如放样的点数量较多，可以批量导入测量手簿中。（□正确　□错误）

3. 使用网络 CORS 系统进行 RTK 放样时，可以实现单人作业。（□正确　□错误）

4. RTK 点放样可以将_____或_____作为作业指标方向。

5. 进行 RTK 点放样作业时，应保持主机解状态为_____。

6. 自主到仪器室借领 GNSS 接收机，练习 RTK 点放样，并将手簿界面和放样点位标记拍照上传至课程平台讨论区。

## 任务拓展 9：直角坐标放样

直角坐标放样是根据直角坐标原理，利用纵横坐标的差，测设点的平面位置。直角坐标放样适用于施工控制网为建筑方格网或建筑基线形式且量距方便的建筑施工场地。

（1）计算测设数据

如图 4.2-3 所示，Ⅰ、Ⅱ、Ⅲ、Ⅳ为建筑施工场地的建筑方格网点，a、b、c、d 为欲测设建筑物的四个角点，根据设计图上各点坐标值，可求出建筑物的长度、宽度及测设数据。

建筑物的长度＝$y_c-y_a$＝580.00－530.00＝50.00m

建筑物的宽度＝$x_c-x_a$＝650.00－620.00＝30.00m

测设 a 点的测设数据（Ⅰ点与 a 点的纵横坐标之差）：

$\Delta x = x_a - x_1$＝620.00－600.00＝20.00m

$\Delta y = y_a - y_1$＝530.00－500.00＝30.00m

（2）点位测设方法

1）在Ⅰ点安置全站仪，瞄准Ⅳ点，沿视线方向测设距离 30.00m，定出 m 点，继续向前测设 50.00m，定出 n 点。

2）在 m 点安置全站仪，瞄准Ⅳ点，按逆时针方向测设 90°，由 m 点沿视线方向测设距离 20.00m，定出 a 点，作出标志，再向前测设 30.00m，定出 b 点，作出标志。

3）在 n 点安置全站仪，瞄准Ⅰ点，按顺时针方向测设 90°，由 n 点沿视线方向测设距离 20.00m，定出 d 点，作出标志，再向前测设 30.00m，定出 c 点，作出标志。

4）检查建筑物四角是否等于 90°，各边长是否等于设计长度，其误差均应在限差以内。

测设上述距离和角度时，可根据精度要求分别采用一般方法或精密方法。

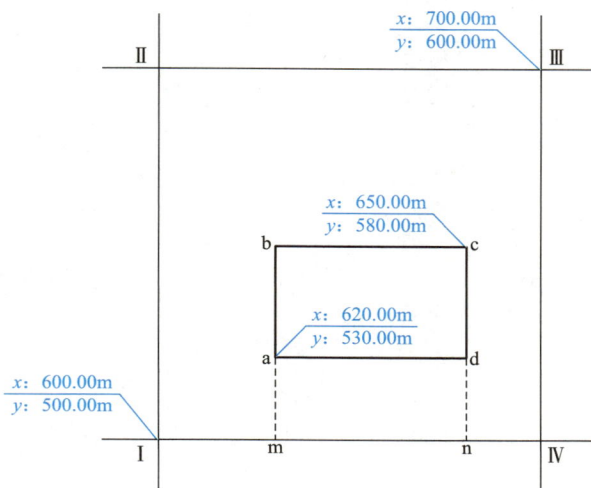

图 4.2-3　直角坐标放样

# 模块 5

# 建筑物变形与立面测绘

# Chapter 05

# 工作任务 **5-1**

## 建筑物变形测量

思维导图

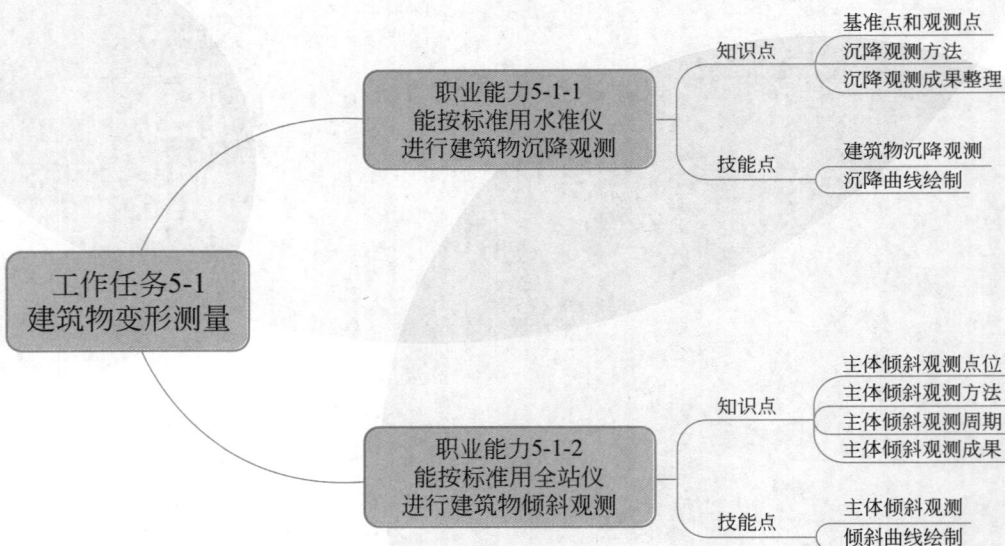

职业能力5-1-1
能按标准用水准仪
进行建筑物沉降观测

　　知识点
　　　　基准点和观测点
　　　　沉降观测方法
　　　　沉降观测成果整理

　　技能点
　　　　建筑物沉降观测
　　　　沉降曲线绘制

工作任务5-1
建筑物变形测量

职业能力5-1-2
能按标准用全站仪
进行建筑物倾斜观测

　　知识点
　　　　主体倾斜观测点位
　　　　主体倾斜观测方法
　　　　主体倾斜观测周期
　　　　主体倾斜观测成果

　　技能点
　　　　主体倾斜观测
　　　　倾斜曲线绘制

## 思政元素

### 建筑物变形测量赋能文物保护——科学思维、职业素养

南京明孝陵是明朝开国皇帝朱元璋的陵墓，始建于 1381 年。明孝陵神道两侧有一系列大型石刻，包括石象、石马、石人等，这些石刻是中国古代石雕艺术的代表作之一。然而，长期的自然侵蚀、地下水变化以及周围环境的改变，导致部分石刻出现了不同程度的倾斜和位移，甚至有些石刻的基础发生了下沉，这些问题如果不及时处理，可能会导致石刻的损坏甚至坍塌。

为了保护这些宝贵的石刻，文物保护部门实施了一系列变形监测措施，包括：倾斜监测、位移监测、地下水监测、应力与应变监测等。通过上述监测措施，文物保护人员发现了几处石刻的倾斜度和沉降速度超出安全范围，特别是某些石刻由于基础下沉，出现了明显的倾斜和裂缝。根据监测数据，保护人员及时采取了基础加固、石刻矫正、排水系统优化等措施。通过这一系列变形监测和及时的修复加固措施，明孝陵神道石刻的稳定性得到了显著提高。之前倾斜和下沉的石刻恢复了正常状态，没有出现进一步的损坏或坍塌的情况，变形监测技术为文物保护发挥了重大作用。

### 预习笔记

## 职业能力 5-1-1 能按标准用水准仪进行建筑物沉降观测

### 核心概念

沉降观测：根据基准点周期性地测定建筑物上沉降观测点的高程并计算沉降量的工作。

### 学习目标

1. 能叙述基准点和观测点布设要求。
2. 能叙述沉降观测的作业方法和技术要求。
3. 能进行沉降观测成果的整理和分析。

## 基本知识

### 一、基准点和观测点

#### 1. 基准点

（1）布设要求

① 建筑物沉降观测应设置基准点，当基准点离所测建筑物距离较远时可加设工作基点。对进行特级沉降观测的建筑物，基准点数不应少于 4 个；其他级别沉降观测的建筑物，基准点数不应少于 3 个，工作基点可根据需要设置。基准点和工作基点应形成闭合环或形成由附合路线构成的结点网。

② 基准点应设置在位置稳定，易于长期保存的地方，并应定期复测。基准点在建筑施工过程中每 1～2 个月复测一次，稳定后每季度或每半年复测一次。当观测点测量成果出现异常，或测区受到地震、洪水、爆破等外界因素影响时，需及时进行复测，并对其稳定性进行分析。

③ 基准点的标石应埋设在基岩层或原状土层中，在建筑区内，点位与邻近建筑的距离应大于建筑基础最大宽度的 2 倍，标石埋深应大于邻近建筑基础的深度。在建筑物内部的点位，标石埋深应大于地基土压缩层的深度。

④ 基准点和工作基点应避开交通干道、地下管线、仓库堆栈、水源地、河岸、松软填土、滑坡地段、机器振动区以及其他可能使标石、标志易遭腐蚀和破坏的地方。

（2）测量要求

① 高程控制测量宜使用水准测量方法。对于二、三级沉降观测的高程控制测量，当不便使用水准测量时，可使用电磁波测距三角高程测量方法。

② 采用水准测量方法进行各级高程控制测量或沉降观测，应符合表 5.1-1～表 5.1-3 的规定。

**仪器精度要求和观测方法**　　　　　　　　　　　　表 5.1-1

| 变形测量等级 | 仪器型号 | 水准尺 | 观测方法 | 仪器 $i$ 角要求 |
|---|---|---|---|---|
| 特级 | DSZ05 或 DS05 | 因瓦合金标尺 | 光学测微法 | ≤10″ |
| 一级 | DSZ05 或 DS05 | 因瓦合金标尺 | 光学测微法 | ≤15″ |
| 二级 | DS05 或 DS1 | 因瓦合金标尺 | 光学测微法 | ≤15″ |
| 三级 | DS1 | 因瓦合金标尺 | 光学测微法 | ≤20″ |
| | DS3 | 木质标尺 | 中丝读数法 | |

注：光学测微法和中丝读数法的每测站观测顺序和方法，应按现行国家水准测量规范的有关规定执行。

**水准观测的技术指标**　　　　　　　　　　　　　　表 5.1-2

| 变形测量等级 | 视线长度 | 前后视距差 | 前后视距累积差 | 视线高度 |
|---|---|---|---|---|
| 特级 | ≤10m | ≤0.3m | ≤0.5m | ≥0.8m |
| 一级 | ≤30m | ≤0.7m | ≤1.0m | ≥0.5m |
| 二级 | ≤50m | ≤2.0m | ≤3.0m | ≥0.3m |
| 三级 | ≤75m | ≤5.0m | ≤8.0m | ≥0.2m |

**水准观测的限差要求（单位：mm）**　　　　　　　　表 5.1-3

| 变形测量等级 | | 基辅分划(黑红面)读数之差 | 基辅分划(黑红面)所测高差之差 | 往返较差及附合或环线闭合差 | 单程双测站所测高差较差 | 检测已测测段高差之差 |
|---|---|---|---|---|---|---|
| 特级 | | 0.15 | 0.2 | ≤0.1 $\sqrt{n}$ | ≤0.07 $\sqrt{n}$ | ≤0.15 $\sqrt{n}$ |
| 一级 | | 0.3 | 0.5 | ≤0.3 $\sqrt{n}$ | ≤0.2 $\sqrt{n}$ | ≤0.45 $\sqrt{n}$ |
| 二级 | | 0.5 | 0.7 | ≤1.0 $\sqrt{n}$ | ≤0.7 $\sqrt{n}$ | ≤1.5 $\sqrt{n}$ |
| 三级 | 光学测微法 | 1.0 | 1.5 | ≤3.0 $\sqrt{n}$ | ≤2.0 $\sqrt{n}$ | ≤4.5 $\sqrt{n}$ |
| | 中丝读数法 | 2.0 | 3.0 | | | |

注：$n$ 为测站数。

## 2. 观测点

（1）观测点的布置

观测点的位置以能全面反映建筑物地基变形特征，并结合地质情况及建筑结构特点确定，点位宜选设在下列位置。

① 建筑的四角、核心筒四角、大转角处及沿外墙每 10～15m 处或每隔 2～3 根柱基上。

② 高低层建筑物、新旧建筑物、纵横墙等交接处的两侧。

③ 建筑物裂缝、后浇带和沉降缝两侧、基础埋深相差悬殊处、人工地基与天然地基接壤处、不同结构的分界处及填挖方分界处。

④ 宽度大于或等于 15m、宽度小于 15m 但地质复杂、膨胀土地区的建筑物，在承重

内隔墙中部设内墙点，在室内地面中心及四周设地面点。

⑤ 邻近堆置重物处、受振动有显著影响的部位及基础下的暗浜（沟）处。

⑥ 框架结构建筑物的每个或部分柱基上设点，或沿纵横轴线设点。

⑦ 筏形基础、箱形基础底板或接近基础结构部分的四角处及其中部位置。

⑧ 重型设备基础和动力设备基础的四角、基础形式或埋深改变处以及地质条件变化处两侧。

⑨ 电视塔、烟囱、水塔、油罐、炼油塔、高炉等高耸建筑物，沿周边在与基础轴线相交的对称位置上布点，点数不少于 4 个。

（2）观测标志的形式与埋设要求

观测标志可根据不同的建筑结构类型和建筑材料，采用墙（柱）标志、基础标志和隐蔽式标志（用于宾馆等高级建筑物）等形式。各类标志的立尺部位应加工成半球形或有明显的突出点，并涂上防腐剂。

标志的埋设位置应避开如雨水管、窗台线、暖气片、暖水管、电气开关等有碍设标与观测的障碍物，并应视立尺需要离开墙（柱）面和地面一定距离。

## 二、沉降观测方法

### 1. 沉降观测的周期和观测时间

（1）建筑物施工阶段的观测，应随施工进度及时进行。一般建筑，可在基础完工后或地下室砌完后开始观测，大型、高层建筑可在基础垫层或基础底部完成后开始观测。观测次数与间隔时间应视地基与荷载增加情况而定。民用高层建筑可每加高 1～5 层观测一次；工业建筑可按不同施工阶段（如回填基坑、安装柱子和屋架、砌筑墙体、设备安装等）分别进行观测。如建筑物均匀增高，应至少在增加荷载的 25%、50%、75% 和 100% 时各测一次。施工过程中如暂时停工，在停工时及重新开工时应各观测一次。停工期间，可每隔 2～3 月观测一次。

（2）建筑物使用阶段的观测，应视地基土类型和沉降速度大小而定。除有特殊要求者外，一般情况下，可在第一年观测 3～4 次，第二年观测 2～3 次，第三年后每年 1 次，直至沉降达到稳定状态为止。

（3）在观测过程中，如有基础附近地面荷载突然增减、基础四周大量积水、长时间连续降雨等情况，均应及时增加观测次数。当建筑物突然发生大量沉降、不均匀沉降或出现严重裂缝时，应提高观测频率。

### 2. 沉降观测的作业方法和技术要求

（1）作业中应遵守的规定：观测应在成像清晰、稳定时进行；仪器离前后视水准尺的距离，应力求相等，并不大于 50m；前后视观测，应使用同一把水准尺；经常对水准仪及水准标尺的水准器和 $i$ 角进行检查。当发现观测成果出现异常情况并认为与仪器有关时，应及时进行检验与校正。

（2）为保证沉降观测成果的正确性，在沉降观测中应做到五固定，即固定水准点、固定水准路线、固定观测方法、固定仪器、固定观测人员。

（3）首次观测值是计算沉降的起始值，操作时应特别认真、仔细，并应连续观测两次取其平均值，以保证观测成果的精确度和可靠性。

（4）每测段往测与返测的测站数均应为偶数，否则应加入标尺零点差改正。由往测转向返测时，两标尺应互换位置，并应重新安置仪器。在同一测站上观测时，不得两次调焦。转动仪器的倾斜螺旋和测微鼓时，其最后旋转方向均应为旋进。

（5）每次观测均需采用环形闭合方法或往返闭合方法，当场进行检查。其闭合差应在允许闭合差范围内。

（6）在限差允许范围内的观测成果，其闭合差应按测站数进行分配，计算高程。

### 3. 沉降是否进入稳定阶段的判断

（1）根据沉降量与时间关系曲线来判定。

（2）对重点观测和科研观测工程，若最后三期观测中，每期沉降量均不大于 $2\sqrt{2}$ 倍测量中误差，则可认为已进入稳定阶段。

（3）对于一般观测工程，若沉降速度小于 $0.01\sim0.04\text{mm/d}$，可认为已进入稳定阶段，具体取值宜根据各地区地基土的压缩性确定。

## 三、沉降观测成果整理

### 1. 整理原始记录

每周期观测结束后，应检查记录表中的数据和计算是否正确，精度是否合格，如果误差超限应重新观测。然后调整闭合差，推算各观测点的高程，列入成果表中。

### 2. 计算沉降量

根据各观测点本次所观测高程与上次所观测高程之差，计算观测点的沉降量、沉降差，以及本周期平均沉降量、沉降速率和累计沉降量。

### 3. 绘制沉降曲线

为了更清楚地表示沉降量和时间之间的关系，还要画出各观测点的时间与沉降量关系曲线图，如图 5.1-1 所示。

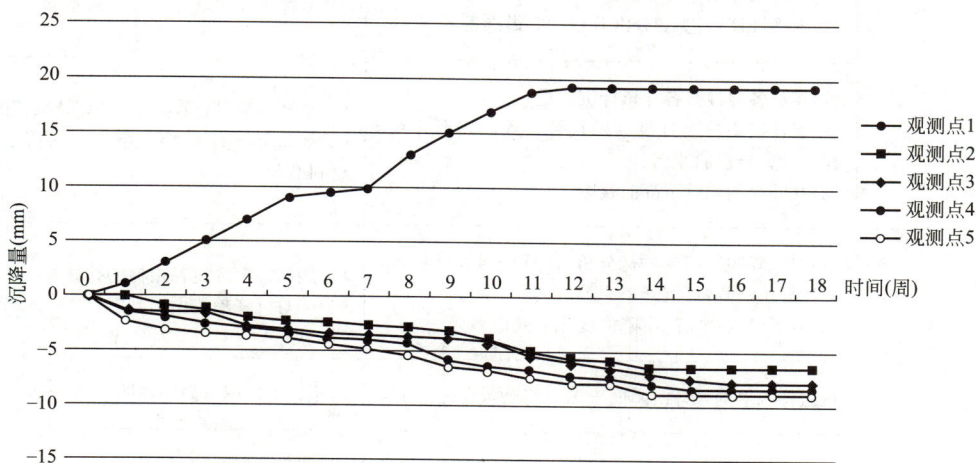

图 5.1-1　建筑物时间-沉降量关系曲线图

#### 4. 沉降观测应提交成果

（1）沉降观测成果表；

（2）沉降观测点位分布图；

（3）工程平面位置图及基准点分布图；

（4）时间-沉降量曲线图；

（5）建筑物等沉降曲线图（如观测点数量较少可不提交）；

（6）沉降观测分析报告。

# 活动设计

## 一、活动条件

多媒体教室、投影、铅笔、绘图纸、函数计算器。

## 二、活动组织

1. 每四人一组，组长负责组织本组成员讨论探究。

2. 每组选派一名代表拍摄沉降曲线图，上传课程平台。

3. 其他组同学通过平台对沉降曲线图进行点评。

## 三、活动实施

| 序号 | 步骤 | 操作及说明 | 操作标准 |
|---|---|---|---|
| 1 | 准备 | （1）熟悉项目资料，了解沉降点位布置。<br>（2）熟悉水准测量观测成果。<br>（3）熟悉计算器，为累计沉降量计算做准备 | （1）熟悉计算器的功能。<br>（2）掌握水准测量方法及规范要求 |
| 2 | 计算 | （1）组员各自计算各点累计沉降量。<br>（2）组长组织核对计算结果是否一致。如不一致，找出计算错误的原因。<br>（3）共同绘制累计沉降曲线图 | （1）掌握沉降量计算方法，计算结果正确。<br>（2）掌握沉降曲线图绘制方法，沉降曲线图绘制准确 |
| 3 | 分析 | （1）对沉降观测成果进行分析，计算平均沉降量、最大和最小沉降量、沉降速率等。<br>（2）分析建筑物实际沉降的变化或变形趋势 | （1）能掌握沉降量各指标的计算方法。<br>（2）能对沉降趋势做出判断 |
| 4 | 上传 | 每组将拍摄的累计沉降曲线图上传至课程讨论区 | 讨论区上传图有简要说明 |
| 5 | 点评 | 其他组通过平台对沉降曲线图进行评价和交流 | （1）评价依据充分、客观公正。<br>（2）交流直面问题、观点鲜明 |

## 四、活动记录

小组编号：_____，仪器型号：_____，仪器编号_____，记录者：_____。

**建筑物沉降观测记录计算表**

日期：　　　　　　　　　　　　仪器号：　　　　　　　　　　　　观测：

天气：　　　　　　　　　　　　地点：　　　　　　　　　　　　　记录：

| 测点 | 年 月 日 | 年 月 日 | | 年 月 日 | | | 年 月 日 | | |
|---|---|---|---|---|---|---|---|---|---|
| | 初次高程(m) | 高程(m) | 本次下沉(mm) | 高程(m) | 本次下沉(mm) | 累积下沉(mm) | 高程(m) | 本次下沉(mm) | 累积下沉(mm) |
| | | | | | | | | | |
| | | | | | | | | | |
| | | | | | | | | | |

## 五、活动评价

| 评价内容 | 评价标准 | 评价结果（是/否） |
|---|---|---|
| 活动完成情况 | 能叙述基准点和观测点布设要求 | □是　□否 |
| | 能叙述沉降观测的作业方法和技术要求 | □是　□否 |
| | 能进行沉降观测成果的整理和分析 | □是　□否 |

## 六、课后作业

1. 沉降观测只能在建筑物完工后进行。（□正确　□错误）
2. 沉降观测数据的分析不需要考虑季节性因素。（□正确　□错误）
3. 沉降观测点的设置应避开建筑物的出入口。（□正确　□错误）
4. 沉降观测数据的异常变化应立即报告给相关部门。（□正确　□错误）
5. 沉降观测报告不需要包含观测过程中的图片资料。（□正确　□错误）
6. 沉降观测的目的是（　　　）。
A. 监测建筑物的稳定性　　　　　　B. 评估建筑物的美观度
C. 测量建筑物的高度　　　　　　　D. 检查建筑物的照明情况
7. 沉降观测的频率一般是（　　　）。
A. 每周一次　　　　　　　　　　　B. 每月一次
C. 每季度一次　　　　　　　　　　D. 每年一次
8. 沉降观测中，基准点的设置应该遵循（　　）原则。
A. 随机设置　　　　　　　　　　　B. 均匀分布

C. 靠近建筑物          D. 远离建筑物

9. 沉降观测的误差来源可能包括（　　）。

A. 观测设备的误差          B. 观测人员的操作误差

C. 环境因素的影响          D. 以上都是

# 职业能力 5-1-2　能按标准用全站仪进行建筑物倾斜观测

## 核心概念

倾斜观测：是指对建（构）筑物中心线或其墙、柱等在不同高度的点相对于底部基准点的偏离值进行的测量，包括建筑物基础倾斜观测和建筑物主体倾斜观测。

## 学习目标

1. 能叙述倾斜观测点位的布设要求。
2. 能叙述倾斜观测方法和流程。
3. 能进行倾斜观测成果的整理和分析。

## 基本知识

建筑物产生倾斜的原因主要有：地基沉降不均匀；建筑物体型复杂（有部分高重、部分低轻）形成不同荷载；施工未达到设计要求，承载力不够；受外力作用，例如风荷载、地下水抽取、地震等。

建筑物基础倾斜观测，一般采用精密水准仪进行沉降观测的方法，定期测出基础两端点的沉降差，再根据两点的距离，即可计算出基础的倾斜度。建筑物主体倾斜观测，应测定建筑物顶部观测点相对于底部固定点或各层间上层观测点相对于下层观测点的水平位移与高差，分别计算整体或分层的倾斜度、倾斜方向以及倾斜速度。本职业能力主要介绍建筑物主体倾斜观测的内容。

### 一、主体倾斜观测点位

#### 1. 主体倾斜观测点位的布设

（1）当从建筑外部观测时，测站点的点位应选在与倾斜方向成正交的方向线上，距照准目标 1.5～2.0 倍目标高度的固定位置。当利用建筑物内部竖向通道观测时，可将通道底部中心点作为测站点。

（2）对于整体倾斜，观测点及底部固定点应沿着对应测站点的建筑主体竖直线，在顶部和底部上下对应布设；对于分层倾斜，应按分层部位上下对应布设。

（3）按前方交会法布设的测站点，基线端点的选设应满足测距或长度丈量的要求。按方向线水平角法布设的测站点，应设置好定向点。

#### 2. 主体倾斜观测点位的标志设置

（1）建筑物顶部和墙体上的观测点标志，可采用埋入式照准标志形式。有特殊要求时，应专门设计。

（2）不便埋设标志的塔形、圆形建筑物以及竖直构件，可以照准视线所切同高边缘确

275

定的位置或用符合位置与照准要求的建筑特征部位。

（3）位于地面的测站点和定向点，可根据不同的观测要求，采用带有强制对中设备的观测墩或混凝土标石。

（4）对于一次性倾斜观测项目，观测点标志可采用标记形式或直接利用符合位置与照准要求的建筑物特征部位；测站点可采用小标石或临时性标志。

## 二、主体倾斜观测方法

1. 从建筑物或构件的外部观测时，宜选用下列观测方法。

（1）投点法。观测时，在底部观测点位置安置量测设施（如水平读数尺等）。在每测站安置全站仪或经纬仪进行观测投影时，应按正倒镜法，以所测每对上下观测点标志间的水平位移分量，按矢量相加法求得水平位移值（倾斜量）和位移方向（倾斜方向）。

对需要进行倾斜观测的一般建筑物，要在几个侧面进行观测，全站仪或经纬仪的安置位置如图 5.1-2（a）所示。其中要求仪器应设置在离建筑物较远的地方（距离 $l$ 最好大于 1.5 倍建筑物的高度），以减小仪器纵轴不垂直的影响。

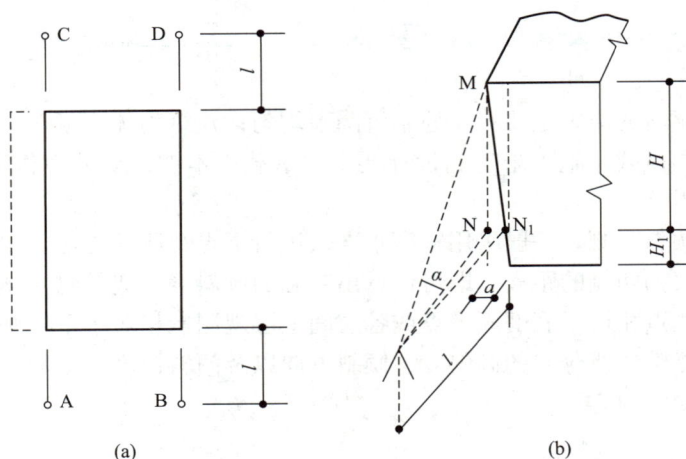

图 5.1-2 投点法倾斜观测

观测时瞄准墙顶一点 M，向下投影得一点 N，投影时仪器在固定测站应严格对中整平，用盘左、盘右两个度盘位置往下投影，分别量取水平距离，取其平均值即为 $NN_1$ 间的水平距离 $a$，如图 5.1-2（b）所示。

$H$ 和 $H_1$ 可用钢尺直接量取，或用手持式激光测距仪测定。另外，以 M 点为基准，采用全站仪或经纬仪测出垂直角度 $\alpha$，根据 $\alpha$ 也可按下式算出高度：

$$H = l \cdot \tan\alpha$$

则建筑物的倾斜度 $i$

$$i = a / H$$

建筑物该阳角的倾斜量 $\beta$

$$\beta = i \cdot (H + H_1)$$

最后，综合分析四个阳角的倾斜度，即可描述整幢建筑物的倾斜情况。

（2）测水平角法。对塔形、圆形建筑物或构件，每测站的观测，以定向点作为零方向，以所测各观测点的方向值和至底部中心的距离，计算顶部中心相对底部中心的水平位移分量。对矩形建筑，可在每测站直接观测顶部观测点与底部观测点之间的夹角或上层观测点与下层观测点之间的夹角，以所测角度与距离计算整体的或分层的水平位移分量和位移方向。

（3）前方交会法。所选基线应与观测点组成最佳构形，交会角宜为 $60°\sim120°$。水平位移计算可采用直接由两周期观测方向值之差解算坐标变化量的方向差交会法，亦可采用按每周期计算观测点坐标值，再以坐标差计算水平位移的方法。

2. 当利用建筑物或构件的顶部与底部之间的竖向通视条件进行观测时，宜选用下列观测方法。

（1）吊垂球法。在顶部或目标高度处观测点位置，直接或支出一点，悬挂适当重量的垂球，在垂线下的底部固定读数设备（如毫米格网读数板），直接读取或量出上部观测点相对底部观测点的水平位移量和位移方向。

（2）激光铅直仪观测法。在顶部适当位置安置接收靶，在其垂线下的地面或地板上安置激光铅直仪或激光经纬仪，按一定周期观测，在接收靶上直接读取或量出顶部的水平位移量和位移方向。作业中仪器应严格整平对中，每测次旋转 $180°$ 观测两次取其平均。对超高层建筑，当仪器设在楼体内部时，应考虑大气湍流影响。

（3）激光位移计自动记录法。位移计宜安置在建筑物底层或地下室地板上，接收装置可设在顶层或目标楼层，激光通道可利用未使用的电梯井或楼梯间隔，测试室宜选在靠近顶部的楼层内。当位移计发射激光时，从测试室的光线示波器上可直接获取位移图像及有关参数，并自动记录成果。

（4）正、倒垂线法。垂线宜选用直径 $0.6\sim1.2mm$ 的不锈钢丝或因瓦丝，并采用无缝钢管保护。采用正垂线法时，垂线上端可锚固在通道顶部或目标高度处所设的支点上。采用倒垂线法时，垂线下端可固定在锚块上，上端设浮筒。用来稳定重锤、浮子的油箱中应装有黏性小、不冰冻的阻尼液。观测时，由底部观测墩上安置的量测设备（如坐标仪、光学垂线仪、电感式垂线仪等）按一定周期测出各测点的水平位移量。

3. 当利用相对沉降量间接确定建筑整体倾斜时，可选用下列方法。

（1）倾斜仪测记法。采用的倾斜仪（如水管式倾斜仪、水平摆倾斜仪、气泡倾斜仪或电子倾斜仪）应具有连续读数、自动记录和数字传输的功能。监测建筑物上部层面倾斜时，仪器可安置在建筑物基础面上，以所测楼层或基础面的水平角变化值反映和分析建筑物倾斜的变化程度。

（2）测定基础沉降差法。可在基础上选设观测点，采用水准测量方法，以所测各周期的基础沉降差换算求得建筑物整体倾斜度及倾斜方向。

### 三、主体倾斜观测周期

建筑主体倾斜观测的周期，可视倾斜速度每 $1\sim3$ 个月观测一次。如遇基础附近大量堆载或卸载、场地降雨长期积水等导致倾斜速度加快时，应及时增加观测次数。施工期间的观测周期，应随施工进度并结合实际情况进行，具体要求跟前述沉降观测的周期要求相同。倾斜观测应避开强日照和风荷载影响大的时间段。

### 四、主体倾斜观测成果

倾斜观测工作结束后，应提交下列成果。

(1) 倾斜观测点位布置图；

(2) 观测成果表、成果图；

(3) 主体倾斜曲线图；

(4) 观测成果分析资料。

## 活动设计

### 一、活动条件

多媒体教室、投影、铅笔、绘图纸、函数计算器。

### 二、活动组织

1. 每四人一组，组长负责组织本组成员讨论探究。

2. 每组选派一名代表拍摄倾斜曲线图，上传课程平台。

3. 其他组同学通过平台对倾斜曲线图进行点评。

### 三、活动实施

| 序号 | 步骤 | 操作及说明 | 操作标准 |
|---|---|---|---|
| 1 | 准备 | (1)熟悉项目资料，了解沉降点位布置。<br>(2)熟悉倾斜测量观测成果。<br>(3)熟悉计算器，为倾斜度计算做准备 | (1)熟悉计算器的功能。<br>(2)掌握倾斜测量方法及规范要求 |
| 2 | 计算 | (1)组员各自计算各点观测点偏移量和倾斜度。<br>(2)组长组织核对计算结果是否一致。如不一致，找出计算错误的原因。<br>(3)共同绘制倾斜曲线图 | (1)掌握倾斜度计算方法，计算结果正确。<br>(2)掌握倾斜曲线图绘制方法，且绘制准确 |
| 3 | 分析 | (1)对倾斜观测成果进行分析，计算倾斜速率等。<br>(2)分析建筑物实际倾斜的变化或变形趋势 | (1)能掌握各指标的计算方法。<br>(2)能对倾斜趋势做出判断 |
| 4 | 上传 | 每组将拍摄的倾斜曲线图上传至课程讨论区 | 讨论区上传图有简要说明 |
| 5 | 点评 | 其他组通过平台对倾斜曲线图进行评价和交流 | (1)评价依据充分、客观公正。<br>(2)交流直面问题、观点鲜明 |

## 四、活动记录

小组编号：_____，仪器型号：_____，仪器编号：_____，记录者：_____。

### 建筑物倾斜率记录表

| 序号 | 建筑名称 | 观测日期 | 观测位置 | 顶部坐标 | 底部坐标 | 偏移量（mm） | 倾斜率（%） | 倾斜方向 |
|---|---|---|---|---|---|---|---|---|
| 1 | | | | | | | | |
| 2 | | | | | | | | |
| 3 | | | | | | | | |
| | | | | | | | | |
| | | | | | | | | |
| | | | | | | | | |
| | | | | | | | | |

注：1. 表格中的"偏移量"可以根据需要细分为 $\Delta x$（$x$ 方向偏移量）、$\Delta y$（$y$ 方向偏移量），总的水平偏移量 $\Delta D = \sqrt{\Delta x^2 + \Delta y^2}$；

2. 倾斜率 $i = \tan\alpha = \dfrac{\Delta D}{H}$，$\Delta D$ 是顶部与底部观测点在水平面上的相对偏移量，$H$ 是建筑物的高度。

## 五、活动评价

| 评价内容 | 评价标准 | 评价结果（是/否） |
|---|---|---|
| 仪器准备与操作 | 能否正确准备全站仪并进行基本操作（如对中、整平、设置参数等） | □是　□否 |
| 测量点选取 | 测量点选取是否合理，是否覆盖建筑物的关键部位 | □是　□否 |
| 数据记录与整理 | 数据记录是否准确、完整，是否能及时整理和分析数据 | □是　□否 |
| 倾斜度计算 | 是否能正确计算建筑物的倾斜度，并理解相关公式 | □是　□否 |
| 仪器精度与误差 | 是否了解全站仪的精度要求，能否正确处理测量误差 | □是　□否 |

## 六、课后作业

1. 使用全站仪进行建筑物倾斜观测时，测点应布置在建筑物的_____、_____和_____等关键部位。

2. 在进行观测前，应对全站仪进行_____和_____等校准工作。

3. 计算建筑物倾斜度时，需要用到测量得到的_____和_____数据。

4. 建筑物倾斜观测的结果通常以_____或_____的形式表示。

5. 在进行数据处理时，应考虑_____和_____等误差来源对观测结果的影响。

6. 简述使用全站仪进行建筑物倾斜观测的基本步骤。

7. 分析建筑物倾斜可能带来的安全隐患，并提出相应的补救措施。

8. 讨论在进行建筑物倾斜观测时，如何减小观测误差，提高观测精度。

9. 解释在进行建筑物倾斜观测时，为什么需要布置多个测点，并说明测点布置的原则。

10. 根据你的理解，阐述建筑物倾斜观测在土木工程中的重要性。

# 任务拓展 10：沉降观测常见问题及其处理

## 一、曲线在首次观测后即发生回升现象

在第二次观测时发现曲线上升，至第三次后，曲线又逐渐下降。此种现象一般都是由于首次观测成果存在较大误差。此时，如测量时间间隔较短，可将第一次观测成果作废，而采用第二次观测成果作为首测成果。为避免发生此类现象，建议首次观测应适当提高测量精度，认真施测，或进行两次观测，进行比较，确保首次观测成果可靠。

## 二、曲线在中间某点突然回升

此种现象大概率是因为水准基点或沉降观测点发生变化，如水准基点被压低，或沉降观测点被撬高。此时，应仔细检查水准基点和沉降观测点的外形有无损伤。如果众多沉降观测点出现此种现象，则水准基点被压低的可能性很大，此时可改用其他水准点作为水准基点来继续观测，并再埋设新水准点，以保证水准点个数不少于三个；如果只有一个沉降观测点出现此种现象，则多半是该沉降观测点被撬高（如果采用隐蔽式沉降观测点，则不会发生此现象），如沉降观测点被撬后已活动，则需另行埋设新点，若点位尚牢固，则可继续使用，对于该点沉降量的计算，则应进行合理处理。

## 三、曲线自某点起渐渐回升

此种现象一般是由于水准基点下沉。此时，应根据水准点之间的高差来判断出最稳定的水准点，以此水准点作为新水准基点，将原来下沉的水准基点废除。另外，埋在裙楼上的沉降观测点，由于受主楼的影响，有可能会出现曲线渐渐回升的现象，这属于正常现象。

## 四、曲线的波浪起伏现象

曲线在后期呈现微小的波浪起伏现象，一般是测量误差所造成的。曲线在前期波浪起伏现象不突出，是因下沉量大于测量误差的原因；但到后期，由于建筑物下沉极小或已接近稳定，在曲线上就出现测量误差比较突出的现象。此时，可将波浪形曲线改成水平线。后期测量宜提高测量精度等级，并适当地延长观测的间隔时间。

# 建筑物立面测绘

思维导图

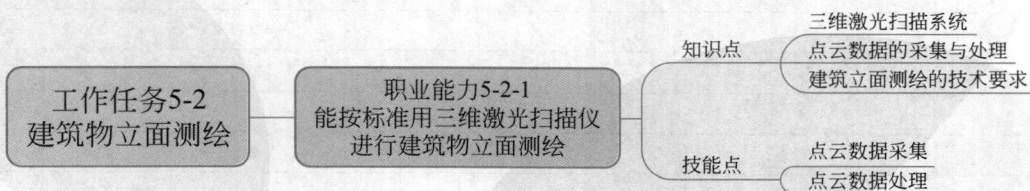

| | | | 知识点 | 三维激光扫描系统 |
| --- | --- | --- | --- | --- |
| 工作任务5-2<br>建筑物立面测绘 | | 职业能力5-2-1<br>能按标准用三维激光扫描仪<br>进行建筑物立面测绘 | | 点云数据的采集与处理 |
| | | | | 建筑立面测绘的技术要求 |
| | | | 技能点 | 点云数据采集 |
| | | | | 点云数据处理 |

## 思政元素

### 三维激光立面测绘助力文物传承——科学精神

敦煌石窟是中国古代艺术的瑰宝，然而长期的自然侵蚀和人为破坏使得这些石窟的保护工作面临着严重的挑战。传统的测绘方法难以全面、准确地记录石窟的详细信息和结构特征。而三维激光扫描技术则能够获取高密度的激光点云，获取石窟高精度的三维表面信息，包括壁画、雕塑等的细节。这些信息为石窟的数字化存档、修复和保护提供了重要的数据支持。通过建立数字敦煌博物馆，人们可以在虚拟环境中欣赏石窟的精美艺术，同时也有助于提高公众对文物保护的认识和参与度。

法国巴黎圣母院是一座具有悠久历史和重要文化价值的建筑，然而 2019 年的一场大火对其造成了严重的破坏。幸运的是，在火灾发生前，巴黎圣母院已经进行了三维激光扫描，建立了完整的建筑数字模型。这些模型为教堂的重建提供了不可替代的数据支撑。通过对比火灾前后的扫描数据，可以精确评估火灾对建筑的破坏程度，并为修复工作提供精确的尺寸和形态参考。这不仅有助于恢复巴黎圣母院的原貌，也为其未来的保护提供了重要的科学依据。

### 预习笔记

## 职业能力 5-2-1　能按标准用三维激光扫描仪进行建筑物立面测绘

### 核心概念

建筑物立面测绘是指对建筑物的立面（通常是外墙）进行精确测量和记录的过程，其目标是获取建筑立面外形、尺寸、结构细节和装饰特征等信息，并将其转化为可视化的图纸或模型。

### 学习目标

1. 掌握三维激光扫描仪的基本原理和操作。
2. 熟悉点云数据的采集步骤。
3. 熟悉点云处理的流程。
4. 理解建筑立面测绘的技术要求

## 基本知识

### 一、三维激光扫描系统

#### 1. 三维激光扫描的认识

（1）基本概念及原理

三维激光扫描技术，又称为实景复制技术，是一种新兴的空间信息获取技术。它基于激光测距原理，通过高速激光扫描测量方法，大面积、高分辨率地获取被测对象表面的高精度三维坐标数据以及大量空间点位信息。这些数据可以用于快速建立物体的三维模型以及数字地形模型。

（2）三维激光扫描系统组成

三维激光扫描系统主要由三维激光扫描仪、计算机处理软件等部分组成（图 5.2-1）。其中，三维激光扫描仪是系统的核心，由激光发射器、激光接收器、时间计数器、可旋转的滤光镜、控制电路板、微电脑、CCD 机等组成。计算机处理软件则用于对扫描得到的数据进行处理和分析，生成三维模型等成果。

（3）三维激光扫描系统测量原理

三维激光扫描系统相当于一个高速转动并以面状获取目标大量三维坐标数据的超级全站仪，其核心原理是激光测距和激光束电子测角系统的自动化集成，可将点测量模式转化为面测量模式。激光测距主要有脉冲式测距、相位差式测距和光学三角测距三种，测距过程主要包括激光发射、激光探测、时延估计和时延测量。地面三维激光扫描仪测量系统原理见图 5.2-2。

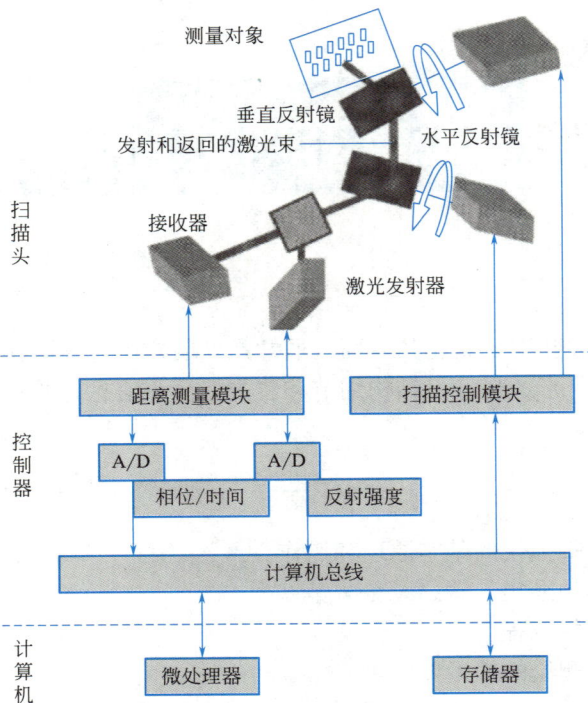

图 5.2-1　三维激光扫描系统组成

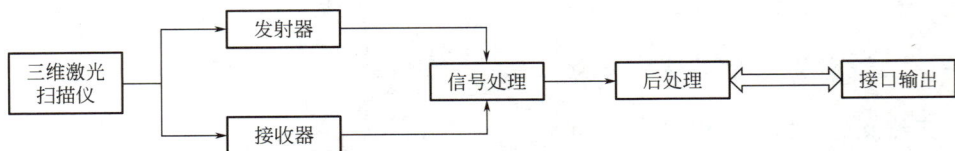

图 5.2-2　地面三维激光扫描仪测量系统原理

（4）三维激光扫描仪分类

三维激光扫描仪按其特点及技术指标的不同，可划分为不同的类型，具体如下所述。

① 按承载平台分类

三维激光扫描仪按照承载平台的不同可以分为星载三维激光扫描仪、机载三维激光扫描仪、车载三维激光扫描仪、地面三维激光扫描仪及手持式三维激光扫描仪。

② 按有效扫描距离分类

三维激光扫描仪作为现今时效性最强的三维数据获取工具，按有效扫描距离进行分类，可分为短距离激光扫描仪（小于 10m）、中距离激光扫描仪（10～400m）、长距离激光扫描仪（大于 400m）。大型模具或室内空间（如工厂厂房）通常使用中距离激光扫描仪进行测量。

③ 按扫描仪成像方式分类

按照扫描仪成像方式可分为如下 3 种类型。

a. 全景扫描式：通过纵向旋转棱镜与中心轴旋转，实现全方位无死角扫描。

b. 相机扫描式：借鉴摄影测量技术，擅长远距离、大范围物体的快速捕捉。

c. 混合扫描式：结合前两者优势，实现水平自由旋转与垂直受限旋转的高效扫描。

④ 按扫描仪测距原理分类

依据激光测距的原理，可以将扫描仪划分成脉冲式、相位式、激光三角式、脉冲-相位式 4 种类型。一些常见三维激光扫描仪如图 5.2-3 所示。

中海达 HS1200 扫描仪　　北科天绘 U-Arm 扫描仪　　南方测绘 SPL-1500 激光扫描仪

**图 5.2-3　常见三维激光扫描仪**

### 2. 三维激光扫描仪的操作

（1）操作流程

① 准备工作：选择合适的扫描环境，确保环境稳定、无强光干扰和障碍物。根据扫描物体的大小和形状，选择合适的三维激光扫描仪，并将其放置在合适的位置。

② 设备连接与校准：按照设备说明书，将三维激光扫描仪与计算机或其他设备进行连接。打开三维激光扫描仪电源，启动相关软件。根据软件提示，进行设备校准，包括校准扫描仪的激光发射和接收系统、相机参数等。确保扫描仪的准确性和稳定性。

③ 设置扫描参数：在软件中设置扫描参数，如扫描范围、分辨率、扫描速度等。根据扫描物体的特点和需求，选择合适的参数。一般来说，扫描范围越大、分辨率越高，扫描时间就越长。

④ 进行扫描：将待扫描物体放置在扫描仪的视野范围内，确保物体表面能够被激光束完全覆盖。点击软件中的开始扫描按钮，扫描仪将开始发射激光束并接收反射信号。在扫描过程中，保持物体静止不动，避免移动或晃动。

⑤ 数据处理与分析：扫描完成后，将获取的三维数据导入相关软件中进行处理和分析。可以进行数据滤波、拼接、配准等操作，以去除噪声和提高数据质量。根据需要，可以对数据进行三维建模、测量、分析等操作。

⑥ 结果输出与应用：将处理后的三维数据输出为所需的格式，如 stl、obj、ply 等，以便进行后续的应用。可以将三维模型导入 CAD、CAM、3D 打印等软件中进行进一步的设计和制造。也可以将数据用于虚拟现实、增强现实、文化遗产保护等领域。

（2）注意事项

① 激光辐射危害防范

a. 操作三维激光扫描仪时，严禁直视激光束，保持与激光光路的安全距离。

b. 设置防护栏或警戒线，防止反射激光伤害他人。

c. 操作人员需佩戴符合三维激光扫描仪激光波长范围的激光防护眼镜。

② 电气安全注意事项

a. 确保三维激光扫描仪工作的电源电压、频率与设备要求相符，避免发生电气事故。

b. 定期检查电源线是否完好，及时更换损坏的电源线，特别是在潮湿环境中使用时更需注意。

c. 清洁或维护三维激光扫描仪前，务必先切断电源，以防触电。

③ 机械安全方面

a. 确保三维激光扫描仪可移动部件（如旋转云台）的运动范围无阻挡，防止机械损坏或引发危险。

b. 搬运三维激光扫描仪时，固定好可移动部件，按正确方法操作，避免造成设备损坏或人员伤害。

④ 环境安全因素

a. 户外使用时，避免在暴雨、雷电、高温等恶劣天气下操作，保护设备免受水浸、雷击和过热损害。

b. 保持工作环境稳定，避免振动、灰尘和腐蚀性气体对扫描仪的影响，确保设备扫描精度和寿命。

## 二、点云数据的采集与处理

### 1. 地面三维激光扫描点云数据获取

点云数据获取是地面三维激光扫描工作过程中的一个重要环节，地面式三维激光扫描系统外业数据采集主要包括前期技术准备、现场踏勘、扫描站点选取、标靶布设、现场点云数据采集、影像采集及其他信息采集等工作。地面三维激光扫描点云数据获取工作流程见图 5.2-4。

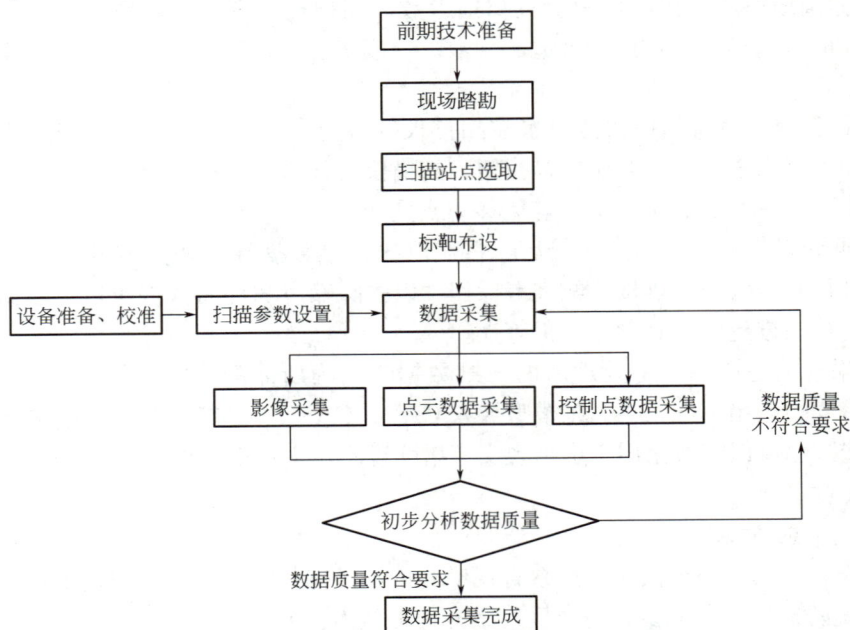

图 5.2-4　地面三维激光扫描点云数据获取工作流程图

（1）前期技术准备

前期技术准备应根据不同的任务需求做好任务实施规划，完成扫描环境现场踏勘，根据测量场景地形条件、复杂程度和对点云密度、数据精度的要求，确定扫描路线，布置扫描站点，确定扫描站数及扫描系统至扫描场景的距离，确定扫描密度等。

① 扫描准备

在进行三维激光扫描前，需系统收集并分析扫描区域内的测绘资料，如控制点数据、地形图等，以全面理解地形地貌，为精确设定扫描参数提供科学依据，确保扫描作业的高效与精准。

② 现场踏勘

为确保三维激光扫描数据采集的顺利进行及获取被测物体全面、精确的三维信息（包括坐标、反射率、纹理等），事先组织现场踏勘至关重要。通过实地考察扫描区域的地形地貌，验证既有资料的准确性与适用性，并针对复杂或恶劣环境进行详细踏勘，明确扫描对象的范围、规模及地形特征，据此科学规划扫描站点布局，为高质量数据采集奠定坚实基础。

（2）扫描站点选取及布设

① 扫描站点选取

被测物体形态多样且复杂，单一站点往往无法全面且高精度地捕获其三维点云数据。在实际作业中，需布设多个扫描站点，以完整收集物体表面数据。为确保数据符合《地面三维激光扫描工程应用技术规程》T/CECS 790—2020 等标准的精度要求，扫描站点的选择需细致考虑多个关键因素。

a. 数据的可拼接性

为了获取完整的物体表面数据，需在多个站点进行扫描，并确保相邻站点数据具有连续性，即扫描数据需部分重合以便后续拼接。点云拼接方式多样，不同方法对重叠区域的要求各异：基于点云重叠特征的拼接方法通常需要重合率达到 30％以上；基于目标点匹配的拼接方法则要求至少包含 3 个不共线的同名目标点；而结合点云重叠特征和目标点匹配的混合拼接方法需根据实际场景确定参数（如重叠比例、目标点数量及分布等），以确保数据能够正确拼接。

b. 架站间距

扫描站点应均匀分布在被测物体周围，保持相邻站点间距一致或接近，以避免增加数据复杂性及拼接误差，确保成果精度。

c. 各站点与被测物体距离

扫描仪与被测物距离需适中，一般保持 10～20m 以避免遗漏高处数据；对于高层建筑，需在近远两处采集数据，确保信息完整。

d. 激光入射角

激光入射角越大，测量数据误差越大。因此扫描站点选取时应使扫描设备的激光尽量垂直于被测物体，确保测量精度达到成果要求。

e. 重叠部位

对于基于点云数据的拼接匹配的站点选取，需重点考虑相邻两站扫描的重叠区域。为了避免点云数据的拼接产生较大的误差，重叠区域不可选取有许多不稳定、受风易动物体的区域，如有大量植被的区域。重叠区域绝大部分应为稳定、光滑、规则的物体表面。

f. 重叠度

不管何种方式的点云拼接，均需要设置相邻两站点具有合适的重叠度。若是重叠度过低，会导致数据拼接错层大、拼接失败。若是重叠度过高，会导致扫描采集同一被测物体时需要架设更多的扫描站点，使得点云数据量成倍增加，且多次重复拼接，影响数据拼接效率及产生拼接误差。

② 扫描站点布设

扫描站点的精心布设是平衡数据完整性与拼接精度的关键。为获取详尽的点云数据并满足毫米级拼接精度，站点规划需综合考量被测物体特性、现场地形及扫描仪性能。站点应选择在地势平稳、视野开阔处设置，站点数量、位置及间距需依据实际情况与设备要求灵活调整。

对于单一、独立且规则的物体，采用闭合环绕布局，至少设 4 站，确保相邻站点有足够重叠度，以保证数据连贯性。面对不规则或有转折的地形，应在转折两侧增设站点，尤其在复杂或差异显著的区域，需加密站点布局，同时保持相邻站点重叠度与激光入射角的一致性，减少拼接误差。

总之，布设站点时，首要确保数据重叠度与完整性，随后兼顾站点间距、与被测物距离、重叠区域及激光入射角等要素，以实现高效且精准的三维数据采集。

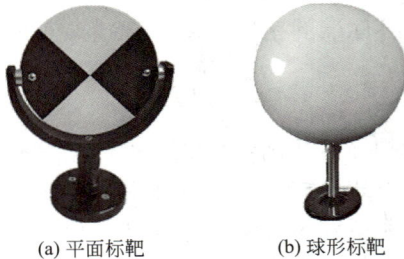

(a) 平面标靶　　　　(b) 球形标靶

**图 5.2-5　标靶**

（3）标靶布设

标靶主要是为外业数据采集提供明显、易识别的公共点，在三维激光扫描数据后处理中作为公共点用于坐标转换，是定位和定向的标志。在外业数据采集过程中，常见的标靶有两种，即平面标靶和球形标靶，如图 5.2-5 所示。

（4）数据采集

三维激光扫描仪数据采集主要获取点云数据、影像数据，这些原始数据一并存储在特定的工程文件中。另外，可通过全站仪、RTK 等获取控制点数据。

① 点云数据采集

根据预先设定的扫描路线布设站点，实施扫描与拍照。扫描完成后还需现场初步分析数据的质量是否符合要求，保证采集数据量既不缺失，又不冗余，尽量避免二次测量和数据处理中不必要的工作量。

② 影像采集

三维激光扫描仪搭载相机可分为内置和外置。内置相机即安装至扫描仪内部，固定焦距，不可变焦，但其获取的影像能自动映射到被测物体的空间位置和点云上。而外置相机则需要在三维激光扫描数据后处理中手动辅助纹理映射。

### 2. 三维激光扫描点云数据处理

三维激光扫描获取的现场三维点云数据，首先在后处理软件中对点云数据预处理，然后需要对点云数据进行拼接、坐标转换、纹理映射等转换成绝对坐标系中的空间位置坐标或模型，以便输出多种不同格式的成果，满足空间信息数据库的数据源和不同应用的需要。

（1）点云数据预处理

点云数据预处理主要是剔除数据获取中受外界及设备自身等多种因素和某些介质的反射特性影响而产生的明显噪点。

① 数据格式转换

由于不同型号三维激光扫描仪的点云数据的格式各不相同（表5.2-1），且不同型号的三维激光扫描仪配套点云数据后处理软件所能处理的数据格式也有所局限，为了在不同的点云后处理软件中进行数据处理，需要进行数据格式转换。

部分不同品牌的原始数据格式　　　　　　　　　　表 5. 2-1

| 仪器品牌 | 数据格式 | 仪器品牌 | 数据格式 |
|---|---|---|---|
| FARO | fls/fws | Trimble | fls/pts |
| Optech | scan/ply | 中海达 | hsr/hls |
| Z+F | zfls | 北科天绘 | imp |
| RIEGL | rxp/3dd/ptc | 通用格式 | las/xyz/pts |

② 点云去噪

在外业数据采集过程中，不规则、不平整的被测物体以及复杂多变的环境条件（如移动的物体、漂浮物以及扫描目标的不均匀反射特性）往往导致点云数据中夹杂不稳定点和噪点。这些噪点主要源于三方面：扫描系统误差、被测物体表面特性和外界随机因素。这些噪点会降低扫描结果的准确性和可靠性，因此在后期处理中必须予以删除。

针对不同类型的噪点，可以采取不同的消除策略。系统固有噪点可通过调整扫描设备参数或使用平滑滤波方法去除；由被测物体表面特性引起的噪点，可通过调整扫描设备的位置、角度和距离来优化去除；而由外界随机因素引起的噪点，则通常需通过人工交互方式，如设置灰度阈值剔除或手动选择剔除。

（2）点云数据拼接与坐标转换

在进行实体扫描时，由于单站扫描无法全面捕捉实体信息，多站点云数据拼接成为必要步骤。当前，点云拼接主要采用基于标靶和基于几何特征两种方法。

基于标靶的拼接方法是通过在扫描过程中设置共同的反射参考目标（地面控制点），并利用RTK测量技术获取这些控制点的精确坐标。在拼接过程中，点云数据后处理软件会自动或半自动地识别这些标靶点，并根据其坐标信息进行坐标转换和计算，将各站点扫描的点云数据统一到同一绝对坐标系中。这种方法依赖于人工布设标靶和计算机自动处理，具有半自动化的特点，且拼接结果会优先考虑扫描效果较好的数据。

基于几何特征的拼接方法则利用相邻扫描站点重叠区域的几何特征来获取拼接参数。这种方法对采样密度和点云质量有较高要求，如果采样密度小或植被覆盖过多，会导致拼接精度下降。因此，在进行基于几何特征的拼接时，需要确保待拼接的点云数据在三个正交方向上有足够的重叠，一般建议重叠度为整个三维图像的20%～30%。

无论是基于标靶还是基于几何特征的拼接方法，最终都需要将拼接完整的点云数据坐标转换成绝对坐标系中的空间位置坐标，以满足不同应用的需求。坐标转换主要利用标靶点进行，要求标靶位置需出现在前后相邻两个扫描站点的扫描视场内，且激光入射角不能相差过大。在后处理过程中，点云数据后处理软件会自动或半自动地识别公共标靶点，并根据其坐标信息将点云数据统一到标靶点的大地坐标系中。

（3）点云纹理映射

三维激光扫描仪获取的点云数据虽包含空间信息，但缺失颜色细节。为了弥补这一不足，可通过内置或外置相机同步捕获被测物体的彩色影像，进而实施纹理映射技术，即将这些彩色影像精准地贴合于点云数据之上，这一过程又被称为纹理贴图。纹理映射极大地增强了三维模型的真实感，通过与光照效果、图像混合等技术的结合，能够创造出更为生动逼真的视觉效果，实现对物体细节与特征的真实再现。

（4）点云数据应用

三维激光扫描系统能深入复杂环境，完整采集大型、复杂实体的三维数据并传输至电脑。通过预处理、拼接、坐标转换及纹理映射等步骤，快速重构三维模型及制图数据，满足不同软件的后处理需求，如 AutoCAD 的立面测量、JRC 3D 的土方测量、SouthLidar 的地形图绘制等。地面式系统实现了自动密集数据采集，极大提升了测绘效率，广泛应用于测绘、电力、建筑、工业等领域。

### 三、建筑立面测绘的技术要求

#### 1. 测量精度要求

（1）尺寸精度

建筑立面的关键尺寸，如总高度、层高及门窗洞口尺寸，需精确至厘米级，是设计与施工的核心参数，对建筑的存档、修复及改造至关重要。毫米级的误差在历史建筑修复中可能导致构件不匹配。测量大型建筑立面时，需选用高精度仪器，如全站仪，其测距精度可达±（2mm+2ppm×$D$），但操作需严格规范，以保障测量精度不受人为因素干扰。

（2）角度精度

建筑立面上的阴阳角角度测量精度同样至关重要，一般要求误差控制在±0.5°以内，以确保建筑外立面几何形状的精准描绘及装饰构件的准确安装。精确的角度测量对于保障装饰线条等构件的整体美观性和对称性具有关键作用。

#### 2. 数据采集要求

建筑立面测绘的数据采集需满足全面性和真实性两大核心要求。全面性要求涵盖所有可见元素，从墙体到门窗、阳台等附属构件，并详细记录其类型、尺寸、位置及材料信息，以确保数据的完整性。真实性则强调如实反映建筑立面的实际状况，包括任何变形或损坏，为建筑评估和保护提供可靠依据。

#### 3. 测量方法要求

测量方法的选择与实施需严谨考量。针对建筑立面特性，应挑选合适的测量仪器，如常规水准仪、经纬仪适用于一般建筑，而全站仪、三维激光扫描仪则更适合高大复杂建筑，确保高精度与效率。仪器操作需遵循规范，定期校准维护以保障数据准确性。测量点布置需兼顾全面与精确，直线部分均匀布点，复杂构件加密布点，如在欧式雕花等细节处设置关键测量点，以精准捕捉建筑立面轮廓与细节。

#### 4. 数据记录与整理要求

数据记录与整理需遵循统一规范。记录表格应详尽设计，涵盖建筑基本信息，确保记录内容清晰无误。数据整理需剔除错误项，分类汇总，并借助专业软件进行高效处理。存储方面，应建立数据库以便查询分析，同时做好数据备份，确保信息安全与完整。

## 活动设计

### 一、活动条件

1. 安排活动场地——开阔平坦的室外场地，周边无大型遮挡物与电磁干扰源，地面稳固无明显起伏。

2. 从仪器室精准调配三维激光扫描仪、三脚架、配套的电源与数据存储设备、校准标靶、仪器电池及充电器、数据传输线等设备。

3. 学生自备铅笔、橡皮、记录纸、标签纸等文具。

### 二、活动组织

1. 每 4～5 人一组，设仪器操作员 1 名、数据记录员 1 名（准确记录扫描相关信息、同步整理数据与监测数据质量）、标靶安置员 2～3 名。

2. 各成员按预定顺序定期轮换角色，当每组 4 人时，首次扫描 1 号为仪器操作员、2 号为数据记录员、3 号与 4 号为标靶安置员，后续依序轮换。

3. 教师全程进行现场巡视指导，及时纠正不规范操作、解答技术难题、处理突发状况。

4. 教师重申三维激光扫描仪操作步骤和标准，列举可能发生的情形，培养学生举一反三的能力。

### 三、安全及注意事项

1. 三维激光扫描仪搬运须装箱锁固、紧拿轻放，严禁剧烈振动、碰撞摔落；作业时专人守护仪器，防止因意外触碰损坏。

2. 仪器安置与标靶架设应避开水坑、井盖、交通要道等危险区域；标靶安置员着装醒目、规范操作，与仪器操作员保持有效通信与安全距离。

### 四、活动实施

| 序号 | 步骤 | 操作及说明 | 操作标准 |
| --- | --- | --- | --- |
| 1 | 准备 | (1)到仪器室领取仪器及工具，清单如下：<br><br>三维激光扫描仪×1，标靶×1，记录板×1。<br>(2)目视仪器外观是否有脏污、脱漆、锈蚀、伤痕和变形等缺陷 | (1)清点仪器及工具数量。<br>(2)填写缺陷情况,并在领用单上签名。<br>(3)仪器及工具紧拿轻放,避免碰撞 |

| 序号 | 步骤 | 操作及说明 | 操作标准 |
|---|---|---|---|
| 2 | 装接仪器 | (1)选择稳固地面作测站,松开脚架螺旋,升缩架腿调高度(约至操作员舒适操作位置),展脚架成等边三角形,踩实脚尖,检查螺旋紧固性与脚尖稳定性。<br>(2)开箱取三维激光扫描仪置于脚架平台、对中基座中心,旋紧连接螺旋,适度调脚架螺旋,使仪器大致水平 | (1)脚架高度适配操作员、架体稳固。<br>(2)仪器安置轻缓、操作精准,以防损伤设备;水平调整细致耐心、符合基本要求 |
| 3 | 参数设置与校准 | (1)开机,依屏幕提示选择扫描模式与参数(如扫描分辨率、扫描范围、点云密度、温度气压改正等),检查电池电量与存储容量,连接数据存储设备确保其正常工作。<br>(2)在扫描区域内合适位置安置校准标靶,通过扫描仪对其进行扫描,依据标靶的已知尺寸和形状,利用配套软件对扫描仪进行校准,确保扫描数据的准确性 | (1)参数设置精准合理、匹配任务需求;仪器自检正常,电量、存储容量充足。<br>(2)校准操作规范熟练、精度达标,确保后续扫描数据可靠 |
| 4 | 数据采集 | (1)标靶安置员依规划路线在扫描区域内及周边关键位置安置校准标靶,确保标靶清晰可见且位置稳定。<br>(2)仪器操作员通过控制三维激光扫描仪对建筑物及周边环境进行全面扫描,扫描过程中密切关注仪器状态、扫描范围覆盖情况以及点云数据的实时反馈,确保无遗漏区域且数据质量良好 | (1)标靶安置合理、稳固,位置准确且数量满足校准与拼接需求。<br>(2)扫描操作规范、稳定,数据采集完整、清晰,覆盖范围符合任务要求 |
| 5 | 数据处理 | Leica Cyclone 是一款强大的三维激光扫描数据处理和点云建模软件,广泛用于建筑物立面、结构物、地形等领域的三维建模、数据处理、分析和可视化。其主要操作步骤如下。<br>1. 软件启动与主界面<br>(1)启动 Leica Cyclone。<br>(2)在软件的主界面中,点击"File"—"New Project"创建一个新项目。<br>(3)输入项目名称和存储路径,然后点击"OK"。<br>2. 导入点云数据<br>Leica Cyclone 支持多种点云数据格式,最常见的包括 e57、pts、las 等。<br>(1)点击菜单栏中的"File"—"Import"。<br>(2)选择要导入的点云文件(例如 e57 或 pts 格式),点击"Open"。<br>(3)软件会自动将点云数据加载到项目中,点云数据将显示在视图区。<br>3. 点云数据配准<br>(1)点击左侧工具栏中的"Clouds"—"Register",选择你要进行配准的点云数据。<br>(2)如果选择了多个数据,点击"Auto Register"让软件自动对齐这些扫描数据。<br>(3)如果需要精细调整,可以使用"Manual Registration"工具,通过选定对应的点,手动进行配准。 | (1)数据处理严谨、遵循规范,操作熟练高效,误差控制有效、精度评估合理。<br>(2)建模过程精细、准确,成果质量优、格式规范,符合行业标准与应用需求 |

| 序号 | 步骤 | 操作及说明 | 操作标准 |
|---|---|---|---|
| 5 | 数据处理 | 配准成功后,所有点云数据会合并成一个完整的三维模型。<br>4. 点云数据清理与处理<br>在工具栏中选择"Clouds"—"Filter",使用"Crop Box"或"Clip Plane"选择需要保留的点云区域,去除不相关区域。<br>还可以应用"Noise Reduction"滤波器,去除不必要的离群点。<br>5. 从点云中提取建筑立面<br>(1)在菜单中选择"Model"—"Create"来进入建模界面。<br>(2)使用"Auto Wall Extraction"功能自动提取建筑物的立面,软件会根据点云数据自动识别墙面并生成三维表面。<br>还可以手动调整,选择点云中的关键点,构建建筑物的具体轮廓。<br><br>6. 生成立面图或三维模型<br>(1)选择"File"—"Export",选择你需要导出的格式(例如 stl、obj、rcs 等)。<br>(2)选择"Export As"选项,然后根据需要生成立面图或三维模型。<br>还可以在"View"—"Create 2D View"中选择提取平面视图,生成建筑物的立面图<br> | (1)数据处理严谨、遵循规范,操作熟练高效,误差控制有效、精度评估合理。<br>(2)建模过程精细、准确,成果质量优、格式规范,符合行业标准与应用需求 |
| 6 | 成果整理 | (1)梳理扫描原始数据、处理过程数据、三维模型成果数据及现场记录信息,编目分类、标注说明,组内交叉审核数据完整性、准确性与一致性,纠偏补漏、完善成果。<br>(2)依规范标准编制测绘报告,含项目概述、扫描技术方案、数据处理方法、成果展示分析、精度评定结论、问题建议等内容,附成果图表、数据文件清单与质量检查记录,组间互评互鉴、优化报告质量 | (1)数据整理有序、审核严格,资料齐全、质量可靠;成果完整准确、逻辑清晰、表达规范。<br>(2)报告编制科学规范,内容翔实,体现测绘任务全貌与成果价值;互评反馈积极、改进措施有效,提升整体成果质量与技术水平 |

续表

| 序号 | 步骤 | 操作及说明 | 操作标准 |
|---|---|---|---|
| 7 | 整理归还仪器 | (1)小组成员全部操练完成后,仪器装箱,标靶收回。<br>(2)清点仪器及工具。<br>(3)归还仪器,清理环境 | (1)爱护仪器和工具,紧拿轻放。<br>(2)工完场清,仪器归还放回原位 |

## 五、活动记录

小组编号:_____,仪器型号:_____,仪器编号:_____,记录者:_____。

### 三维激光扫描仪检视记录表

| 检视项目 | 检视结果 | 备注 |
|---|---|---|
| 外观完整性检查:检查扫描仪机身有无明显磕碰、划痕、裂缝 | | |
| 连接部件检查:查看各类接口,包括电源接口、数据传输接口、外接设备接口等,保证接口没有变形、损坏,插拔顺畅,防止出现接触不良导致数据传输中断或供电不稳等现象 | | |
| 配件完备检查:清点标配的脚架、电池、充电器、数据存储设备、标靶等配件,确保数量齐全、无遗失 | | |
| 功能检校:开启仪器,观察仪器启动过程有无异常声响、报错提示。扫描仪一般有开机自检程序,要留意自检结果,若提示传感器故障、激光发射器异常等信息,需立刻检修 | | |
| 环境安全性:检查场地存是否在安全隐患 | | |
| 空间可达性:预估扫描区域的空间范围,确保扫描仪的有效测量距离、视野角度能够覆盖目标物体 | | |
| 环境干扰因素:关注天气状况,雨、雪、沙尘、浓雾天气下,激光束易发生散射、衰减,极大影响扫描精度,应选择晴朗少云天气作业 | | |

### 三维激光扫描仪建筑物立面测绘数据记录表格

| 序号 | 日期 | 建筑物名称 | 建筑物位置 | 扫描设备型号 | 扫描分辨率 | 扫描范围 | 扫描时长（min） | 数据处理 | 质量检查 |
|---|---|---|---|---|---|---|---|---|---|
| 1 | | | | | | | | | |
| 2 | | | | | | | | | |
| 3 | | | | | | | | | |
| 4 | | | | | | | | | |

## 六、活动评价

| 评价项目 | 评价标准 | 评价结果（是/否） |
|---|---|---|
| 试验目的明确性 | 试验目的是否清晰、具体，是否明确监测建筑物变形的目标和要求 | □明确　□一般　□不明确 |
| 技术可行性 | 三维激光扫描技术是否适用于监测建筑物变形，技术是否成熟、可靠 | □可行　□一般　□不可行 |
| 设备性能 | 所使用的三维激光扫描仪的精度、稳定性、扫描速度等性能是否满足试验要求 | □满足　□一般　□不满足 |
| 数据采集质量 | 点云数据的完整性、准确性、清晰度等是否满足变形分析的需求 | □高质量　□一般　□低质量 |
| 数据处理方法 | 数据处理流程是否合理、科学，是否能够有效提取变形信息 | □合理　□一般　□不合理 |
| 变形分析准确性 | 试验过程中数据采集、处理、分析等环节的效率如何 | □高效率　□一般　□低效率 |

## 七、课后作业

1. 三维激光扫描技术通过发射激光束并接收反射回来的光信号，从而获取建筑物表面的_____信息。

2. 在进行三维激光扫描时，需要选择合适的_____和参数设置，以确保数据采集的质量和效率。

3. 通过对比不同时间点的_____数据，可以分析建筑物的变形情况。

4. 简述三维激光扫描监测建筑物变形的基本原理。

5. 简述三维激光扫描技术相比传统测量方法有哪些优势。

6. 简述在进行三维激光扫描监测建筑物变形时需要注意哪些事项。

## 任务拓展 11：建筑物立面测绘常见问题及其处理

### 1. 数据采集阶段

（1）问题

遮挡问题：建筑物周边的树木、广告牌、其他相邻建筑等物体可能遮挡激光束，导致部分建筑表面扫描不到，使得点云数据不完整，影响分析的全面性。

扫描精度不足：若扫描分辨率设置过低，采集的点云过于稀疏，难以精准捕捉建筑物细微的特征；或者扫描仪硬件性能受限，导致测量误差偏大。

气象因素干扰：阴雨天、高温、高湿度等恶劣天气下，激光传播受大气折射、散射以及能量衰减影响严重，致使获取的点云数据存在较大偏差。

（2）处理方法

优化扫描站点位：在扫描前，仔细勘察现场，选取多个不同的扫描站点，通过合理布局，尽可能避开遮挡物，还可以结合全站仪等辅助测量设备，补全被遮挡区域的数据。如果是临时性遮挡，等待遮挡物移除后再补充扫描。

合理设置参数与升级设备：依据观测精度要求，适当调高扫描分辨率，增加点云密度；定期校准、维护扫描仪，有条件的话，更新换代为精度更高的仪器，保证硬件性能稳定可靠。

气象修正与择机扫描：配套气象监测设备，实时记录温度、气压、湿度等数据，利用专业软件算法，基于大气折射原理对采集数据进行修正；尽量选择天气晴朗、温湿度较为稳定的时段开展扫描工作，减少气象干扰。

### 2. 数据处理阶段

（1）问题

点云配准误差：多次扫描获取的点云数据在拼接配准时，扫描仪位置、姿态的细微差异，以及控制点选取、标靶设置不合理等原因，会出现配准精度不达标，导致同一建筑部位的坐标在不同期数据中无法精准对比。

海量数据运算缓慢：三维激光扫描产生的数据量极为庞大，普通计算机在进行滤波、去噪、特征提取等处理时，常常出现卡顿、运算时间超长的情况，拖慢整个观测分析进度。

数据滤波过度或不足：滤波是去除点云噪声的关键步骤，滤波过度会把真实反映变形的细微点云变化也一同去除；滤波不足则残留过多噪声，干扰后续计算。

（2）处理方法

精准配准操作：使用高精度的全站仪、GPS等测量工具精确测定扫描仪站点坐标和姿态；增加并合理分布控制点和标靶数量，选取特征明显、稳定性高的建筑部位设置标靶，利用专业的点云配准软件，选择合适的配准算法（如基于特征的配准、迭代最近点算法）逐步优化配准效果。

升级算力与优化算法：购置高性能计算机，配备大容量内存、多核处理器以及专业图形显卡，提升数据处理的硬件基础；同时，选用更高效的数据处理算法，比如并行计算、分布式计算框架，减少不必要的数据，加速运算流程。

参数调优与可视化辅助：通过反复试验，结合变形预估量级，精准确定滤波参数；利用可视化软件，将滤波前后的点云数据进行对比展示，直观判断滤波效果，及时调整滤波策略，保留有效信息。

### 3. 沉降分析与成果呈现阶段

（1）问题

沉降判断基准不合理：没有科学选取沉降分析的参考基准面，或是对基准点稳定性监测不足，导致沉降量计算出现偏差，得出错误的沉降结论。

成果可视化效果差：沉降观测成果以单一的数据表格形式呈现，缺乏直观、形象的图形化表达，使得非专业人员难以理解沉降态势。

（2）处理方法

科学选取与监测基准：在建筑周边地质条件良好、稳定的区域设置足够数量的基准点，定期用高精度测量手段复核基准点的坐标，确保其无沉降；依据工程规范和实际情况，选取合适的平面与高程基准面开展沉降量计算与分析。

多样化、可视化呈现：利用专业绘图软件，将沉降数据绘制成等值线图、沉降漏斗图、三维变形动画等，直观展示不同时间段建筑各部位的沉降分布、变化速率，让成果通俗易懂，便于各方沟通决策。

# 参考文献

［1］ 中华人民共和国住房和城乡建设部．工程测量标准：GB 50026—2020［S］．北京：中国计划出版社，2021.

［2］ 全国地理信息标准化技术委员会．国家基本比例尺地图图式，第 1 部分：1∶500　1∶1000　1∶2000 地形图图式：GB/T 20257.1—2017［S］．北京：中国标准出版社，2018.

［3］ 全国地理信息标准化技术委员会．国家三、四等水准测量规范：GB/T 12898—2009［S］．北京：中国标准出版社，2009.

［4］ 自然资源部职业技能鉴定指导中心．测量基础［M］．郑州：黄河水利出版社，2019.

［5］ 袁建刚，刘胜男，张清波，等．建筑工程测量［M］．北京：清华大学出版社，2019.

［6］ 吴迪．建筑工程施工测量［M］．北京：中国电力出版社，2017.

［7］ 张正禄．工程测量学［M］．武汉：武汉大学出版社，2013.

［8］ 覃辉，伍鑫．土木工程测量［M］．4 版．上海：同济大学出版社，2013.

［9］ 张晓雅，李笑娜．测量基础［M］．北京：中国铁道出版社，2012.

［10］ 张国辉．工程测量实用技术手册［M］．北京：中国建材工业出版社，2009.